高职高专汽车类教学改革系列教材

汽车机械基础

(第2版)

李子云　李　鑫　杜方鑫　主　编

赵　聪　周　彬　副主编

清华大学出版社
北　京

内 容 简 介

本书采用项目教学、任务驱动和学做一体化模式编写,基于工作过程,将机械识图、工程力学、汽车工程材料、机械原理与机械零件、液压传动与气压传动等知识归纳为八个项目,每个项目分为若干个任务,任务中尽量设置任务实施内容。本书减少了静力学和材料力学的知识,增加了汽车运行材料和冷轧钢、热轧钢在汽车上的应用等知识,尽量不与后续课程相关知识重复。同时,本书增加了人文知识,减少了陈述性语言,做到图文并茂,体现了高职教学的特点。

本书内容丰富、实用性强,可作为高等职业技术院校汽车类各专业的教材,也可作为成人高等学校、中职学校汽车类各专业的教材,还可作为相关从业人员的参考用书。

本书封面贴有清华大学出版社防伪标签,无标签者不得销售。
版权所有,侵权必究。举报: 010-62782989, beiqinquan@tup.tsinghua.edu.cn。

图书在版编目(CIP)数据

汽车机械基础/李子云,李鑫,杜方鑫主编. —2版. —北京:清华大学出版社,2021.3
高职高专汽车类教学改革系列教材
ISBN 978-7-302-57553-5

Ⅰ.①汽… Ⅱ.①李…②李…③杜… Ⅲ.①汽车-机械学-高等职业教育-教材
Ⅳ.①U463

中国版本图书馆 CIP 数据核字 (2021) 第 026498 号

责任编辑:施　猛
封面设计:常雪影
版式设计:方加青
责任校对:马遥遥
责任印制:沈　露

出版发行:清华大学出版社
网　　址: http://www.tup.com.cn, http://www.wqbook.com
地　　址:北京清华大学学研大厦 A 座　　　邮　编:100084
社 总 机:010-62770175　　　邮　购:010-62786544
投稿与读者服务:010-62776969, c-service@tup.tsinghua.edu.cn
质 量 反 馈:010-62772015, zhiliang@tup.tsinghua.edu.cn
印 装 者:三河市铭诚印务有限公司
经　　销:全国新华书店
开　　本:185mm×260mm　　印　张:19　　字　数:439 千字
版　　次:2013 年 1 月第 1 版　2021 年 4 月第 2 版　印　次:2021 年 4 月第 1 次印刷
定　　价:58.00 元

产品编号:082224-01

前言（第2版）

《汽车机械基础》自2013年1月出版以来，已经印刷了5次，受到广大师生的好评，不断被全国多所高职高专院校选用，还被部分本科院校选为教学用书。2014年5月，本书被教育部确立为"十二五"职业教育国家规划教材。

近年来，我国汽车行业发生了巨大的变化，汽车由传统的机械系统向机电一体化系统转变，相关高校在传统的力学、机械学、材料学等学科的基础上增加了电子、计算机、自动控制、信息技术等学科。2019年1月，国务院发布《国家职业教育改革实施方案》，明确提出实施"1+X"证书试点工作，汽车运用与维修(含智能新能源汽车)领域已经全面实施"1+X"证书试点工作，将职业技能等级标准融入学历证书教育中，形成书证融通。为了能及时将实际变化情况融入教材，并适应新的教学要求，编者们根据出版社的指导意见和同行的反馈意见，对本书进行了修订。

《汽车机械基础(第2版)》由武汉城市职业学院的李子云、李鑫、杜方鑫担任主编，赵聪、周彬担任副主编。参加编写的人员分工如下：李鑫编写项目一和项目二，杜方鑫编写项目三和项目四，赵聪编写项目五和项目六，周彬编写项目七和项目八，李子云负责全书统稿和审定。教材提供了近300个视频课件，以实际操作、3D演示和动漫形式为主，可供教师下载。

编者在修订本书的过程中得到了武汉领卓汽车销售服务有限公司李正凡先生的大力支持，在此表示感谢。限于时间和水平，本书难免存在不妥之处，敬请广大读者批评指正。反馈邮箱：wkservice@vip.163.com。

编者
2020年12月1日

前言（第1版）

目前，专业课程教学模式与教学方法的改革是高等职业教育教学改革的重点之一。"以项目为引导，以任务为驱动"的教学方式对学生综合能力的提高起着十分重要的作用，并且日益受到职业教育界的普遍关注。本教材即在此背景下结合教育部对高职高专汽车类专业各领域技能型紧缺人才培养的要求编写。本教材是"十二五"职业教育国家规划教材，主要适用于高职高专汽车类各专业的教学。

"以项目为引导，以任务为驱动"体现了教育家陶行知先生所倡导的"在学中做，在做中学"的教育理论，这种学习方法以具体任务为学习动力或动机，以完成任务的过程为学习过程，以展示任务成果的方式来体现教学成就，走出了传统教学方法中注重学习的循序渐进和知识积累的老路子，其优势在于能够培养学生的创新能力、独立分析问题和解决问题的能力。

编者在编写本教材过程中，武汉城市职业学院汽车技术与服务学院的各专业教师、企业行业的专家对本课程的知识体系进行了梳理和整理。例如，减少了静力学和材料力学的知识，增加了汽车运行材料和冷轧钢、热轧钢在汽车上的应用等，尽量不与后续课程的相关知识重复，增加了人文知识，降低了计算难度，减少了陈述性语言，做到图文并茂，体现了高职教学的特点。本教材基本知识点的选取以实用、适用、先进、通俗、精练、可操作为原则，充分体现了"高等""职业""汽车"三者并重的特色。

本教材由李子云担任主编，刘岩、张雄才担任副主编。大连职业技术学院的刘岩老师编写了项目一"力学分析"，武汉职业技术学院的张雄才老师编写了项目八"互换性与技术测量"，武汉城市职业学院的李子云老师编写了其余内容并负责统稿。

编者在编写本教材的过程中参考了一些教材、论著、网页，援引了其中的部分资料和信息，在此致谢。同时，还要感谢武汉理工大学汽车学院的陈曦教授和武汉科技大学物流学院的邵正宇教授，以及武汉城市职业学院汽车技术与服务学院的特聘专家、校企合作的专家以及各位领导和老师的大力支持。

由于编者水平有限，书中不妥之处在所难免，恳请读者批评指正。反馈邮箱：wkservice@vip.163.com。

编者
2012年9月

目录

绪论 ································· 1
  一、汽车的发展历史 ················· 1
  二、本课程的研究对象 ··············· 3
  三、本课程的研究内容 ··············· 4
  四、本课程的学习目标 ··············· 5
  五、本课程的学习方法 ··············· 5

项目一　机械识图 ······················ 7

任务一　机械制图的基本规定 ············· 8
  一、中国机械制图标准 ··············· 8
  二、图纸幅面、图框格式和标题栏 ······ 8
  三、比例和字体 ····················· 10
  四、图线及画法 ····················· 11
  五、常用尺寸标注 ··················· 12

任务二　机械制图图样画法 ·············· 14
  一、投影基础 ······················· 14
  二、视图 ··························· 22
  三、剖视图 ························· 24
  四、断面图 ························· 27

任务三　标准件、常用件的表示方法 ······ 29
  一、螺纹及其紧固件 ················· 30
  二、滚动轴承 ······················· 34
  三、键和销 ························· 35
  四、齿轮 ··························· 37
  五、弹簧 ··························· 38

任务四　零件图 ························ 40
  一、零件图的内容和作用 ············· 41
  二、典型零件的结构特点和表达方法 ··· 42
  三、零件图的技术要求 ··············· 45
  四、识读零件图 ····················· 53

任务五　装配图 ························ 54
  一、装配图的内容和作用 ············· 54
  二、装备图的表达方法 ··············· 55
  三、识读装配图 ····················· 59

项目二　力学分析 ······················ 63

任务一　静力学基础 ···················· 64
  一、基本概念和公理 ················· 64
  二、约束与约束反力 ················· 66
  三、受力分析与受力图 ··············· 69
  四、曲柄连杆机构受力分析 ··········· 69

任务二　平面汇交力系 ·················· 70
  一、平面汇交力系的合成 ············· 70
  二、力矩 ··························· 72
  三、合力矩 ························· 73
  四、平面力偶系的合成 ··············· 74

任务三　构件承载能力分析 ·············· 76
  一、构件的基础知识 ················· 76
  二、剪切与挤压的实用计算 ··········· 78
  三、扭转 ··························· 80
  四、平面弯曲 ······················· 83

项目三　汽车常用工程材料 ·············· 89

任务一　铁碳合金相图 ·················· 90

一、金属的结晶 ………………… 90
　　二、纯铁的晶体结构 …………… 92
　　三、纯铁同素异晶转变 ………… 93
　　四、合金的基本相结构 ………… 93
　　五、铁碳合金的基本组织 ……… 94
　　六、铁碳合金相图 ……………… 96
任务二　有色金属及非金属材料
　　　　在汽车工业领域的应用 …… 100
　　一、铝及铝合金 ………………… 100
　　二、铜及铜合金 ………………… 102
　　三、非金属材料 ………………… 103
任务三　钢的热处理 ……………… 106
　　一、钢的热处理及分类 ………… 106
　　二、钢的退火、正火、淬火、回火 … 107
　　三、钢的表面热处理 …………… 109
任务四　汽车材料的力学性能 …… 111
　　一、金属材料的力学性能 ……… 111
　　二、汽车零件的强度 …………… 111
　　三、汽车零件的塑性 …………… 112
　　四、汽车零件的硬度和韧性 …… 113
任务五　汽车运行材料 …………… 117
　　一、汽油 ………………………… 118
　　二、柴油 ………………………… 119
　　三、发动机润滑油 ……………… 122
　　四、车辆齿轮油 ………………… 124
　　五、汽车润滑脂 ………………… 126
　　六、汽车工作液 ………………… 128
　　七、液力传动油 ………………… 131

项目四　汽车零部件加工基础 …… 135
任务一　金属压力加工 …………… 136
　　一、金属压力加工法 …………… 136
　　二、金属塑性变形的实质 ……… 137
　　三、冷塑性变形对金属组织
　　　　和性能的影响 ………………… 138
　　四、锻造成形工艺 ……………… 140
　　五、板料冲压 …………………… 142
　　六、轧制 ………………………… 144
任务二　汽车零件焊接与胶接 …… 144
　　一、焊接 ………………………… 144
　　二、焊接成形方法 ……………… 144
　　三、金属的焊接性 ……………… 151
　　四、胶接 ………………………… 152

项目五　汽车常用机构 ………… 159
任务一　认识汽车常用机构 ……… 160
　　一、平面机构简介 ……………… 160
　　二、运动副 ……………………… 160
　　三、平面机构运动简图 ………… 162
任务二　汽车常用四杆机构 ……… 164
　　一、铰链四杆机构 ……………… 164
　　二、平面四杆机构 ……………… 168
任务三　内燃机配气机构 ………… 171
　　一、汽车常用凸轮机构概述 …… 171
　　二、凸轮机构的分类 …………… 172
　　三、从动件的常用运动规律 …… 173
任务四　驻车制动锁止机构 ……… 176
　　一、棘轮机构 …………………… 177
　　二、槽轮机构 …………………… 178

项目六　汽车常用机械传动 …… 181
任务一　汽车带传动 ……………… 182
　　一、带传动概述 ………………… 182
　　二、普通V带 …………………… 183
　　三、普通V带传动的选用要点 … 185
　　四、普通V带的正确使用 ……… 186

五、V带传动的张紧 ·················· 186

任务二　汽车链传动 ················ 187
　　一、链传动概述 ······················ 187
　　二、滚子链 ···························· 189
　　三、链传动的布置、张紧和润滑 ··· 189

任务三　汽车齿轮传动和轮系 ··· 191
　　一、齿轮传动的特点 ················ 191
　　二、齿轮传动的分类 ················ 191
　　三、齿轮各部分的名称 ············· 194
　　四、齿轮主要参数 ··················· 194
　　五、齿轮的主要几何参数 ·········· 195
　　六、轮齿的失效形式 ················ 196
　　七、轮系 ································ 197

任务四　汽车螺纹传动与连接 ··· 201
　　一、螺纹概述 ························· 201
　　二、螺纹的主要参数 ················ 202
　　三、螺纹连接的基本类型 ·········· 203
　　四、螺纹连接的预紧和防松 ······· 204

项目七　汽车轴系零部件 ········· 209

任务一　手动变速器输出轴 ······ 210
　　一、轴概述 ···························· 210
　　二、轴的结构设计 ··················· 212
　　三、轴的结构设计中需要重点解决
　　　　的问题 ····························· 212

任务二　汽车轴承 ···················· 215
　　一、轴承概述 ························· 216
　　二、滚动轴承 ························· 216
　　三、滑动轴承 ························· 223

任务三　汽车联轴器和离合器 ··· 230
　　一、联轴器 ···························· 230
　　二、离合器 ···························· 234

项目八　液压传动与气压传动 ······ 237

任务一　认识液压传动 ·············· 238
　　一、液压传动概述 ··················· 238
　　二、液压传动的特点 ················ 239
　　三、液压传动的基本参数 ·········· 240

任务二　汽车常用液压泵及液压缸 ··· 243
　　一、液压泵 ···························· 243
　　二、液压缸 ···························· 246

任务三　汽车液压控制阀 ··········· 249
　　一、液压阀概述 ······················ 249
　　二、汽车方向控制阀 ················ 250
　　三、汽车压力控制阀 ················ 253
　　四、汽车流量控制阀 ················ 256

任务四　汽车液压基本回路 ······· 257
　　一、汽车液压基本回路概述 ······· 257
　　二、汽车压力控制回路 ············· 257
　　三、汽车液压速度控制回路 ······· 260
　　四、汽车液压方向控制回路 ······· 261

任务五　汽车常用气压传动系统 ··· 263
　　一、气压传动系统的组成 ·········· 263
　　二、气压传动的特点 ················ 264
　　三、气压传动工作过程 ············· 265

复习思考题 ····························· 269

复习思考题答案 ······················ 280

参考文献 ································ 287

附录 ······································· 289

　附录A　压痕直径与布氏硬度及相应
　　　　　洛氏硬度对照表 ············ 289

　附录B　黑色金属硬度和强度换
　　　　　算表 ···························· 290

绪论

⠿ 学习目标

(1) 了解汽车的发展历史；
(2) 明确本课程的研究对象及内容；
(3) 了解本课程的地位及学习本课程的目的；
(4) 知道如何开展本课程的学习。

⠿ 任务导入

汽车是人类重要的交通工具，汽车工业的发展水平是社会生产力发展水平的重要标志之一。那么，汽车发展的历史是怎样的呢？汽车由哪些重要的部件组成？汽车是如何工作的呢？"汽车机械基础"这门课程主要讲了哪些知识？

⠿ 相关知识

一、汽车的发展历史

1. 德国人发明了汽车

1885年，德国工程师卡尔·本茨在曼海姆设计并制造出世界上第一辆装有625W汽油机的三轮汽车，如图0-1所示，并于1886年1月29日获得专利，因此1886年1月29日被公认为世界上第一辆汽车的诞生日。德国的另一位工程师戴姆勒也在1886年研制成一辆装有809W汽油机的四轮汽车，如图0-2所示。本茨和戴姆勒被公认为以内燃机为动力的现代汽车的发明者。德国著名汽车设计师威尔海姆·迈巴赫与戴姆勒合作，他为戴姆勒的汽车装上钢质车轮，同时发明了世界上第一台齿轮变速器，他还是喷油嘴式化油器、蜂窝式散热器和四缸高速汽油发动机的发明者。

2. 美国人发展了汽车

汽车起源于欧洲，却在北美得到了更大的发展。1896年，亨利·福特研制成功了两缸四轮汽车；1903年，福特汽车公司成立；1908年，福特T型车促进了大众化汽车消费。T型车如图0-3所示。1913年，福特汽车公司最先建立流水线汽车装配系统，如图0-4所示，并因此引发了世界汽车制造业的一次惊天动地的革命，促进了汽车生产的规模化。

图0-1　卡尔·本茨发明的第一辆三轮汽车

图0-2　戴姆勒发明的第一辆四轮汽车

图0-3　福特发明的T型车

图0-4　福特公司的流水线汽车装配系统

3. 法国人以科技推动汽车发展

1769年，法国陆军工程师古诺制造出第一辆蒸汽驱动的汽车。1803年，法国工程师特利维柯发明的新型高压蒸汽机驱动的汽车在实际中使用。1860年，法国工程师洛娜因发明了世界上第一只用绝缘陶瓷制成的电点火火花塞。1859年，法国人普兰特发明了铅酸蓄电池。1862年，电器工程师来诺研制出二冲程内燃机。1888年，法国标致汽车公司成立，该公司发明了齿轮变速器和差速器。1898年，路易斯·雷诺创建雷诺汽车公司，发明了汽车传动轴。1913年，安德烈·雪铁龙创建雪铁龙公司，雪铁龙发明了"人"字形齿轮。

4. 日本人以野心创新汽车

1920年，日本成立东洋汽车工业公司。1933年，丰田自动织布机成立汽车部，后独立为丰田汽车公司。1933年，日产前身塞米股份公司成立。1936年，日本三菱公司开始生产汽车。1937年，五十铃汽车公司成立。1948年，本田公司成立。1958年，日本首次向美国出口汽车。1970年，日本成为世界第二大汽车生产国。1980年，日本汽车年产量首次超过美国，至此日本有5大汽车集团：丰田、本田、日产、三菱、马自达。

5. 汽车在中国的发展

1901年，匈牙利人李恩时进口两辆奥兹莫比汽车到上海。1902年，袁世凯从德国购买了1898年生产的第二代奔驰轿车作为寿礼献给慈禧。孙中山最早提出建立中国汽车工业，于1920年将这一构想发表于《建国方略》。张学良是第一个组织国产汽车生产的人，组织时间为1928年。1929年，我国进口车辆8781辆。1930年，汽车保有量为38 484辆。1930年，上海出现从事汽车或零件销售以及汽车出租的洋行。

　　1953年7月15日，第一汽车制造厂动工，从此结束了中国不能制造汽车的历史。1967年4月1日，第二汽车制造厂破土动工，举行开工典礼，9月工程全面开工，建设周期长达10年。到20世纪90年代，中国汽车生产能力比20世纪70年代末增长了近10倍，全国汽车年产量在1992年首次超过100万辆。1998年，汽车产量为162.8万辆，世界排名第10位，其中商用车产量为112.1万辆，世界排名第3位；轿车产量为50.7万辆，世界排名第14位。1992—1998年，全国累计生产汽车984.7万辆，其中轿车234.8万辆，基本满足了国内快速增长的汽车需求。2007年，我国的汽车产量大约为889万辆，销售汽车870万辆，名列世界第2位。2012年3月，国际汽车制造商协会(OICA)公布，2011年全球汽车产量为8010万辆，中国则以1840万辆的产量成为世界最大的汽车生产国。2018年，我国汽车产销分别完成2780.9万辆和2808.1万辆，蝉联全球第一。2019年，我国汽车产销分别完成2572.1万辆和2576.9万辆，产销量蝉联全球第一。如今，我国的自主汽车品牌发展迅速，今后我国汽车工业的发展会越来越好。

二、本课程的研究对象

　　本课程的研究对象是汽车机械。机械是机器与机构的总称。机器是用来变换或传递运动、能量、物料和信息的，是能减轻或替代人类劳动的工具，是人类在长期生产实践中为满足自身的生活需要而创造出来的。汽车机械是人类重要的交通工具，汽车工业是机械工业的重要组成部分。

　　如图0-5所示为典型的轿车总体构造。一般汽车由发动机、底盘、车身和电器4部分组成。汽车是一个机械系统，通过这4大部件实现汽车的安全行驶功能。如图0-6所示为单缸内燃机构造，单缸内燃机是由气缸体、活塞、进气阀、排气阀、推杆、凸轮、连杆、曲柄和大小齿轮等组成的。

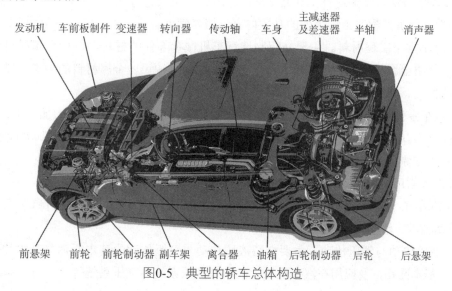

图0-5　典型的轿车总体构造

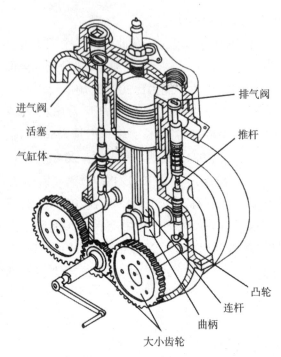

图0-6 单缸内燃机构造

三、本课程的研究内容

"汽车机械基础"是汽车类各专业课程的基础,要对汽车有更深入、更全面的了解,首先要学好这方面的基础知识。

本课程的研究内容包括以下几点。

(1) 机械识图。学习机械制图的基本规定、机械制图图样的基本画法,了解标准件及标准件的表示方法,掌握零件图和装备图的结构特点及表达方法。

(2) 力学分析。学习工程力学的基本内容,培养学生解决工程问题的综合能力。

(3) 汽车常用工程材料。主要介绍制造汽车机械零部件的材料,包括金属材料和非金属材料,介绍金属材料的力学性质、金属热处理的基本知识、金属材料的种类,以及非金属材料的种类、性能等。

(4) 汽车零件加工基础。主要介绍汽车零件的焊接、胶接以及金属压力加工工艺。

(5) 汽车常用机构。主要介绍常用机构(平面连杆机构、配气机构、驻车制动锁止机构)的结构和工作原理。

(6) 汽车常用机械传动。主要介绍带传动、链传动、齿轮传动和轮系等。

(7) 汽车轴系零部件。主要介绍连接部件(联轴器、万向节、离合器)和支承零部件(轴、滚动轴承、滑动轴承)等。

(8) 液压传动与气压传动。主要介绍液压传动与气压传动的基本原理与基本知识,主要元件、基本回路,及应用在汽车机械上的典型液压系统与气压系统等。

四、本课程的学习目标

本课程的学习目标是：具备必需的机械基础知识和基本技能，为后续的汽车构造与修理课程打下基础，初步形成解决实际问题的能力。

1. 知识教学目标

(1) 掌握常用的机械工程材料的类型、牌号、力学性能。
(2) 理解常用机构的工作原理、结构特点。
(3) 理解通用机械零件的结构、参数。
(4) 掌握基本的液压与气动基本知识。
(5) 理解公差与配合的原理。
(6) 掌握常用量具与量仪的正确使用方法。

2. 能力培养目标

(1) 具有查阅、检索相关技术资料的能力，掌握相关的技术标准。
(2) 掌握正确判断工程材料和选择工程材料的方法。
(3) 能正确识别机械零件及常用机构。
(4) 能对常用机构进行工作原理和结构分析。
(5) 能识别常用的液压与气动元件并对简单液压与气动系统进行正确分析。
(6) 掌握运用和维护机械、传动装置的能力。

五、本课程的学习方法

本课程具有较强的综合性和实践性，因此，在学习本课程时，应注意理论结合实际，多看实物、模型，并尽可能多做实验和拆装机构，加深了解，其核心是掌握各类零件、机构的应用情况。

建议在教学中采用项目教学、任务驱动、基于工作过程和学教做一体化模式，学生在学习过程中采用小组合作的形式，制定小组学习与研究目标，确定小组成员每人的工作内容并相互配合。通过调查、研究、实验、讨论和回顾等多种形式，共同为小组的学习与研究目标的实现而努力。

项目一
机械识图

学习目标

1. 知识目标
(1) 掌握机械制图的基本规定；
(2) 掌握机械制图图样的基本画法；
(3) 了解标准件和标准件的表示方法；
(4) 了解零件图和装备图的结构特点及表达方法。

2. 能力目标
(1) 具有识读并绘制基本体和组合体三视图的能力；
(2) 能够对基本视图、剖视图以及断面图进行识读并分析；
(3) 具有识别及绘制标准件和常用件的能力；
(4) 能够读懂零件图和装备图的内容及特点。

任务一 机械制图的基本规定

任务引入

在现代汽车工业甚至整个机械行业中，各种零部件的设计都离不开机械图纸。作为汽车行业相关的技术人员，我们需要掌握机械制图的各种相关知识。为了方便交流、避免不必要的障碍，机械图纸有统一的规定，它对制图标准、图纸幅面、格式标题栏、比例、字体以及图线画法等方面都有严格的要求，了解并学习这些基本规定对学习机械制图这一章节有着重要的意义。

相关知识

一、中国机械制图标准

图样是工程界的技术语言，为便于管理和技术交流，国家市场监督管理总局联合国家标准化委员会共同颁布了《技术制图》和《机械制图》等一系列国家标准，对图样的内容、格式、表达方法和画法等做了统一规定。在绘制机械图样时，应该严格遵照上述标准。国家标准简称"国标"，代号"GB"。

二、图纸幅面、图框格式和标题栏

1. 图幅尺寸

图纸幅面简称图幅，是指绘制图样所用图纸尺寸规格的大小。图纸幅面用图纸的短边×

长边($B×L$)表示，《技术制图图纸幅面和格式》(GB/T 14689—2008)规定了5种不同尺寸的基本幅面，如表1-1所示。

表1-1 图幅纸面代号及尺寸

幅面代号	$B×L$	a	c	e
A0	841×1189	25	10	20
A1	594×841	25	10	20
A2	420×594	25	10	20
A3	297×420	25	5	10
A4	210×297	25	5	10

2. 图框格式

图框是指限定绘图区域的线框，需要在图纸上用粗线绘制。图框可以竖用或横用，按格式又可分为留装订边(见图1-1)和不留装订边(见图1-2)两种。图框及留边尺寸 a、c、e 可参见表1-1。同一产品的所有图样应采用同一种图框格式。

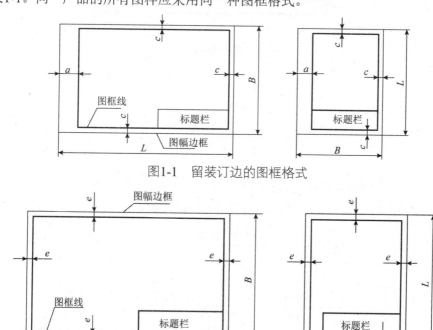

图1-1 留装订边的图框格式

图1-2 不留装订边的图框格式

3. 标题栏

标题栏主要用来填写零部件名称、材料、图形比例、图号、单位名称及设计、审核、批准等人员的签字。

常见标题栏有两种格式：一是《技术制图标题栏》(GB/T 10609.1—2008)规定的标准标题栏，如图1-3所示；另一种是学校制图作业中使用的简化标题栏，如图1-4所示。

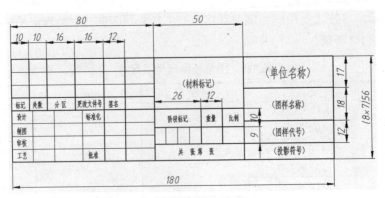

图1-3　标准标题栏

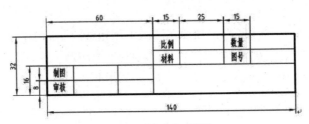

图1-4　简化标题栏

三、比例和字体

1. 比例

图样中图形与实物相应要素之间的线性尺寸之比称为比例。比例的大小和注写方式可参照《技术制图比例》(GB/T 14690—1993)的相关规定，如表1-2所示。

表1-2　比例

种类	第一系列	第二系列
原值比例	1:1	
放大比例	2:1，5:1，$1\times 10^n:1$，$2:10^n:1$，$5\times 10^n:1$	4:1，2.5:1，$4\times 10^n:1$，$2.5:10^n:1$
缩小比例	1:2，1:5，1:10，$1:2\times 10^n$，$1:5\times 10^n$，$1:10\times 10^n$	1:1.5，1:2.5，1:3，1:4，1:6，$1:1.5\times 10^n$，$1:2.5\times 10^n$，$1:3\times 10^n$，$1:4\times 10^n$，$1:6\times 10^n$，

绘图时无论采用何种比例，图样中都应按照物体的实际大小进行尺寸标注。当整张图纸采用一种比例时，比例的大小应写在标题栏中的"比例"栏内，否则应在各视图的下方或右侧分别标出。

2. 字体

绘制图样时用到的字体有三种：汉字、数字和字母。字体的高度h用字号表示，《技术制图字体》(GB/T 14691—1993)规定了8种字号，分别为20、14、10、7、5、3.5、2.5及1.8，单位均为mm。

1) 汉字

书写汉字时应采用长仿宋体,并使用国家推行的《汉字简化方案》中规定的简化汉字。通常字高 h 不低于3.5mm,字宽一般为 $h/2$。汉字书写示例如下:

字体工整 笔画清楚 间隔均匀 排列整齐

2) 数字和字母

书写数字和字母时,可采用斜体或直体(常用斜体)。采用斜体书写时,字头向右倾斜,与水平基准线的夹角约为75°。同一张图样上,只能选用一种字体形式,数字和字母书写实例如图1-5所示。

图1-5　数字和字母书写实例

四、图线及画法

图样中的线条统称为图线。《机械制图图样画法图线》(GB/T 4457.4—2002)规定了各种基本图线的线型、宽度及应用场合,如表1-3所示。

表1-3　线型及应用

图线名称	线型及其尺寸	图线宽度	一般应用	应用举例
粗实线	————	d	可见轮廓线	
细实线	————	$d/2$	① 尺寸线和尺寸界线 ② 剖面线 ③ 重合断面轮廓线	
波浪线	∼∼∼∼	$d/2$	① 断裂处的边界线 ② 视图与剖视图的分界线	
虚线	- - - -	$d/2$	不可见轮廓线	
细点画线	—·—·—	$d/2$	① 轴线 ② 对称中心线 ③ 轨迹线	
双点画线	—··—··—	$d/2$	① 相邻辅助零件的轮廓线 ② 可动件的极限位置的轮廓线	
双折线	∿∿	$d/2$	断裂处的边界线	

图线有粗、细两种线宽,两者的比例为2:1。粗线的宽度d应根据图样的大小和复杂程度进行选择,一般取0.5mm或0.7mm。

在绘制图线时,需注意以下事项。

(1) 同一图样中,同类型的图线应采用同样的线宽d。组成虚线、点画线以及双点画线的线段长度和间隔应各自相等。点画线和双点画线的首尾应为线段。

(2) 点画线、虚线与其他图线相交时,相交部位应为线段,不应在空白间隔处相交。

(3) 当虚线在粗实线的延长线上时,应在分界处留出空隙;当虚线与圆相切时,应在相切处留出空隙。

(4) 绘制点画线时,点画线应超出轮廓线3～5mm。

五、常用尺寸标注

尺寸作为图样的重要组成内容,主要用来表示图样中物体的大小及各组成部分间的位置。尺寸是零件加工制造的主要依据,需要严格按照《机械制图尺寸注法》(GB/T 4458.4—2003)进行标注。

1. 线性尺寸标注

线性尺寸线应与被标注的线段平行,尺寸数字一般标注在尺寸线的上方或中断处,且应按图1-6(a)所示的方式注写。图示中30°范围内的尺寸注法应尽量避免,若无法避免可按照图1-6(b)所示的形式标注。

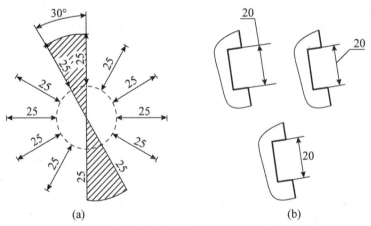

图1-6 线性尺寸标注

2. 半径和直径的尺寸标注

半径尺寸用来标注小于或等于半圆的圆弧,如图1-7(a)所示。当圆弧半径太大或圆心不在图纸范围内时,可采用折线标注或不注明圆心位置,如图1-7(b)所示。直径尺寸用来标注圆或大于半圆的圆弧,如图1-7(c)所示。

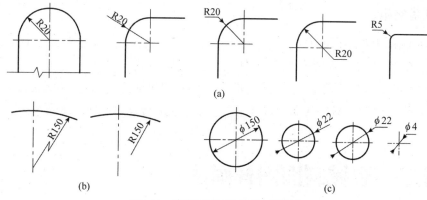

图1-7　半径和直径的尺寸标注

3. 角度的尺寸标注

标注角度时，可以将角的两边或两边延长线作为尺寸界线。尺寸界线应画成圆弧，圆弧的圆心在角的顶点。尺寸数字一律按水平方向书写，通常情况下，角度数字注写在尺寸线的中断处，必要时也可引出标注，如图1-8所示。

4. 狭小部位的尺寸标注

狭小部位没有足够的位置画箭头或注写数字时，可将尺寸线的箭头外移，或用小圆点代替箭头，尺寸数字可注写在尺寸线外或引出标注，如图1-9所示。

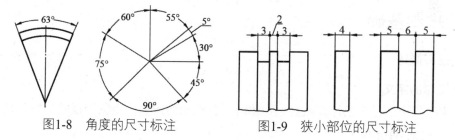

图1-8　角度的尺寸标注　　　　图1-9　狭小部位的尺寸标注

5. 对称图形的尺寸标注

当图形沿中心线对称时，可按图1-10(a)所示的标注方法进行标注。对称图形也可只画一半或大于一半，此时尺寸线应略超过对称中心线或断开处的边界线，且仅在尺寸线的一端画出箭头，如图1-10(b)所示。

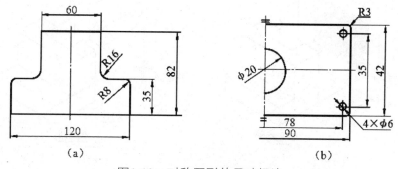

图1-10　对称图形的尺寸标注

任务实施

1. 机械制图中基本图幅有_____、_____、_____、_____、_____5种,其中,A3图纸的尺寸为_____。
2. 机械制图中的汉字采用_____体,数字和字母采用_____体或_____体。
3. 标注半径时应在数字前面加符号_____。标注直径时应加符号_____。

任务二　机械制图图样画法

任务引入

机械制图是用图样准确地表达机械构件的结构形状、尺寸大小和技术要求的过程。图样是由物体的点、线、面等几何要素投影到合适的视图中形成的。要看懂机械图样,就必须了解投影的过程和三视图之间的对应关系。为此,本任务重点介绍投影和三视图的基础知识,以及视图、剖视图和断面图等基本表示法的适用场合及画法。

相关知识

一、投影基础

1. 投影概述

1) 投影的定义

日常生活中,日光或灯光照射到物体时,会在地面或墙面上留下反映该物体轮廓形状的影子,如图1-11(a)所示。

如图1-11(b)所示,假设在物体正前方设置一个直立平面V,并采用一束相互平行的投射线向V平面垂直投射,即可在V平面上得到该物体的正投影。这种形成正投影的方法称为正投影法,直立平面V称为投影面。

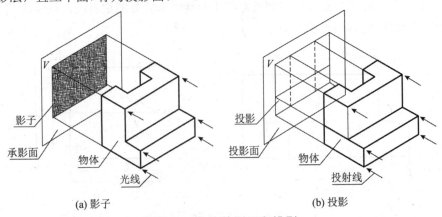

图1-11　物体的影子和投影

2) 投影的种类

(1) 中心投影法。如图1-12所示,中心投影法是指所有投射线汇交于一点的投影法。它的特点是所得到的物体投影会随着投影面、物体及投射中心之间距离的变化而变化。使用中心投影法绘制的图样符合人类视觉习惯,具有较强的立体感,但不能反映物体的真实大小,且不利于尺寸的测量,所以在机械制图中不常用到。

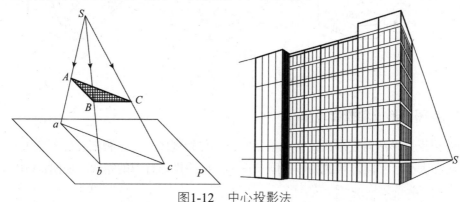

图1-12 中心投影法

(2) 平行投影法。平行投影法是指所有投射线相互平行的投影法。平行投影中,若投射线与投影面倾斜,则称为斜投影,如图1-13(a)所示;若投射线与投影面垂直,则称为正投影,如图1-13(b)所示。在这里,我们重点介绍正投影的基本特性。

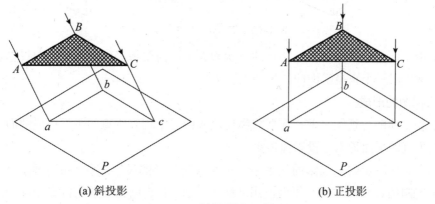

图1-13 斜投影和正投影

正投影投射线相互平行,且垂直于投影面,具有以下特性。

① 真实性。当物体的某个平面(或棱线)平行于投影面时,其投影反映真实形状(或真实长度)。如图1-14(a)所示,平面P的投影能反映其真实形状。

② 积聚性。当物体的某个平面(或棱线)垂直于投影面时,其投影积聚为一条直线(或一个点)。如图1-14(b)所示,平面Q的投影积聚为一条直线q。

③ 类似性。当物体的某个平面倾斜于投影面时,其投影与该平面类似,即边数相同,形状类似,但平面图形的面积将变小。直线倾斜于投影面时得到的投影仍为线段,但长度将变短。如图1-14(c)所示,投影r是原平面R的类似形。

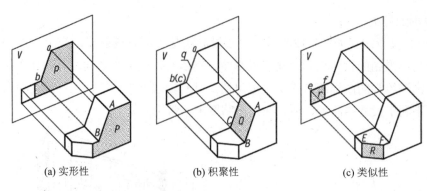

(a) 实形性　　　(b) 积聚性　　　(c) 类似性

图1-14　正投影的基本特性

2. 三视图的形成和投影规律

物体按正投影法向投影面投射时得到的投影称为视图。一个视图往往不能表示物体的实际形状和大小，不同形状的物体在同一投影面上的投影有可能相同，如图1-15所示。

图1-15　物体的单面投影

为了用平面图形准确地表达物体的形状和大小，需要将物体向多个方向投影。在实际绘图中，常采用三个正投影面即三视图来表达。

1) 三视图的形成

在绘制物体的三视图之前，需要将物体放入由三个相互垂直的平面组成的面系中，这三个相互垂直的平面称为三投影面体系。

在如图1-16所示的三投影面体系中，正对着观察者的投影面称为正平面，用V表示；位于水平方向的投影面称为水平面，用H表示；处于右边侧立位置的投影面称为侧平面，用W表示。三个投影面之间的交线称为投影轴，分别用OX、OY、OZ表示。其中，OX代表长度方向，OY代表宽度方向，OZ表示高度方向。三个投影轴的交点称为原点，用O表示。

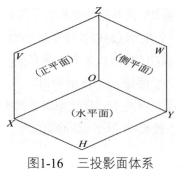

图1-16　三投影面体系

将物体置于三投影面体系中,保持物体的主要平面与投影面平行或垂直,然后分别向V面、H面和W面进行投影,即可得到该物体的三视图,如图1-17所示。

其中,物体在正平面上的投影,即由前向后投影得到的视图,称为主视图;物体在水平面上的投影,即由上到下投影得到的视图,称为俯视图;物体在侧平面上的投影,即由左向右投影得到的视图,称为左视图。

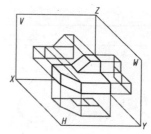

图1-17 物体在三投影面体系中的投影

2) 三视图的投影规律

在三视图中,主视图反映物体的长度(X方向)和高度(Z方向)尺寸,俯视图反映物体的长度和宽度(Y方向),左视图反映物体的高度和宽度。三个视图均表示同一个物体,所以它们之间存在如下投影规律。

(1) 主、俯视图长度相等——长对正。

(2) 主、左视图高度相等——高平齐。

(3) 俯、左视图宽度相等——宽相等。

以上规律可以概括为"长对正、高平齐、宽相等",如图1-18所示。

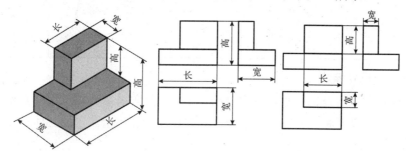

图1-18 三视图投影规律

3. 基本几何体的三视图及尺寸标准

1) 基本几何体的三视图

任何物体都可看成由一些形状简单且规则的形体所组成,这样的形体称为基本体。基本体可分为平面立体和曲面立体两类,如表1-4所示。其中,表面由平面所构成的基本体称为平面体,如长方体、棱柱和棱锥等;表面由曲面或曲面和平面组成的基本体称为曲面立体,常见的曲面立体有回转体,如圆柱、圆锥和圆球等。

表1-4 基本几何体的三视图

平面立体			曲面立体		
四棱柱			圆柱		

(续表)

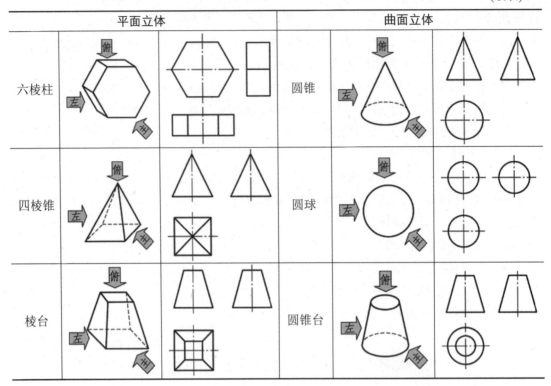

2) 基本体的尺寸标注

视图只能表达基本体的形状，各部分的大小和位置关系需要通过尺寸来表达。在标注基本体的尺寸时，需要将长、宽、高三个方向的尺寸标注完全。平面立体和曲面立体的尺寸标注如图1-19所示。

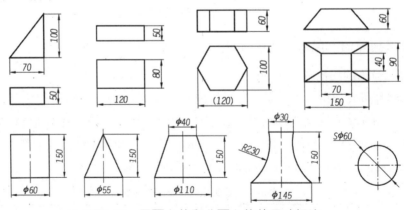

图1-19 平面立体和曲面立体的尺寸标注

4. 组合体视图的尺寸和标注

1) 组合体的组合形式

由两种或两种以上基本形体组合而成的形体称为组合体。根据组合形式的不同，组合体可分为叠加式、切割式和综合式三种。其中，叠加式组合体可看成由若干个基本体叠加而成的；切割式组合体可看成在一个基体上切割掉某些部分形成的；综合式组合体中既有叠加又有切割的组合形式，如图1-20所示。

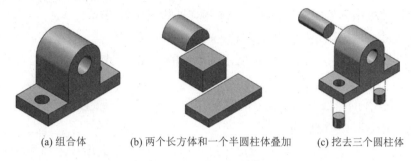

(a) 组合体　　(b) 两个长方体和一个半圆柱体叠加　　(c) 挖去三个圆柱体

图1-20　组合体形体

2) 组合体的表面连接关系

(1) 平齐和相错叠加。两形体叠加时表面相互接触，若相互接触的表面平齐(即共面)，则不画分界线，如图1-21(a)所示；若相互接触的表面相错(即不共面)，则需画出分界线，如图1-21(b)所示。

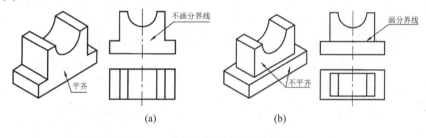

图1-21　两形体平齐和相错叠加

(2) 相切和相交叠加。两形体叠加时，若表面相切，形成光滑过渡，则不画分界线，如图1-22(a)所示；若表面相交，结合处产生交线，则需画出分界线，如图1-22(b)所示。

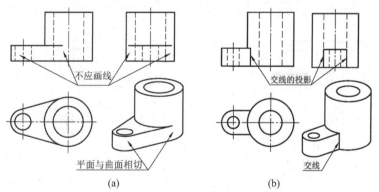

图1-22　两形体相切和相交叠加

3) 组合体视图的尺寸标注

(1) 尺寸的标注要求。组合体视图的尺寸标注应正确、完整和清晰。其中，正确是指尺寸数值正确，标注格式符合国家标准的规定；完整是指尺寸必须标注齐全，不允许遗漏和重复；清晰是指尺寸标注的布局应整齐清晰，以方便读图。

(2) 尺寸的种类。为将组合体的尺寸标注完整,组合体的视图上应注全以下三种尺寸。

① 定形尺寸:用来确定组合体中各基本体形状大小的尺寸。

② 定位尺寸:用来确定组合体中各基本形体间相对位置的尺寸。

③ 总体尺寸:用来确定组合体的总长、总宽和总高的尺寸。

(3) 尺寸标注过程。下面以图1-23所示轴承座的三视图为例,介绍组合体尺寸标注的一般过程。

① 按照组合体的形成过程,选择合适的定位基准,逐个标注各基本体的定形尺寸和定位尺寸,如图1-23(a)~(d)所示。

② 标注总体尺寸。若总体尺寸与定位尺寸重合,或以一连串尺寸相加的形式出现,则总体尺寸不单独标注。

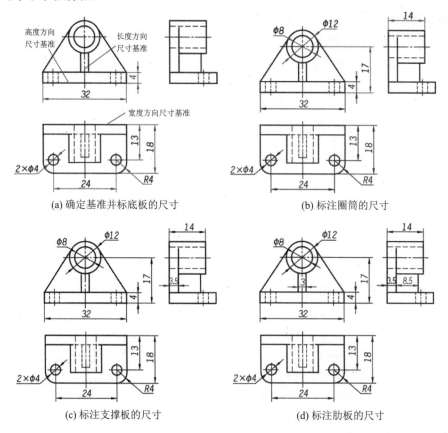

图1-23　标注轴承座的尺寸

(4) 尺寸标注的注意事项。

① 为方便读图,组合体中各基本体的定位和定形尺寸应尽量集中标注在一个或两个相邻视图上。

② 每一个形体的尺寸,应标注在表达形体特征最明显的视图上,尽量避免标注在虚线上。

③ 回转体的尺寸尽量标注在非圆视图上,对称形体的尺寸,一般对称标注。

④ 为保持图面清晰，尺寸应尽量标注在视图外，且同一方向的几个连续尺寸，应尽量标注在同一尺寸线上。

5. 识读组合体视图

识读组合体一般分为三个步骤：从反映形状特征的视图读起；将几个视图联系起来看；明确视图中细虚线的含义。

读图的基本方法有两个：形体分析法及线面分析法。

1) 形体分析法

形体分析法读图以基本体或简单体为读图单元，将主视图分为几个相对独立的线框；然后按照投影规律，找出每个线框在其他视图上的投影范围，并综合想象出每个线框所表达的基本体或简单体的形状；最后分析各基本体或简单体的相对位置关系，综合想象出整个组合体的形状。下面以图1-24所示的三视图为例，介绍形体分析法读图的具体过程。

(1) 划分线框，分析形体。该组合体三视图中，主视图能较充分地反映该组合体的形状特征，因此，从主视图入手，将其划分为Ⅰ、Ⅱ、Ⅲ、Ⅳ共4个线框。

(2) 对照投影，想象形状。根据投影规律，找出主视图上划分好的线框在其他两个视图上对应的投影，并综合想象出各形体的形状，如图2-24(b)~(d)所示。

(3) 综合部分，想象整体。找出各形体之间的相对位置关系，利用每个形体的形状综合想象出组合体的形状，如图2-24(e)所示。

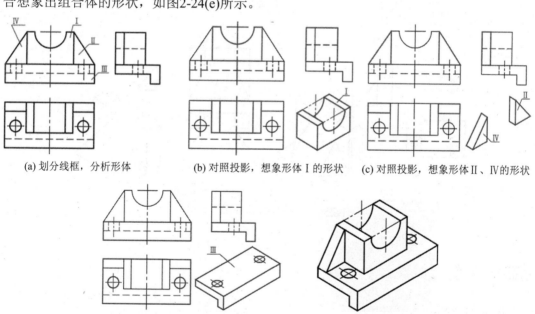

(a) 划分线框，分析形体　　(b) 对照投影，想象形体Ⅰ的形状　　(c) 对照投影，想象形体Ⅱ、Ⅳ的形状

(d) 对照投影，想象形体Ⅲ的形状　　(e) 组合体的形状

图1-24　利用形体分析法想象各形体的形状

2) 线面分析法

当难以将视图分为几个形体时，可采用形体分析法和线面分析法相结合的方法进行读图。所谓线面分析法，就是通过研究和运用组合体中线、面的空间性质和投影规律，对视

图中难以读懂的线框进行深入分析，并综合想象出组合体形状的方法。下面以图1-25所示的左视图和俯视图为例，介绍线面分析法读图的具体过程，并补画主视图。

(1) 形体分析。左视图由一个长方形和三角形组成，俯视图的外轮廓是一个矩形，因此，可初步判断该组合体为两个长方体中间夹一个三棱柱，如图1-25(b)所示。此种形状符合左视图，不符合俯视图。

(2) 逐个线框分析。俯视图上的线框P，对应左视图上的斜线P''，应代表侧垂面；俯视图上的左、右两侧的小三角形r，对应左视图上的三角形r''，应代表两个小斜面，如图1-25(c)所示。此时左视图符合，俯视图仍不符合。

(3) 继续分析。根据已知条件，三角形R上有一条正垂线，所以应代表正垂面。如果将点A移动到点B，其他部分保持不动，则左视图和俯视图均符合投影要求，此时组合体的立体图如图1-25(d)所示。

(4) 补画主视图。根据分析出的立体图和已知的左视图和俯视图，补画主视图，如图1-25(d)所示。

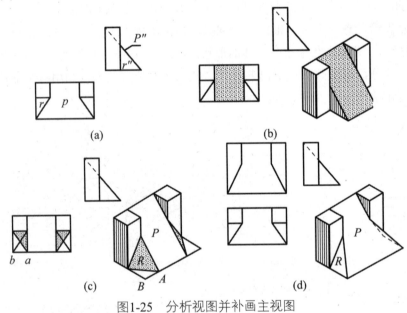

图1-25　分析视图并补画主视图

二、视图

1. 基本视图

将机件置于由6个投影面组成的六面体中，按照正投影法分别将机件向6个投影面投射，所得到的6个视图称为基本视图，如图1-26(a)所示。展开后各视图之间的配置关系如图1-26(b)所示，各视图之间仍符合"长对正、高齐平、宽相等"的"三等"投影规律。

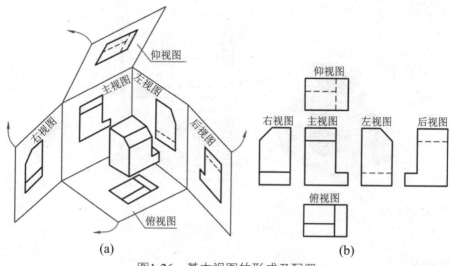

图1-26　基本视图的形成及配置

虽然国家标准中规定了6个基本视图，但是在机件结构和形状表达清楚的前提下，所用视图的数量越少越好。通常情况下，优先选用主、俯、左视图中的一种或几种。

2. 向视图

向视图是可以自由配置的视图，属于基本视图的另一种表达方式。向视图的上方需标注视图的名称"×"（×为大写拉丁字母，即 A、B、C...），然后在对应的基本视图上用箭头标出投射方向并注明同样的字母，如图1-27中的向视图 D、E、F。

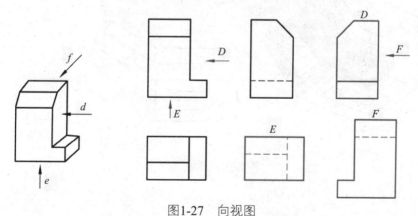

图1-27　向视图

3. 局部视图

将机件的某一部分向基本投影面投射，所得到的视图称为局部视图。局部视图通常用来表达机件中某些形状复杂的局部结构，既可突出表达重点，又能简化绘图过程。如图1-28所示的机件，主视图和俯视图中 A、B 两个方向凸起部分的结构表达不清楚，为此，可采用 A、B 两个局部视图补充表达。

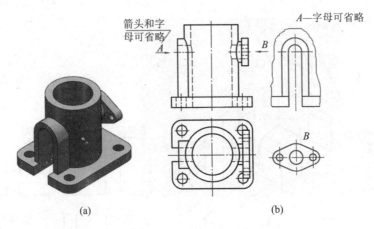

图1-28　局部视图

4. 斜视图

将机件向不平行于任何基本投影面投射，所得到的视图称为斜视图，如图1-29(a)所示。绘制斜视图主要是用来表达机件上倾斜部分的实体，故斜视图通常都绘制成局部视图，如图1-29(b)所示。旋转配置时，应标注旋转符号"⌒×"(表示顺时针旋转)或"⌒×"(表示逆时针旋转)，并且表示视图名称的大写拉丁字母"×"应靠近旋转符号的箭头端，如图1-29(c)所示。

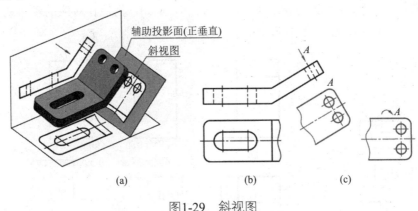

图1-29　斜视图

三、剖视图

在用视图表达机件时，机件内部不可见的结构形状通常用虚线表示。但当机件的内部结构比较复杂时，视图中势必会出现很多虚线，这将严重影响视图的清晰度，并给尺寸标注和读图带来不便。因此，国家标准规定机件的内部结构可通过剖视图来表达。

1. 剖视图概述

1) 剖视图的形成

假想用剖切平面剖开机件，将处在观察者与剖切平面之间的部分移去，并将其剩余部分向投影面投射,所得到的图形称为剖视图。如图1-30(a)～(c)所示为剖视图的形成过程。

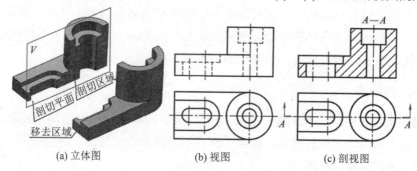

图1-30 剖视图的形成过程

2) 剖面符号及剖面线的画法

(1) 剖面符号。假想剖切面将机件剖开后,机件的实心部分与剖切平面相接触形成的区域称为剖面区域。为区分机件上的实心部分与空心部分,《机械制图剖面符号》(GB/T 4457.5—1984)规定剖面区域应用剖面符号标出,不同的材料需使用不同的剖面符号。各种材料的剖面符号如表1-5所示。

表1-5 各种材料的剖面符号

材料		剖面符号	材料	剖面符号
金属材料(已有规定剖面符号者除外)		▨	非金属材料(已有规定剖面符号者除外)	▨
混凝土		▨	钢筋混凝土	▨
型砂、填砂、粉末冶金、砂轮、陶瓷刀片、硬质合金刀片等		▨	砖	▨
玻璃及供观察用的其他透明材料		▨	格网(筛网、过滤网)	▨
木材	纵剖面	▨	液体	▨
	横剖面	▨		

(2) 剖面线的画法。当不需要在剖面区域内表示机件的材料时,剖面符号可采用间隔相等的平行细实线表示,称为剖面线。剖面线一般与图形的主要轮廓线或剖面区域的对称线成45°,如图1-31所示。

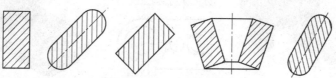

图1-31 剖面线的画法

3) 剖视图的标注

为方便读图，国家标注规定在剖视图上方应标出视图名称"×—×"，并在相应视图画出剖切符号，且需标注相同的字母。通常用长为5~10mm、宽为(1~1.5)d的粗短线表示剖切位置，用箭头表示投射方向，如图1-30(c)所示。

2. 剖视图的种类

用剖视图表达机件内部结构时，应根据机件的结构特点选择合适的剖视图。根据被剖开区域的大小和剖切平面的种类，常用的剖视图可分为全剖视图、半剖视图、局部剖视图、阶梯剖视图和旋转剖视图。

1) 全剖视图

用假想剖切平面将机件完全剖开所得到的视图称为全剖视图。全剖视图多用于表达外部形状简单、内部结构复杂的机件，如图1-30所示。

2) 半剖视图

当机件具有对称平面时，剖开机件后向垂直于对称平面的投影面上投射，所得到的图形，以对称中心为界，一半画成剖视图，另一半画成视图，两者的分界线处用细点画线画出，这样的图形称为半剖视图，如图1-32所示。

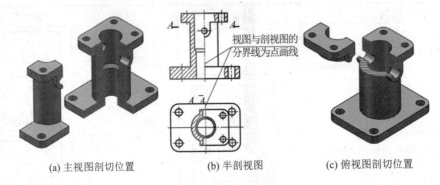

(a) 主视图剖切位置　　　　(b) 半剖视图　　　　(c) 俯视图剖切位置

图1-32　半剖视图

3) 局部剖视图

用假想剖切平面局部地剖开机件所得到的剖视图称为局部剖视图，如图1-33所示。局部剖视图可根据机件结构形状的特点灵活地选择剖切的位置和范围，适用于内、外形状都需要表达的非对称机件。

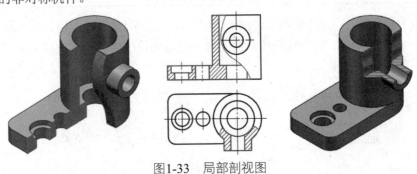

图1-33　局部剖视图

4) 阶梯剖视图

当机件内部结构较复杂,且不处于同一平面内时,可用几个相互平行的剖切平面剖开机件,所得到的剖视图称为阶梯剖视图。如图1-34所示,用三个相互平行的平面剖开机构,即可得到阶梯剖视图A—A,其中,剖切面转折处不需要画线。

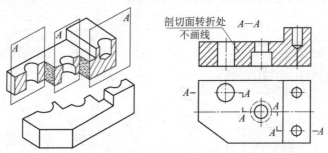

图1-34 阶梯剖视图

5) 旋转剖视图

在表达具有回转中心的机件内部结构时,可利用几个相交剖切平面将需要表达的部分剖开,然后将剖面的倾斜部分旋转到与基本投影面平行时再进行投影,所得到的剖视图称为旋转剖视图,如图1-35所示。

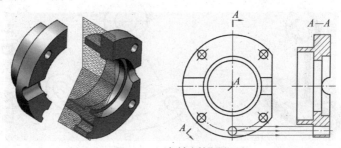

图1-35 旋转剖视图

四、断面图

假想用剖切平面将机件的某处切断,仅画出剖切平面与机件接触部分的图形,称为断面图。断面图与剖视图的区别在于:断面图只画出断面的形状,而剖视图需同时画出断面和剖切平面后面的可见部分的轮廓线,如图1-36所示。断面图分为以下两种。

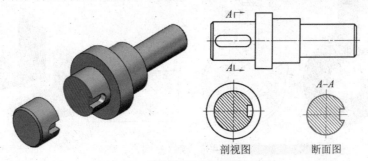

图1-36 断面图和剖视图的区别

1. 移出断面图

画在视图轮廓线以外的断面图称为移出断面图。如图1-37所示,在画移出断面图时,若图形对称,可配置在视图的中断处。若剖切平面通过由回转面形成的孔或凹坑的轴线时,这些结构特征应按剖视图绘制,如图1-38所示。

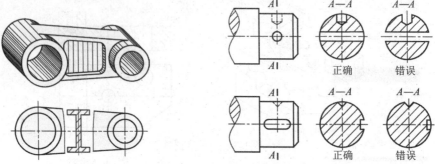

图1-37 断面图配置在视图断开处　　图1-38 剖切平面通过对称孔或凹坑的轴线

若剖切平面通过非回转曲面的孔槽时,会导致分离断面的出现,此时这些结构也应按剖视图绘制,如图1-39所示。

图1-39 断面分离时的断面图

2. 重合断面图

画在视图轮廓线以内的断面图称为重合断面图。重合断面图的轮廓线用细实线绘制,断面线应与断面图的主要轮廓线或对称线成45°。当重合断面图与视图的轮廓线相互重叠时,视图中的轮廓线仍应连续完整地画出,如图1-40所示。

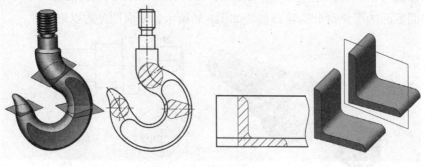

图1-40 重合断面图

【任务实施】

1. 抄画下面的图形

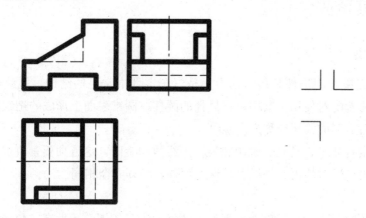

2. 标注尺寸

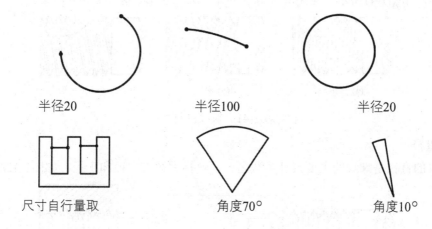

半径20　　　　半径100　　　　半径20

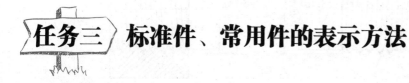

尺寸自行量取　　　角度70°　　　角度10°

任务三 标准件、常用件的表示方法

任务引入

在汽车机械的维修中，经常需要用到螺栓、螺母、螺钉、键、销和滚动轴承等零件，由于用量大、应用广，国家标准对这些零件的结构和尺寸进行了统一规定，并将它们称为标准件。此外，国家标准对一些常用零件的部分尺寸和参数进行了标准化，并将他们称为常用件，如齿轮、弹簧等。本任务主要介绍机械制图中标准件和常用件的表示方法。

相关知识

一、螺纹及其紧固件

1. 螺纹的基本要素

螺纹主要用于连接不同机件和传递动力,是汽车零件中常见的结构。螺纹分为外螺纹和内螺纹两种,两者配对使用。其中,在机件的圆柱或圆锥表面上形成的螺纹称为外螺纹;在机件内孔表面上形成的螺纹称为内螺纹。

螺纹的基本要素有牙型、直径、螺距和导程、线数和旋向。这五项要素决定了螺纹的结构和尺寸。一对相互配对的内、外螺纹,这五项要素必须完全相同。

1) 牙型

通过螺纹轴线的断面上的螺纹轮廓外形称为牙型。常见的螺纹牙型有三角形、梯形和锯齿形等,如图1-41所示。常用普通螺纹的牙型为三角形,牙型角为60°。

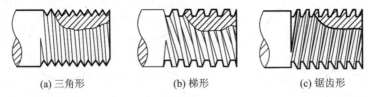

(a) 三角形　　　(b) 梯形　　　(c) 锯齿形

图1-41　螺纹的牙型

2) 直径

螺纹的直径是螺纹的主要尺寸参数之一,包括大径、中径和小径,如图1-42所示。

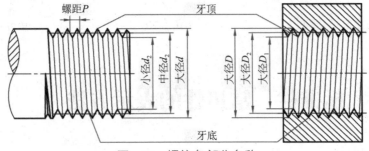

图1-42　螺纹各部分名称

与外螺纹牙顶或内螺纹牙底相切的假想圆柱或圆锥的直径称为大径,内外螺纹的大径分别用符号D和d表示。螺纹的规格用公称直径表示。

与外螺纹牙底或内螺纹牙顶相切的假想圆柱或圆锥的直径称为小径,内外螺纹的小径分别用D_1和d_1表示。

若假想某个圆柱或圆锥的直径,该圆柱或圆锥的母线通过牙型上沟槽和凸起宽度相等的地方,则该假想圆柱或圆锥的直径称为中径,内外螺纹的中径分别用D_2和d_2表示。

3) 螺距和导程

螺纹上相邻两牙在中径线上对应两点之间的轴向距离称为螺距,用P表示。同一条螺纹线上相邻两牙在中径线上对应两点之间的距离称为导程,用P_h表示。

4) 线数

形成螺纹的螺旋线的条数称为线数,用n表示。由一条螺纹线形成的螺纹称为单线螺纹,由多条螺纹线形成的螺纹称为多线螺纹,如图1-43所示。线数n、螺距P和导程P_h之间存在以下关系

单线螺纹:$P_h=P$;多线螺纹:$P_h=nP$

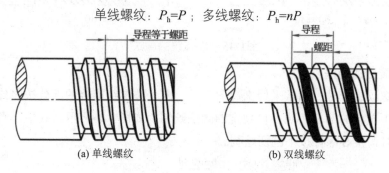

(a) 单线螺纹 (b) 双线螺纹

图1-43 螺纹线数

5) 旋向

螺纹旋进的方向称为旋向。其中,逆时针旋进的螺纹称为左旋螺纹,螺纹特征为左高右低;顺时针旋进的螺纹称为右旋螺纹,螺纹特征为左低右高。

2. 螺纹的规定画法

为了简化作图,《机械制图螺纹及螺纹紧固件表示法》(GB/T 4459.1—1995)对螺纹的画法进行了统一规定,无论螺纹为何种牙型,其画法均相同。下面简单介绍外螺纹、内螺纹及螺纹旋合的画法。

1) 外螺纹的画法

如图1-44(a)所示,螺纹大径用粗实线表示,螺纹小径用细实线表示,螺纹终止线用粗实线表示,螺尾线可用与轴线成30°的细实线表示,也可不画。在投影为圆的视图中,大径用粗实线表示,小径用细实线绘制3/4圆圈表示。螺纹局部剖视图的画法如图1-44(b)所示。

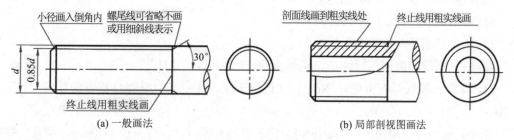

(a) 一般画法 (b) 局部剖视图画法

图1-44 外螺纹的画法

2) 内螺纹的画法

如图1-45(a)所示,非圆视图中,螺纹大径用细实线表示,小径用粗实线表示,螺纹终止线用粗实线画出,剖面线画到粗实线处。在投影为圆的视图中,大径用细实线绘制3/4

圆圈表示，小径用粗实线圆表示。螺纹孔为盲孔时的画法如图1-45(b)所示。

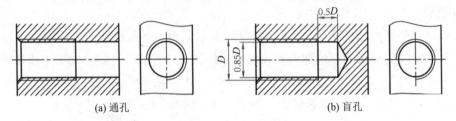

图1-45 内螺纹的画法

3) 螺纹旋合的画法

内、外螺纹旋合时，通常采用剖视图表示。内、外螺纹旋合的部分按照外螺纹的画法绘制，其余不重合的部分按照各自规定的画法绘制，如图1-46所示。其中，当剖切平面通过螺纹轴线时，实心螺杆按不剖切绘制。

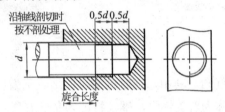

图1-46 内外螺纹的旋合画法

3. 螺纹的种类及标注

按照用途不同，螺纹可分为连接螺纹和传动螺纹。其中，连接螺纹主要用来连接不同零件，传动螺纹主要用来传递动力。

因为不同牙型螺纹的画法相同，所以需要按照规定的格式对螺纹进行标记，以反映螺纹的种类和各个要素。完整螺纹标记的格式和内容：

$$\overbrace{\boxed{\text{螺纹特征代号}}}^{\text{螺纹特征代号}}\boxed{\text{公称直径}}\times\boxed{\text{螺距或导程(螺距)}}\boxed{\text{旋向}}-\boxed{\text{中径和顶径公差带代号}}-\boxed{\text{旋合长度代号}}$$

进行螺纹标记时，需要注意以下事项。

(1) 普通螺纹的特征代号为"M"。

(2) 粗牙普通螺纹的螺距不标注。

(3) 右旋螺纹的旋向不标注，左旋螺纹的旋向标记为"LH"。

(4) 旋合长度代号有S(短)、N(中)、L(长)三种。其中，中型旋合长度的代号"N"可省略。

例如，螺纹标记M20×1.5-5g6g-S-LH代表普通外螺纹，公称直径为20mm，细牙，螺距为1.5mm，中径公差代号为5g，顶径公差代号为6g，短旋合长度，左旋。

4. 螺纹紧固件的标记及规定画法

螺纹紧固件是起连接和紧固作用的专用零件。螺纹紧固件的种类很多，常见的有螺栓、螺柱、螺钉、螺母和垫圈等，如图1-47所示。

螺纹紧固件属于标准件，其结构和尺寸已经标准化，一般由专门的工厂进行生产。各种螺纹紧固件都有规定的标记，在使用时，可根据其标记从相应的国家标准中查出它们的结构形式、尺寸和技术要求等。

(a) 六角头螺栓 (b) 开槽紧定螺钉 (c) 开槽紧定螺钉 (d) 六角头螺母 (e) 平垫圈 (f) 弹簧垫圈

图1-47 常见螺纹紧固件

常用螺纹紧固件的标记格式为：

标准代号　螺纹规格×公称长度

例如，螺栓GB/T 5782 M8×40表示六角头螺栓的规格为d=M8，公称长度l=40mm。根据标记即可在《六角头螺栓》(GB/T 5782—2020)中查出该螺栓的形状和尺寸。

标准的螺纹紧固件在画图时不必画出详细结构，一般采用以公称直径为依据的比例画法近似画出即可。

5. 螺纹紧固件连接的画法

螺纹紧固件的连接形式有螺栓连接、双头螺柱连接和螺钉连接三种。各种连接方式均应遵守以下规定：两个零件的接触面只画一条线，不接触的相邻表面需画两条线；在剖视图中，相邻两零件的剖面线方向应相反，或方向一致但间隔不等；同一零件在不同视图中的剖面线应同间距、同方向；当剖切平面通过标准件的轴线时，这些零件均按不剖绘制；螺栓、螺母及螺钉头部均可简化，螺钉紧固件上的倒角和退刀槽等可省略不画。

1) 螺栓连接

螺栓连接主要用于连接两个较薄且都能钻出通孔的零件，主要紧固件有螺栓、螺母和垫圈等。

螺栓连接的画法如图1-48所示，各紧固件一般采用比例法绘制，即以螺栓上外螺纹的公称直径d为基准，其余各部分的尺寸按其与公称直径的比例关系来绘制，倒角可省略。

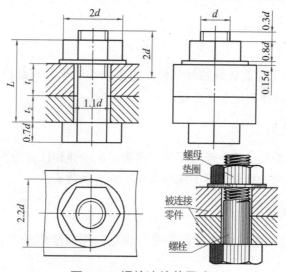

图1-48 螺栓连接的画法

2) 双头螺柱连接

双头螺柱常用于不易钻出通孔的较厚零件和需要钻出通孔的较薄零件之间的连接。与螺栓连接相同，双头螺柱的连接通常采用比例法绘制，其连接图的画法如图1-49所示。画图时需要注意螺柱的旋入端应全部旋入螺孔内，故旋入端的螺纹终止线应与被连接两零件的接触面平齐。

3) 螺钉连接

螺钉连接用于连接一个较薄和一个较厚的零件，常用于不经常拆卸且受力不大的场合。螺钉的种类很多，按照用途不同，螺钉可分为连接螺钉和紧固螺钉两种。螺钉连接时，将螺钉穿过开有通孔的较薄零件，并旋入另一零件的螺纹孔中，依靠螺钉的头部压进被连接零件。

连接螺钉的种类很多，常见的有圆柱头螺钉和沉头螺钉，它们的比例画法如图1-50所示。

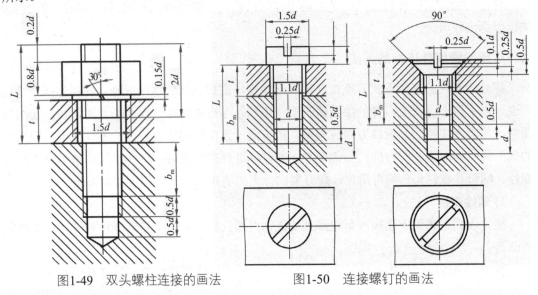

图1-49 双头螺柱连接的画法　　图1-50 连接螺钉的画法

二、滚动轴承

滚动轴承是用来支撑旋转轴的标准件。由于滚动轴承具有结构紧凑、摩擦力小等优点，在汽车及维修机械中应用非常广泛。

1. 滚动轴承的分类

如图1-51所示，滚动轴承一般由外圈、内圈、滚动体和保持架等组成。滚动轴承的种类很多，常见的有深沟球轴承、推力球轴承和圆锥滚子轴承。

2. 滚动轴承的画法

国家标准对滚动轴承的画法进行了统一规定，包括简化画法和规定画法，如表1-6所示。

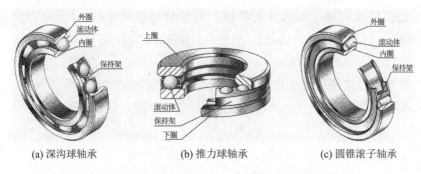

图1-51 滚动轴承

表1-6 滚动轴承的简化画法和规定画法

名称	深沟球轴承	推力球轴承	圆锥滚子轴承
简化画法			
规定画法			

三、键和销

键连接和销连接是常用的可拆连接方式,键和销都属于标准件。

1. 键和键连接

键连接主要用于连接轴和轴上的传动件(如齿轮和皮带),以传递运动和动力。根据形状的不同,键可以分为普通平键、半圆键和钩头楔键。其中普通平键在实际中应用较广泛,可以分为A、B、C型。

键的标记由标准代号、标准件的名称、型号和规格尺寸4部分组成。例如，GB/T 1096—2003键8×25表示宽度b=10mm、长度l=10mm的A型普通平键(A型普通平键在标注时可省略型号A)。

在绘制普通平键连接的装配图时，平键的两个侧面和键的底面分别与轴上的键槽接触，故画成一条线；而平键的顶面与键槽底面之间存在间隙，则必须画成两条线，如图1-52所示。

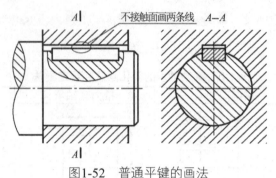

图1-52 普通平键的画法

2. 销和销连接

销连接主要用于零件的连接、定位或防松。销的种类很多，常见的有圆柱销、圆锥销和开口销三种。销的种类、标记及画法如表1-7所示。

任何物体都可看成由一些形状简单且规则的形体所组成，这样的形体称为基本体。基本体可分为平面立体和曲面立体两类。其中，表面由平面构成的基本体称为平面体，如长方体、棱柱和棱锥等；表面由曲面或曲面和平面组成的基本体称为曲面立体，常见的曲面立体为回转体，如圆柱、圆锥和圆球等。

表1-7 销的种类、标记和画法

名称及标准编号	形状及主要尺寸	标记	接连画法
圆柱销 GB/T 119.1—2000		销 GB/T 119.1 $d\times l$	
圆锥销 GB/T 117—2000		销 GB/T 117 $d\times l$	
开口销 GB/T 91—2000		销 GB/T 91 $d\times l$	

四、齿轮

齿轮传动用于将一根轴上的动力传递给另一根轴,并能改变另一轴的转速和旋转方向,因此在汽车及维修机械中应用广泛。齿轮的种类很多,常见的有圆柱齿轮、圆锥齿轮和蜗轮蜗杆,如图1-53所示。下面主要介绍直齿圆柱齿轮的基础知识及规定画法。

(a) 圆柱齿轮 (b) 圆锥齿轮 (c) 蜗轮蜗杆

图1-53 常见的齿轮

1. 直齿圆柱齿轮的基础知识

如图1-54所示为直齿圆柱齿轮,轮齿分布在圆柱面上,且齿向平行于轴线。直齿圆柱齿轮各部分的名称及代号如图1-55所示。

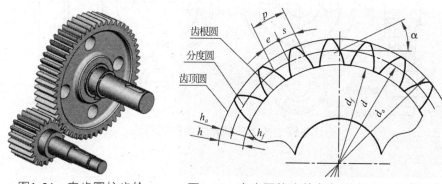

图1-54 直齿圆柱齿轮 图1-55 直齿圆柱齿轮各部分名称及其代号

(1) 齿顶圆:通过齿轮齿顶面的圆,直径用d_a表示。

(2) 齿根圆:通过齿轮各齿根的圆,直径用d_f表示。

(3) 分度圆:使齿厚(轮齿齿廓间的弧长,用s表示)和齿槽宽(轮齿齿槽间的弧长,用e表示)相等的圆,直径用d表示。

(4) 齿高:齿顶圆和齿根圆之间的径向距离,用h表示。

(5) 齿距:分度圆上相邻两轮齿齿廓对应点之间的弧长,用p表示。

(6) 压力角:分度圆上齿轮接触点的受力方向与分度圆切线所夹的锐角,用α表示。国家标准规定标准齿轮的压力角为20°。

2. 直齿圆柱齿轮的规定画法

《机械制图齿轮表示法》(GB/T 4459.2—2003)规定了单个直齿圆柱齿轮的画法,如图1-56所示。齿顶圆和齿顶线用粗实线绘制,分度圆和分度线用细点画线绘制,齿根圆和齿根线用细实线绘制,也可省略不画,但在剖视图中,齿根线需用粗实线绘制。

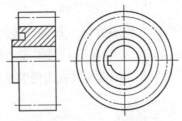

图1-56　单个圆柱齿轮的画法

如图1-57所示,一对直齿圆柱齿轮啮合时,除啮合区外,其余部分的机构均按单个齿轮的画法绘制。在垂直于圆柱齿轮轴线的视图中,两分度圆相切,啮合区内的齿顶圆用粗实线绘制,或省略不画,齿根线用细实线绘制或不画。在剖视图中,啮合区内的一个齿轮的轮齿用粗实线绘制,另一个齿轮的轮齿被遮挡部分用虚线绘制,或被遮挡部分省略不画,且一个齿轮的齿顶线与另一个齿轮的齿根线之间的间隙为0.25m(模数)。在平行于圆柱齿轮轴线的外形视图中,两分度线重合,用粗实线绘制,啮合区内的齿顶线不必画出。

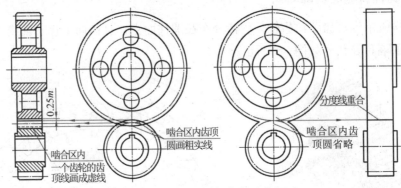

图1-57　两圆柱齿轮啮合时的画法

五、弹簧

弹簧的作用有减振、夹紧、复位及储存能量等。常见的弹簧有压缩弹簧、拉伸弹簧和扭转弹簧等,如图1-58所示。

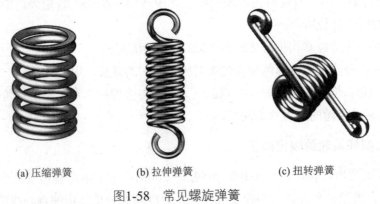

(a) 压缩弹簧　　　　　(b) 拉伸弹簧　　　　　(c) 扭转弹簧

图1-58　常见螺旋弹簧

1. 弹簧的画法

《机械制图齿轮表示法》(GB/T 4459.4—2003)规定了圆柱螺旋压缩弹簧的画法，如图1-59所示。在平行于螺旋弹簧轴线的视图或剖视图中，弹簧各圈的轮廓应画成直线；当螺旋压缩弹簧两端并紧且磨平时，无论支撑圈数和贴紧情况如何，均按图1-59(c)所示的形式绘制，如有必要也可按支承圈的实际结构绘制；当螺旋弹簧的有效圈数超过4圈时，其中间部分可省略不画。

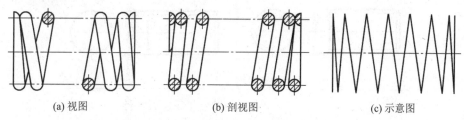

(a) 视图　　　　　(b) 剖视图　　　　　(c) 示意图

图1-59　螺旋压缩弹簧的画法

2. 弹簧在装配图中的画法

在装配图中，当螺旋弹簧被剖切时，可按图1-60所示的方法绘制。其中，当弹簧丝的直径在图形上不超过2mm时，可用涂黑表示，如图1-60(a)所示。被弹簧挡住的零件结构一般不画出，但其可见部分应从弹簧的外轮廓或弹簧丝断面的中心线画起，如图1-60(c)所示。

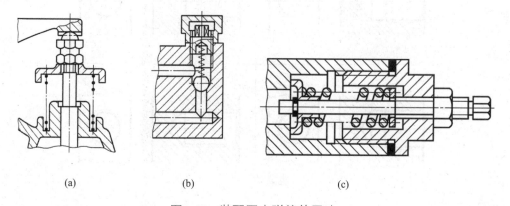

(a)　　　　　　(b)　　　　　　(c)

图1-60　装配图中弹簧的画法

❖ 任务实施

1. 填空题

(1) 内、外螺纹只有在＿＿＿＿、＿＿＿＿、＿＿＿＿、＿＿＿＿、＿＿＿＿五要素完全相同时，才能旋合在一起。

(2) 螺纹的导程P_h和螺距P的关系是＿＿＿＿。

(3) 外螺纹在非圆视图中，大径用＿＿＿＿线表示，小径用＿＿＿＿线表示。

(4) 在直齿圆柱齿轮的圆视图中，齿顶圆用＿＿＿＿表示，分度圆用＿＿＿＿表示，齿根圆用_____表示，或省略不画。

(5) 在平行于螺旋弹簧轴线的视图或剖视图中，弹簧各圈的轮廓应画成_____线。

2. 选择题

(1) 下列选项中，外螺纹画法正确的是(　　)。

(2) 下列选项中，内螺纹画法正确的是(　　)。

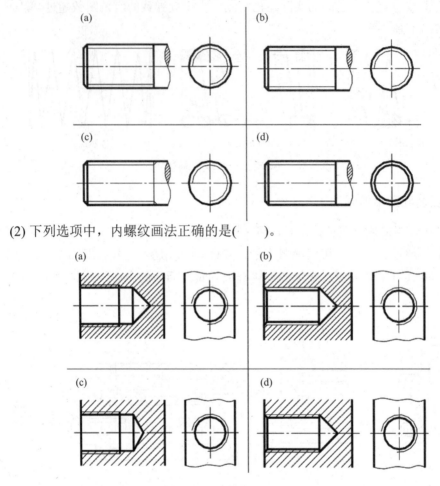

任务四　零件图

⋮⋮⋮任务引入

零件图是表达零件结构形状、大小和技术要求的图样，是零件加工制造和质量检验的重要技术文件。汽车技术人员需要掌握零件图的视图选择、尺寸标注和技术要求等知识。本章主要介绍零件图的内容和作用，并结合轴套、轮盘、叉架、箱体4类典型零件的结构特点，介绍各类典型零件图的画法，以及零件图上各种技术要求的含义，以提高读者对零件图的识读和绘制能力。

相关知识

一、零件图的内容和作用

零件图不仅是加工制造零件的主要依据，也是检验零件质量的重要技术文件。任何机器或部件都是由零件按一定的装配关系和技术要求组装而成的。除标准件(如螺栓、螺母、轴承等)外，组成机器或部件的其余零件一般需要画出零件图。

一张完整的零件图一般应包括一组图形、完整的尺寸标注、技术要求和标题栏四方面内容，图1-61为泵盖零件图。

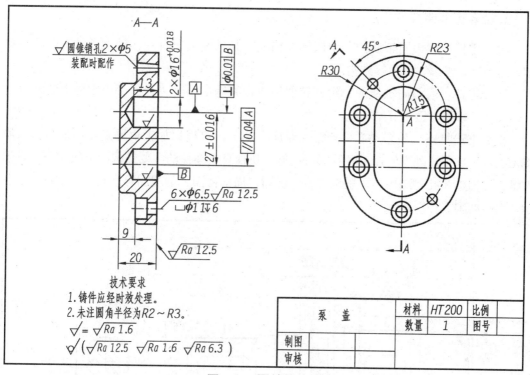

图1-61　泵盖零件图

1. 一组图形

通过合理的表达方法，利用一组恰当的图形(如视图、剖视图、断面图及其他规定画法等)来正确、完整、清晰地表达各类零件的结构和形状。

2. 完整的尺寸标注

在零件图中，应正确、清晰、合理地标注零件在制造、检验等过程中所需的全部尺寸。

3. 技术要求

利用国家标准规定的符号或文字格式简要说明零件在制造、检验、装配等过程中应达到的各项技术要求，如尺寸公差、形位公差、表面粗糙度、热处理要求等。

4. 标题栏

标题栏通常位于零件图的右下角，用来填写零件的名称、数量、材料、比例、图样代号，以及设计人员、审核人员的姓名和日期等内容。

二、典型零件的结构特点和表达方法

汽车机械和维修机械中零件的种类很多，其结构和形状也各不相同，但根据作用的不同，可大致将零件分为轴套类、轮盘类、叉架类和箱体类。

1. 轴套类零件

轴类零件一般由同轴线的一组圆柱体构成，其长度大于直径。轴上通常有台阶、键槽、退刀槽、螺纹、倒角等结构。

套类零件一般由同轴线的一组回转面构成，其壁厚小于直径。套类零件上通常有油孔、油槽、螺纹、倒角等结构。

根据上述特点，轴套类零件通常在车床上加工，可根据加工位置确定主视图，一般将轴线水平放置，既方便加工时看图，又能反映轴套类零件的主要结构和形状特点。对于键槽、退刀槽和孔等结构，可采用移出断面图、局部视图、剖视图等来表达。如图1-62所示，为传动轴零件图。

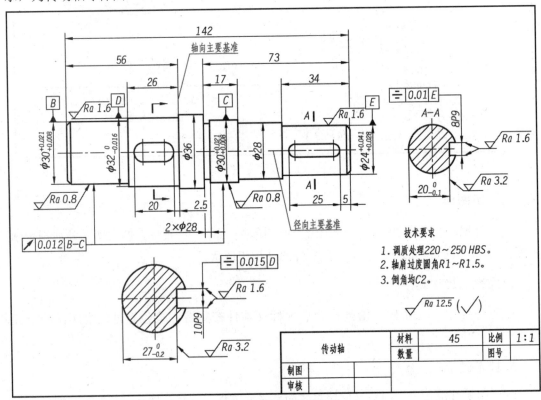

图1-62 传动轴零件图

2. 轮盘类零件

常见的轮盘类零件有齿轮、手轮、带轮、法兰盘和端盖等。其中，轮类零件主要用来传递扭矩，一般通过键、销与轴连接；盘类零件主要起连接、轴向定位及密封等作用，常见的结构有凸台、阶梯孔、螺孔及沟槽等。

轮盘类零件的主要形体是回转体，其毛坯多为铸件或锻件，主要在车床或铣床上加工。因此，轮盘类零件的主视图一般根据加工位置将轴线水平放置，并采用主视图或左视图来表达结构和形状。其中，主视图可采用剖视图表达内部结构；左视图常用来表达零件外形，以及各类孔、肋板、轮辐等在零件上的分布情况。图1-63为手轮零件图。

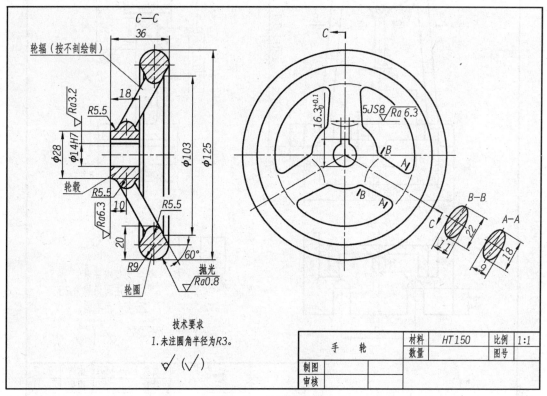

图1-63　手轮零件图

3. 叉架类零件

常见的叉架类零件有汽车换挡拨叉、连杆、摇臂、支架等。叉架类零件在机器中主要起操纵、连接、传动或支承等作用，其毛坯多为铸件和锻件。叉架类零件大多结构复杂，形状不规则，通常由支承部分、工作部分和连接部分组成。其中，连接部分大多为倾斜或弯曲的肋板结构；支承部分主要有圆孔、沉孔、凸台、凹坑等结构。

叉架类零件主要根据形状特征和工作位置选择主视图，且一般需要两个以上的基本视图表达。此外，还需要利用局部视图、斜视图、断面视图等辅助表达内、外结构和形状。如图1-64所示为支架零件图。

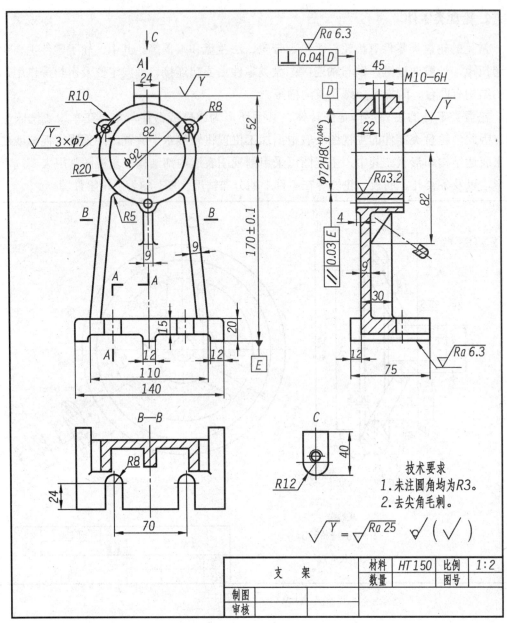

图1-64 支架零件图

4. 箱体类零件

常见的箱体类零件有减速箱体、泵体、阀体和机座等,主要起容纳和支承传动件的作用,同时还可保护机器中的其他零件。箱体类零件的毛坯多为铸件,内、外结构比较复杂,通常含有薄壁围成的空腔和供安装用的底板,箱体壁上有多个供安装轴承用的圆筒或半圆筒。此外,箱体上还分布有凸台、凹坑、铸造圆角、螺孔等细小结构。

由于结构复杂,加工位置多变,箱体类零件的主视图主要按工作位置和形状特征原则来确定。由于零件结构复杂,基本视图通常不少于三个,并广泛运用各种表达方法(如斜视图、剖视图、断面图等)来表达。图1-65所示为减速器箱体零件图。

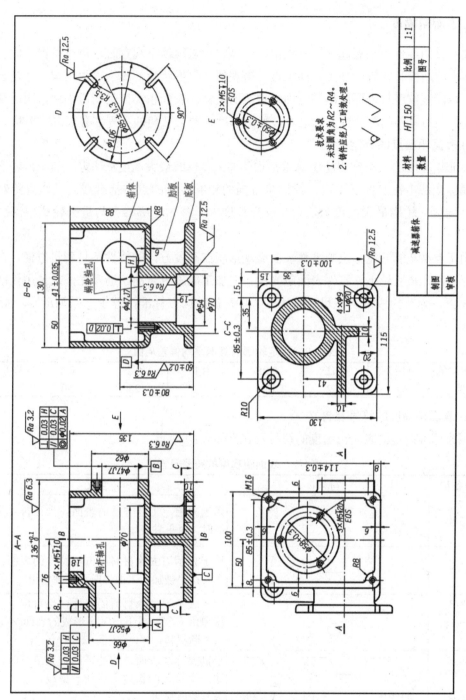

图1-65 减速器箱体零件图

三、零件图的技术要求

零件图的技术要求主要有尺寸公差、几何公差、表面粗糙度、热处理要求等。技术要求一般使用规定的符号直接标注在图形上，或使用文字写在图纸空白处。

1. 表面粗糙度

加工过的零件表面看起来非常光滑,但是置于显微镜下观察时,可以发现表面有许多高低不平的凸峰和凹谷。加工表面上这种微观的几何形状特征称为表面结构,它是表面粗糙度、表面波纹度、表面缺陷和表面纹理等的总称。表面粗糙度是衡量零件表面质量的重要指标,其对零件的配合性、耐磨性、疲劳强度、密封性和外观等都有很大的影响。

1) 表面粗糙度的评定参数

表面粗糙度的大小常用轮廓算术平均偏差R_a和轮廓最大高度R_z评定。其中,轮廓算术平均偏差R_a是指在取样长度内,沿测量方向的轮廓线上的点与基准线之间距离绝对值的算术平均值;轮廓最大高度R_z是指在取样长度内,最大轮廓峰高与最大轮廓谷深之间的距离。

由于参数R_a能够充分反映零件表面微观形状在高度方向的特性,且测量方便,在生产中广泛应用。R_a值越小,零件表面越光滑,但加工成本也越高。通常在满足使用性能要求的情况下,为节约成本,应尽量选用较大的R_a值。国家标准推荐了一系列R_a值,如表1-8所示。

表1-8 评定轮廓的算术平均偏差R_a值

推荐使用的R_a值	0.012	0.025	0.05	0.1	0.2	0.4	0.8
	1.6	3.2	6.3	12.5	25	50	100

2) 表面粗糙度的符号及含义

国家标准规定的表面粗糙度的符号及含义如表1-9所示。

表1-9 表面粗糙度的符号及含义

符号名称	符号	含义
基本符号	√	用于未指定工艺方法的表面。当该符号作为注解时,可单独使用
扩展符号	▽	用于表示用去除材料的方法获得的表面,仅当含义是"被加工表面"时可单独使用
	▽（带圈）	用于表示不去除材料的表面,也可用于表示保持原供应状况或上道工序形成的表面(不管是否已去除材料)
完整符号	允许任何工艺 去除材料 不去除材料	当需要标注表面结构特征的补充信息时,在上述三个符号的长边上可加一横线,用于标注有关参数或说明
		表示视图中封闭的轮廓线所表示的所有表面具有相同的表面粗糙度要求

表面粗糙度符号的画法及其与附加标注尺寸的位置关系如图1-66所示。该符号表示R_a的最大允许值为3.2 μm,用任何方法获得的表面。

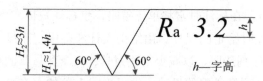

图1-66 图形符号的画法及其附加标注的尺寸关系

表面粗糙度应标注在图形可见轮廓线、尺寸线、尺寸界线或其延长线上,且在同一视图上,每个表面一般只标注一次。表面粗糙度的注写方向与尺寸标注相同,当标注在轮廓线上时,其符号应从材料外指向被接触表面。必要时,表面粗糙度可用带箭头或黑点的指引线移出标注,如图1-67所示。

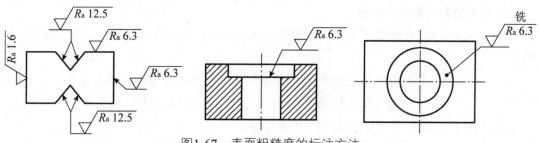

图1-67 表面粗糙度的标注方法

2. 互换性的基本概念

互换性是指某一产品(包括零件、部件)与另一产品在尺寸、功能上能够彼此互相替换的性能。互换性包括几何参数、物理及化学性能等因素。我们主要介绍零件的几何参数的互换性,包括零件的尺寸、形状和相互位置的互换性。

互换性具有以下几方面作用。

(1) 有利于组织专业化生产。

(2) 产品设计标准化,缩短设计周期。

(3) 维修时易更换配件,减少修理时间和费用,保证设备原有的性能。

3. 公差与配合的基本术语

"公差"主要反映机器零件使用要求与制造工艺之间的矛盾;"配合"则反映组成机器的零件之间的关系。

1) 孔与轴

在满足互换性的配合中,孔和轴具有广泛的含义。孔指工件的圆柱形内表面及其他内表面中,由单一尺寸确定的部分,其直径尺寸由 D 表示;轴指圆柱形的外表面及其他外表面中由单一尺寸确定的部分,其直径尺寸由 d 表示。也就是说,孔为包容面,轴为被包容面。

从加工过程来看,随着余量的切除,孔的尺寸越来越大,轴的尺寸越来越小。

2) 尺寸术语

(1) 尺寸:用特定单位表示长度值的数字,如20mm、40 μm。在机械制图中,图样上的尺寸通常以mm为单位，在标注时常将单位省略，仅标注数值。

(2) 基本尺寸：设计时给定的尺寸。由结构设计和强度、刚度计算确定的尺寸。基本尺寸一般按照标准尺寸序列选取，以减少定值刀具、夹具和量具的种类。

(3) 实际尺寸：通过测量所得的尺寸。由于形状误差的存在，孔、轴实际尺寸不是唯一的。实际尺寸含测量误差。

(4) 极限尺寸：允许尺寸变化的两个界限值，统称为极限尺寸。

孔允许的最大尺寸和最小尺寸分别是 D_{max} 和 D_{min}，轴允许的最大尺寸和最小尺寸分别是 d_{max} 和 d_{min}。极限尺寸是以基本尺寸为基数来确定的，极限尺寸用于控制实际尺寸。基本尺寸、极限尺寸为设计时给定。

3) 有关公差与偏差的术语

(1) 尺寸偏差(简称偏差)：某一尺寸减其基本尺寸所得的代数差，分别称为上偏差和下偏差。

上偏差 = 最大极限尺寸-基本尺寸　　代号：孔为ES，轴为es

下偏差 = 最小极限尺寸-基本尺寸　　代号：孔为EI，轴为ei

(2) 尺寸公差(简称公差)：允许尺寸的变动量。

公差 = 最大极限尺寸-最小极限尺寸 = 上偏差-下偏差

例如，一根轴的直径为 F30±0.010，那么则有

上偏差 = 30.010-30 = 0.010

下偏差 = 29.990-30 = -0.010

公差 = 30.010-29.990 = 0.020　　或 = 0.010-(-0.010)=0.020

偏差的标注：上偏差标在基本尺寸右上角；下偏差标在基本尺寸右下角。

例如，$\phi 25 \binom{-0.020}{-0.033}$mm 表示基本尺寸为25mm，上偏差为-0.020mm，下偏差为-0.033mm。

为满足孔与轴配合的不同松紧要求，极限尺寸可能大于、小于或等于其基本尺寸。因此，偏差的数值可能是正值、负值或零值，故在偏差值的前面除零值外，应标上相应的"+"号或"-"号。公差为无符号的绝对值，它表示尺寸变动范围的大小。加工误差不可避免，所以公差$T \neq 0$。

4) 公差带图

(1) 零线：表示基本尺寸的一条直线，以其为基准确定偏差和公差，零线以上偏差为正，零线以下偏差为负。

(2) 公差带：由代表上、下偏差的两条直线所限定的一个区域。用图表示公差带称为公差带图，公差带图由零线和公差带组成，如图1-68所示。

5) 标准公差和基本偏差

在国家标准中，公差带由标准公差和基本偏差两个基本要素确定。标准公差确定公差带的大小；基本偏差确定公差带的位置，如图1-69所示。

(1) 标准公差：国家标准所确定的公差，用以确定公差带大小的任一公差。标准公差分为20个等级，即IT01、IT0、IT1～IT18。IT表示标准公差，阿拉伯数字表示公差等级，

它是反映尺寸精度的等级。IT01公差数值最小，精度最高；IT18公差值最大，精度最低。

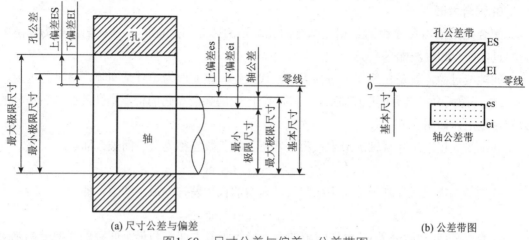

图1-68 尺寸公差与偏差、公差带图

(2) 基本偏差：用来确定公差带相对于零线位置的上偏差或下偏差，一般指靠近零线的那个偏差。国家标准规定了孔、轴各28个基本偏差，它的代号用字母表示，大写为孔，小写为轴。在26个字母中，除去容易与其他混淆的五个字母"I、L、O、Q、W(i、l、o、q、w)"外，再加上7个用两个字母表示的代号(CD、EF、FG、JS、ZA、ZB、ZC和cd、ef、fg、js、za、zb、zc)来表示。基本偏差系列如图1-69所示。

对于轴：a～h的基本偏差为上偏差es，其绝对值依次减小；j～zc的基本偏差为下偏差ei，其绝对值逐渐增大。

对于孔：A～H的基本偏差为下偏差EI，其绝对值依次减小；J～ZC的基本偏差为上偏差ES，其绝对值依次增大。H和h的基本偏差为零。

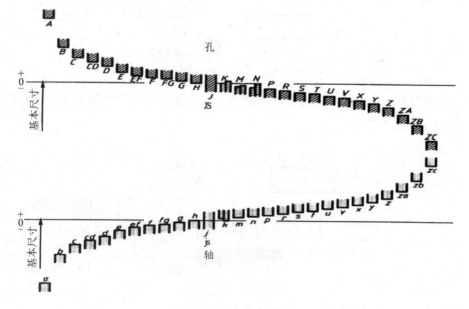

图1-69 基本偏差系列

孔和轴的公差带代号由基本偏差代号和公差等级代号组成。

6) 配合术语

配合是指基本尺寸相同且相互结合的孔和轴的公差带之间的关系。配合分为间隙配合、过盈配合和过渡配合三类。

间隙或过盈，就是孔的尺寸与轴的尺寸代数差，此差值为正时是间隙，负时是过盈。

(1) 间隙配合：具有间隙（包括最小间隙等于零）的配合。它的特点是孔的公差带在轴的公差带之上，如图1-70所示。

孔的最大极限尺寸减轴的最小极限尺寸所得的代数差称为最大间隙，即

$$X_{max}=D_{max}-d_{min}=ES-ei$$

孔的最小极限尺寸减轴的最大极限尺寸所得的代数差称为最小间隙，即

$$X_{min}=D_{min}-d_{max}=EI-es$$

配合公差（或间隙公差）是允许间隙的变动量等于最大间隙与最小间隙的代数差的绝对值，也等于相互配合的孔公差与轴公差之和，即

$$T_f=|X_{max}-X_{min}|=T_D+T_d$$

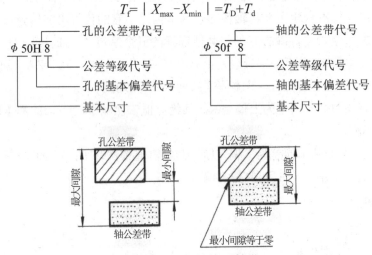

图1-70 孔和轴的公差带

(2) 过盈配合：具有过盈（包括最小过盈等于零）的配合。它的特点为孔的公差带在轴的公差带之下，如图1-71所示。

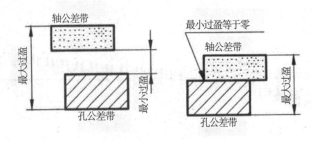

图1-71 过盈配合

孔的最小极限尺寸减轴的最大极限尺寸所得的代数差称为最大过盈，即

$$Y_{max}=D_{min}-d_{max}=EI-es$$

孔的最大极限尺寸减轴的最小极限尺寸所得的代数差称为最小过盈,即

$$Y_{min} = D_{max} - d_{min} = ES - ei$$

配合公差(或间隙公差)是允许间隙的变动量等于最大间隙与最小间隙的代数差的绝对值,也等于相互配合的孔公差与轴公差之和。

配合公差公式为

$$T_f = |Y_{max} - Y_{min}| = T_D + T_d$$

(3) 过渡配合。孔和轴的公差带相互交叠,任取其中一对孔和轴配合,可能具有间隙,也可能存在过渡配合,如图1-72所示。

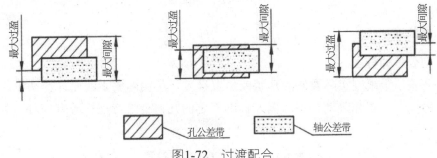

图1-72 过渡配合

在过渡配合中,配合的极限情况是最大间隙与最大过盈。配合公差等于最大间隙与最大过盈之代数差的绝对值,也等于相互配合的孔与轴公差之和,即

$$T_f = |X_{max} - Y_{max}| = T_D + T_d$$

7) 配合的基准制

基准制是指以两个相配零件中的一个零件为基准件,并选定标准公差带,然后按使用要求的最小间隙(或最小过盈)确定非基准件的公差带位置,从而形成各种配合的一个制度。国家标准规定了两种基准制:基孔制和基轴制,并规定应优先选用基孔制。

(1) 基孔制。基准孔的公差带在零线以上,其下偏差为零。在同一基本尺寸的配合中,基孔制是将孔的公差带位置固定,通过变动轴的公差带位置,得到各种不同的配合,如图1-73所示,图中以H为基准孔的代号。

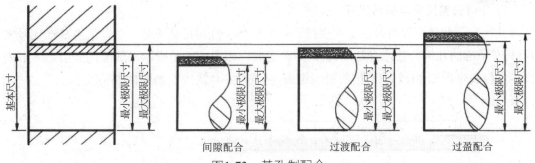

图1-73 基孔制配合

(2) 基轴制。基准轴的公差带在零线以下,其上偏差为零。在同一基本尺寸的配合中,基轴制是将轴的公差带位置固定,通过变动孔的公差带位置,得到各种不同的配合,如图1-74所示,图中以h为基准轴的代号。

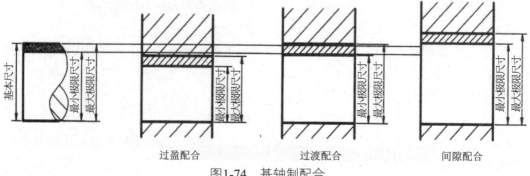

图1-74 基轴制配合

3. 几何公差

1) 几何公差的符号

几何公差用于限制实际要素的形状或位置误差,是实际要素的允许变动量,具体包括形状、方向、位置和跳动公差。国家标准规定的几何公差特征符号有14种,如表1-10所示。

表1-10 几何公差的特征符号

类型	几何特征	符号	有无基准	类型	几何特征	符号	有无基准
形状公差	直线度	—	无	方向公差	线轮廓度	⌒	有
	平面度	▱	无		面轮廓度	⌒	有
	圆度	○	无	位置公差	位置度	⌖	有或无
	圆柱度	⌭	无		同轴度	◎	有
	线轮廓度	⌒	无		对称度	=	有
	面轮廓度	⌒	无		线轮廓度	⌒	有
方向公差	平行度	//	有		面轮廓度	⌒	有
	垂直度	⊥	有	跳动公差	圆跳动	↗	有
	倾斜度	∠	有		全跳动	⌰	有

2) 几何公差代号与基准代号

几何公差代号一般由带箭头的引线、公差框格、几何特征符号、公差值及基准代号字母(只有基准的几何特征才有基准代号字母)组成,如图1-75(a)所示。基准代号由正方形线框、字母和带黑三角(或白三角)的引线组成,h表示字体高度,如图1-75(b)所示。

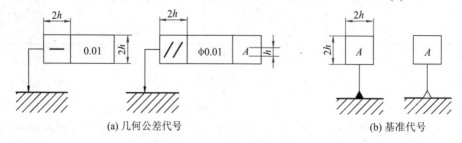

(a) 几何公差代号   (b) 基准代号

图1-75 几何公差代号和基准代号

四、识读零件图

1. 识读零件图的目的

零件图是零件制造和检验的依据，识读零件图是为了弄清零件图所表达的结构形状、尺寸和技术要求，以便指导生产和解决有关的技术问题。

2. 识读零件图的方法和步骤

1) 读标题栏

从标题栏可知零件的名称和材料。

2) 分析视图

分析视图应根据视图投影和配置关系，找出主视图和投影方向，进一步弄清各个视图的名称和投影方向，分析采用的剖视图、断面图以及剖切的位置等。

3) 看尺寸标注，分析尺寸基准

首先找出零件长、宽、高三个方向的尺寸基准；然后从基准出发，找出主要尺寸；最后用形体法分析出各部分的定形尺寸和定位尺寸。

4) 读技术要求

分析零件的尺寸公差、形位公差、表面粗糙度和其他技术要求，掌握零件质量的要求，以便制定合理的加工工艺。

任务实施

识读图1-76中的形位公差标注。

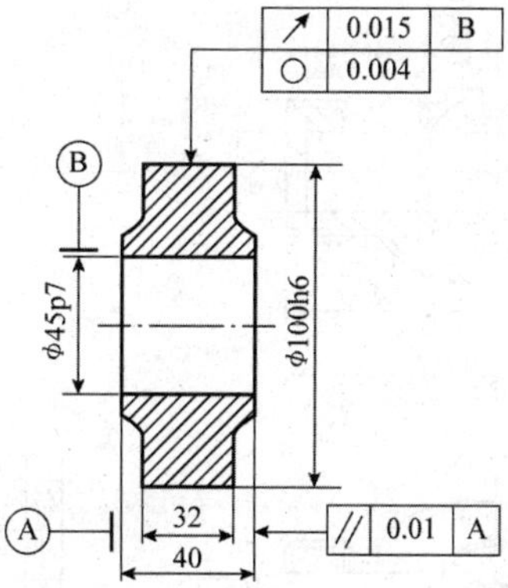

图1-76　形位公差

图1-76中标注的各项形位公差含义如下所述。

(1) [○|0.004]的被测要素为ϕ100的圆柱表面，形状公差项目为圆度，其公差值为0.004mm。

(2) [↗|0.015|B]的被测要素为ϕ100的圆柱表面，位置公差项目为圆跳动，基准要素为ϕ45孔的轴线，圆跳动公差值0.015mm。

(3) [//|0.01|A]的被测要素为右端面，位置公差项目为平行度，基准要素为左端面，平行度公差值为0.01mm。

任务五 装配图

▓ 任务引入

包括汽车在内的各种机器，都是由各种零部件按照一定的装配关系组装而成的。工程中将表示机器或部件中零件的相对位置、连接方式及装配要求的图样称为装配图。装配图是机器或部件装配、调试以及维修过程中的重要技术文件。本章主要介绍装配图的基本内容和表达方法，并在此基础上介绍识读装配图的方法和步骤。

▓ 相关知识

一、装配图的内容和作用

装配图不仅是表达设计思想、指导生产和技术交流的技术文件，同时还是制定装配工艺，进行装配、检验、安装及维修的重要技术文件。

下面结合图1-77所示的球阀装配图介绍装配图的内容。一张完整的装配图应该包括一组图形、必要的尺寸、技术要求、零部件序号、标题栏及明细栏等内容。

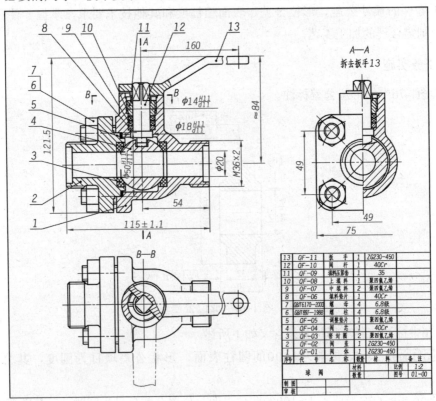

图1-77 球阀装配图

1. 一组图形

用一组适当的图形清楚地表达装配体中各零件之间的相对位置、装配关系、连接方式、传动情况，以及主要零件的结构形状。

2. 必要的尺寸

装配图上一般只需标出装配体的规格(性能)尺寸、外形尺寸、各零件间的配合尺寸和安装尺寸，以及其他重要尺寸。

3. 技术要求

装配图中应标明需要的技术要求，以表达机器或部件在装配、调整、使用及维修等方面所必须满足的技术条件。

4. 零部件序号、标题栏、明细栏

装配图中的所有不同零部件都必须编写序号，以方便读图和生产管理。装配图中的标题栏应标明装配体的名称、图号、比例、设计者及设计单位等。明细栏中应填写组成装配体的所有零件的编号、名称、材料、数量、标准件的规格和代号等信息。

二、装备图的表达方法

1. 装配图的规定画法

1) 零件接触面和配合面的画法

在装配图中，对于相互接触和配合的两零件表面，无论两者的间隙多大，都必须画成一条线；非接触和非配合的两个零件表面，无论两者的间隙多小，都必须画成两条线，如图1-78所示。

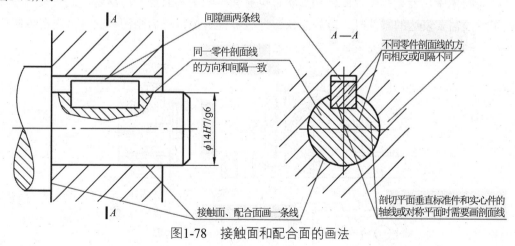

图1-78 接触面和配合面的画法

2) 剖面线的画法

在装配图中，同一零件在不同位置和视图中的剖面线方向和间隔应保持一致；相邻两零件剖面线的方向应保持相反，或方向一致而间隔不等，如图1-78所示。此外，当零件的断面厚度小于2mm时，可用涂黑的方式来代替剖面线，如图1-79中的垫片。

3) 标准件和实心零件的画法

在装配图中，当剖切平面通过标准件(如螺栓、螺钉、键、销等)和实心零件(如实心球、轴等)的对称平面或中心轴线时，这些零件均按不剖绘制，如图1-79中的螺钉、键、螺母、轴等零件；当需要表达这些零件上的孔、槽等细小结构时，可采用局部剖视图。

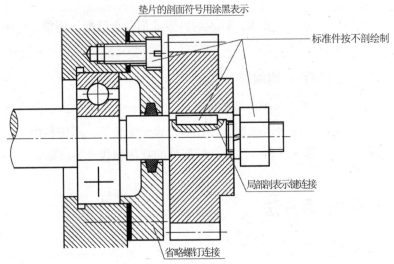

图1-79 标准件、实心件的画法

2. 箱装配图的特殊画法

1) 拆卸画法

在装配图中，若某些零件的结构形状、位置和装配关系已经表达清楚，或当某些零件挡住了后面需要表达的零件时，可先想象将这些零件拆掉，然后画图。此时，应在拆卸后所画视图的上方注明"拆去××"字样，如图1-80所示。

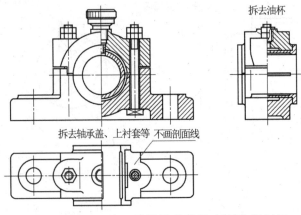

图1-80 拆去零件，并沿零件的结合面进行剖切

2) 夸大画法

在装配图中，当绘制厚度小于2mm的薄片零件、直径小于2mm的细丝、较小的斜度与锥度和间隙较小的结构时，允许不按原视图比例绘制，而适当地夸大画出，以使图形保持清晰，如图1-81所示。

3) 简化画法

(1) 装配图中若干相同的零件，可仅详细地画出一个，其余只需用点画线表示其所在的位置，如图1-79中的螺钉。

(2) 装配图中零件的倒角、圆角、退刀槽、滚花等细节可不必画出，如图1-81中螺钉的倒角、轴上的退刀槽等。

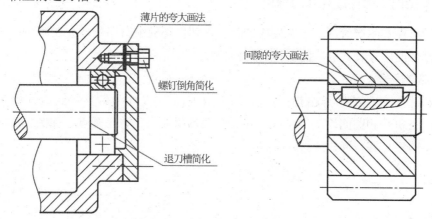

图1-81　夸大画法和简化画法

3. 装配图的尺寸标注和技术要求

由于用途与零件图不同，装配图的尺寸标注和技术要求与零件图也有所不同。

1) 尺寸标注

装配图中需要标注的尺寸一般可分为以下几类。

(1) 规格尺寸。表示机器或部件规格或性能的尺寸称为规格尺寸，如图1-77中的阀体通径$\phi 20$。规格尺寸是设计、了解和选用机器或部件的依据。

(2) 装配尺寸。保证机器中各个零件装配关系的尺寸称为装配尺寸，如图1-77中的$\phi 50$即为阀盖和阀体的配合尺寸。

(3) 安装尺寸。将机器或部件安装在机体或其他机器或部件上时所需的尺寸称为安装尺寸，如图1-77中的尺寸84、54等。

(4) 外形尺寸。表示机器或部件外形轮廓大小的尺寸称为外形尺寸，通常包括总长、总宽和总高尺寸，如图1-77中的尺寸115 ± 1.1、75和121.5分别表示球阀的总长、总宽和总高。

(5) 其他重要尺寸。其他重要尺寸是指保证机器或部件正常工作所需要的，但又不属于上述4类尺寸的某些重要尺寸，如运动部件的极限尺寸、主要零件的重要尺寸等。

需要注意的是，在标注装配图的尺寸时，应根据装配体的构造特点进行标注，而非所有装配体都需标注上述5类尺寸。

2) 技术要求

装配图中的技术要求一般标注在明细栏附近，通常包括以下方面的要求。

(1) 装配要求。装配要求指机器或部件在装配过程中的注意事项以及装配后应满足的技术要求，如精度、间隙和润滑条件等。

(2) 检验要求。检验要求指对机器或部件在装配后的性能检验、调试，以及操作技术指标等方面提出的要求。

(3) 使用要求。使用要求指对机器或部件在使用、维修及保养的过程中提出的要求。

需要注意的是，在标注装配图的技术要求时，应根据具体情况注写以上技术要求。

4. 装配图的零部件序号和明细栏

为方便读图和生产管理，装配图中的每个零部件都应编写序号，并在明细栏中逐个列出所有零部件的序号及其对应的名称、材料和数量等信息。

1) 零部件序号

装配图中零部件的序号由指引线、小圆点(或箭头)及序号数字等组成，如图1-82所示。其中，指引线和圆圈均为细实线，如有必要可用箭头代替小圆点，如图1-83所示。同一装配图中的序号编写形式应保持一致。

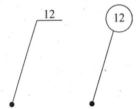

图1-82 零部件序号的标注形式

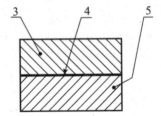

图1-83 用箭头代替小圆点

2) 明细栏

明细栏一般画在标题栏的上方，内容包括全部零件的详细目录，其基本格式及尺寸如图1-84所示。

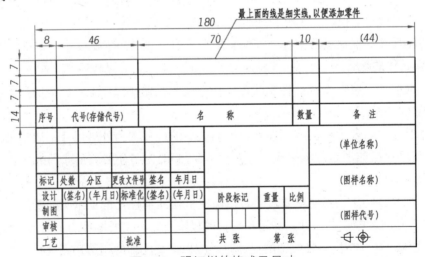

图1-84 明细栏的格式及尺寸

三、识读装配图

装配图是机器设计、装配、调试以及维修过程中必备的重要技术文件,因此,工程技术人员应具备识读装配图的能力。

1. 识读装配图的目的

通过识读装配图,应掌握以下方面的信息。

(1) 了解装配体的名称、结构、用途、性能及工作原理。
(2) 明确各组成零件的相对位置、连接方式和装配关系。
(3) 了解各零件的主要结构形状及其在装配体中的作用。

2. 识读装配图的方法和步骤

识读装配图时,一般可按照"概括了解→分析视图→分析工作原理和装配顺序→综合想象装配体的形状→分析尺寸和技术要求"的步骤进行。下面以图1-85所示的装配图为例,介绍识读装配图的一般方法和步骤。

1) 概括了解

首先阅读标题栏,通过机器或部件的名称大致了解其用途;然后按照明细栏内的零件序号,熟悉各零部件在装配图中的大致位置,并了解其数量、名称、材料及标准件的规格等信息,以便初步判断装配体的复杂程度。

阅读图1-85中的标题栏后可知该装配体为阀。从明细栏可知,该阀由7个零件组成,结构比较简单。其中,弹簧可根据其参数直接外购,其余零件均需绘制零件图。

2) 分析视图

了解各视图(包括基本视图、向视图、局部视图、斜视图)的类型,分析视图、剖视图、断面图的投影关系及表达内容。

在图1-85中,装配图采用主视图、俯视图、左视图和B向局部视图来表达。其中,主视图和俯视图均采用全剖视图,表达了主要零件的装配关系;B向局部视图表达了杆和塞子的外形。

3) 分析工作原理和装配顺序

首先通过零件的序号、剖面线的方向、间隔,以及装配图的规定画法和特殊画法等来综合区分不同的零件;然后从最能反映各零件的连接方式和装配关系的视图入手,分析各零件在装配体中的作用和装配的先后顺序,从而大致了解装配体的工作原理。

如图1-85所示的装配图中,根据各零件的相对位置和连接方式可知该阀工作时,压力油经阀体3的下端孔进入阀体后作用在钢珠4上,弹簧5在旋塞7的作用下顶住钢珠。当压力油对钢珠右端的作用力小于弹簧压力时,钢珠堵住管路,管路闭合;当压力油对钢珠右端的作用力大于弹簧压力时,弹簧被压缩,管路接通。此外,还可通过手动方式移动塞子2和杆1,实现管路的接通。

根据装配图可知各零部件的装配顺序。首先将钢球和弹簧依次装入管接头6中,然后旋入旋塞，通过控制旋塞的位置调整弹簧的压力；再将管接头旋入阀体左端的螺纹孔中，将杆装入塞子2后一起旋入阀体右端的螺纹孔中。

4) 综合想象装配体的形状

首先从主视图着手，想象主要零件的结构形状，然后想象其他零件。当装配图上某零件表达不清楚时，可以参考该零件的零件图来识读。对于标准件(如螺栓、螺钉、滚动轴承等)可查阅有关技术手册。

根据主要零件的结构形状，结合其相对位置和装配关系，即可综合想象出装配体的形状。

5) 分析尺寸和技术要求

通过装配图中的尺寸标注和技术要求，技术人员可以准确地了解和使用该装配体。

图1-85中，大部分尺寸都集中在主视图上，杆和塞子之间标注有装配尺寸$\phi 8H7/f6$，以保证阀的工作性能；阀的重要零件间依靠螺纹连接，故主视图上标注有螺纹尺寸M16×1-7H/6f，M30×1.5-6H/6g等。

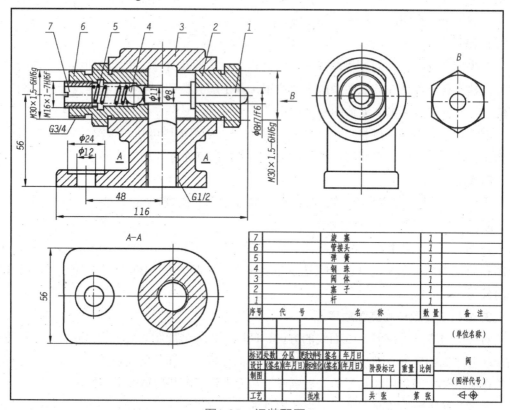

图1-85　阀装配图

:::任务实施

一、填空题

1. 表示机器或部件中零件的_____、_____及_____的图样称为装配图。

2. 一张完整的装配图应包括_____、_____、_____、_____和标题栏及明细栏等内容。

3. 装配图的尺寸标注一般包括_____尺寸、_____尺寸、_____尺寸、_____尺寸和重要尺寸。

4. 明细栏内的零件序号应从_____排列，以方便补充遗漏编号的零件。

5. 识读装配图的一般顺序为"概括了解→分析视图→_____→_____→分析尺寸和技术要求"。

二、**判断题**

1. 装配图中相互接触和配合的两零件表面，应画成一条线；非接触和非配合的两个零件表面，应画成两条线。（　）

2. 装配图中，对于螺栓、螺钉等标准件和轴、键等实心件，若沿其对称面或中心轴线剖切，则这些零件均按不剖绘制。（　）

3. 装配图中零件的倒角、圆角、退刀槽、滚花等细节应详细画出。（　）

项目二

力学分析

学习目标

1. 知识目标

(1) 掌握基本的力学公理；

(2) 了解约束与约束反力；

(3) 熟悉平面汇交力合成的方法；

(4) 掌握力偶及力偶系的合成；

(5) 了解剪切、挤压、扭转、平面弯曲的概念。

2. 能力目标

(1) 具有绘制机构受力图的能力；

(2) 能对转动的物体机械进行受力分析；

(3) 能对汽车转动轴所受扭矩进行分析；

(4) 能对汽车底盘横梁所受弯矩进行分析。

任务一 静力学基础

任务导入

要研究汽车机械的受力问题，首先要建立汽车机械在力的作用下的平衡条件，借此对汽车机械进行受力分析。力在平衡时所表现出来的基本性质就是静力学问题。静力学在工程技术中具有重要的实用意义。

相关知识

一、基本概念和公理

1. 力的概念

力是物体之间的相互作用，这种作用会使物体的运动状态或形状发生改变。力使物体的运动状态发生改变，称为力的外效应；力使物体的形状发生改变，称为力的内效应。

力对物体的作用效应决定于三个要素：力的大小、力的方向、力的作用点。这三个要素称为力的三要素。力的大小是指物体间相互作用的强弱程度。力的方向包含方位和指向两个含义。力的作用点是指力对物体作用的位置。作用于一点的力，称为集中力。在力的三要素中，当其中任一要素发生改变时，力对物体的作用效应也随之改变。

力是一个具有大小和方向的量，所以力是矢量。如图2-1所示，力通常用一条带箭头的有向线段来表示。线段的长度(按选定的比例尺)表示力的大小；线段的方位和箭头的指向表示力的方向；线段的起点或终点表示力的作用点。通过力的作用点沿力的方向所画的直线，称为力的作用线。

2. 刚体的概念

刚体指在力的作用下，其内部任意两点之间距离保持不变的物体，即在力的作用下体积和形状都不发生改变的物体。这是一个理想化的力学模型。

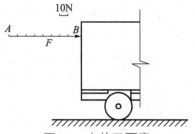

图2-1 力的三要素

实际物体在力的作用下都会产生变形。当研究物体在力系作用下的外部效应时，忽略变形并不影响对物体的平衡问题的研究。静力学研究的对象就是刚体，静力学一般称为刚体静力学。当研究物体在力系作用下的内部效应时，不能忽略物体变形的作用，这是材料力学研究的问题。

3. 静力学公理

(1) 公理一：二力平衡公理。

作用在刚体上的两个力，使刚体处于平衡状态的必要和充分条件是这两个力大小相等、方向相反、作用线相同(简称这两个力等值、反向、共线)，如图2-2所示。对于刚体，这个条件是使其平衡的必要和充分条件。

图2-2 二力平衡

只受两个力作用而平衡的构件，叫二力杆。可用二力杆来确定反力的方位线。

(2) 公理二：加减平衡力系公理。

在作用于刚体的力系中，任意加上或减去一个平衡力系，不改变原力系对刚体的作用效果，即新力系和原力系等效，这个公理可以用来简化力系。

推论：力的可传性原理，即作用在刚体上的力可沿其作用线移动到刚体内任一点，而不改变该力对刚体的作用效应。

例如，直杆AB的两端分别受到两个等值、反向、共线的力F_1、F_2的作用而处于平衡状态，如图2-3(a)所示。如果将这两个力沿其作用线分别移到杆的另一端，如图2-3(b)所示，显然，直杆AB仍处于平衡状态。

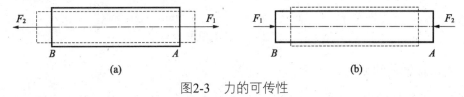

图2-3 力的可传性

(3) 公理三：力的平行四边形法则。

作用在物体上同一点的两个力可以合成为一个合力。合力的作用点也在该点，合力的大小和方向，由这两个力为边构成的平行四边形的对角线确定；或者说，合力矢等于这两个分力矢的矢量和。

运用公理二、公理三可以得到下面的推论：物体受三个力的作用而平衡时，此三个力的作用线必汇交于一点。此推论称为三力平衡汇交定理，读者可自行证明。

(4) 公理四：作用和反作用定律。

两个物体间的作用力和反作用力，总是大小相等、方向相反、作用在同一直线，分别作用在两个物体上。

这个定律表明了力是成对出现的，等值、反向、共线，但是作用在两个物体上的作用力和反作用力是力学中普遍存在的一对矛盾。它们相互对立，相互依存，同时存在，同时消失。通过作用与反作用，相互关联的物体的受力即可联系起来。

二、约束与约束反力

在工程结构中，每一个构件都根据工作要求以一定的方式和周围的其他构件相互联系，它的运动因而会受到一定的限制。一个物体的运动受到周围物体的限制时，这些周围物体被称为该物体的约束。约束给被约束物体的力，称为约束反力，简称反力。约束反力的方向总是与约束所能限制的运动方向相反。

在物体上，除约束反力以外的力，即能主动引起物体运动或使物体产生运动趋势的力，称为主动力。例如，重力、风力、水压力、土压力等都是主动力。主动力在工程中也称为载荷。

1. 柔体约束

柔体约束的约束反力通过接触点，其方向沿着柔体约束的中心线且背离物体(为拉力)。这种约束反力通常用T表示，如图2-4所示。

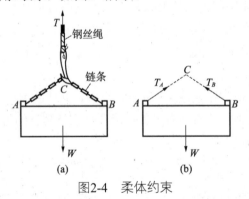

图2-4 柔体约束

2. 光滑接触面约束

两个相互接触的物体，如果接触面上的摩擦力很小而略去不计，那么由这种接触面所构成的约束，称为光滑接触面约束。

光滑接触面的约束反力通过接触点，其方向沿着接触面的公法线指向物体，通常用N表示，如图2-5所示。

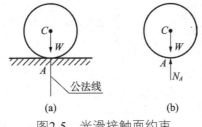

图2-5 光滑接触面约束

3. 圆柱铰链约束

圆柱铰链简称铰链,它是由一个圆柱形销钉插入两个物体的圆孔中而构成的,如图2-6(a)、图2-6(b)所示,并假设销钉与圆孔的表面都是完全光滑的。圆柱铰链的计算简图如图2-6(c)、图2-6(d)所示。图2-6(e)是销钉所受约束力的示意图。

圆柱铰链的约束反力在垂直于销钉轴线的平面内,通过销钉中心,而方向未定。在对物体进行受力分析时,通常把圆柱铰链的约束反力用两个相互垂直的分力R_x和R_y来表示,如图2-6(f)所示。

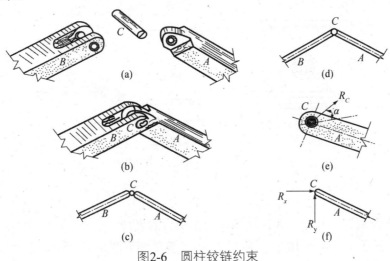

图2-6 圆柱铰链约束

4. 固定铰支座

工程上常用一种叫作支座的部件,将一个构件支承于基础或另一静止的构件上。如将构件用光滑的圆柱形销钉与固定支座连接,则该支座称为固定铰支座,如图2-7(a)所示。固定铰支座的计算简图如图2-7(b)、图2-7(c)所示。

由固定铰支座的构造形式可知,它的约束性能与圆柱铰链相同,所以固定铰支座的约束反力与圆柱铰链的反力相同,如图2-7(d)所示。

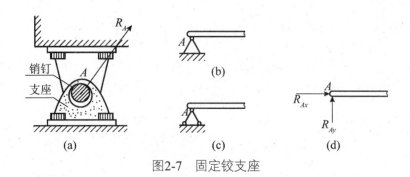

图2-7 固定铰支座

5. 可动铰支座

如果在固定铰支座与支承面之间加装辊轴,则该支座称为可动铰支座,如图2-8(a)所示。可动铰支座的计算简图如图2-8(b)、图2-8(c)所示。

可动铰支座的约束反力通过销钉中心,垂直于支承面,指向未定,如图2-8(d)所示,图中R_A的指向是假设的。

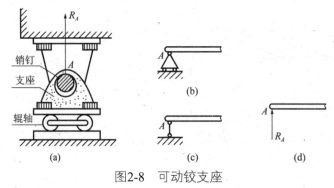

图2-8 可动铰支座

6. 链杆

两端用光滑销钉与其他物体连接而中间不受力的直杆,称为链杆。图2-9(a)为一屋架的端部支承在柱子上,杆件AB即为链杆,它的计算简图如图2-9(b)所示。

链杆的约束反力沿着链杆中心线,指向未定,如图2-9(c)所示,图中R_A的指向是假设的。

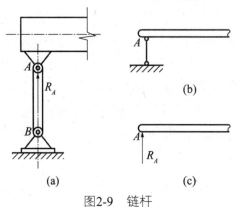

图2-9 链杆

三、受力分析与受力图

在研究物体的平衡问题时,首先要对物体进行受力分析,即分析物体受到哪些力的作用。这种从周围物体中单独分离出来的研究对象,称为分离体。在分离体上画出它所受到的全部主动力和约束反力,这样所得到的图形,称为受力图。

在工程中,常常遇到由几个物体通过一定的约束联系在一起的系统,这种系统称为物体系统,简称为物系。对物体系统进行受力分析时,把作用在物体系统上的力分为外力和内力。所谓外力是指物系以外的物体作用在物系上的力;所谓内力是指物系内各物体之间的相互作用力。

画物体系统的受力图时,研究对象可能是整个物体系统,也可能是整个物体系统中的某部分或某一物体。

【例2-1】如图2-10(a)所示,一球C用绳AB挂靠在光滑的铅垂墙面上,试画出球C的受力图。

解:(1) 选取球C为研究对象,画出其分离体图。

(2) 画主动力。在球心点C处画上重力G。

(3) 画约束反力。球在B点受到柔索约束,在D点受到光滑接触面约束。在解除约束的B点画上沿绳索中心线背离球的拉力FT_B,在D点画上沿接触面的公法线并指向球的压力FN_D。球受同平面的三个不平行力的作用而平衡,这三个外力的作用线必汇交于一点即C点,如图2-10(b)所示。

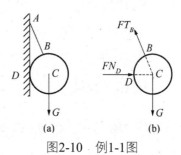

图2-10 例1-1图

从例题可得出画受力图的步骤一般为:①明确研究对象,取分离体;②在分离体上画出全部主动力;③画出全部约束反力。

四、曲柄连杆机构受力分析

做功行程是燃气推动活塞向下运动,活塞推动连杆使曲轴旋转。分离体取推杆,如图2-11(a)所示,F_P是燃气通过活塞对推杆的主动力,使推杆向下运动。在推杆上端,将F_P分解为F_{P1}和F_{P2}。F_{P2}为与约束面垂直的反力。在推杆下端F_{P1}是主动力,将F_{P1}分解为F_R和F_S,F_S为推杆对铰链的反力。在压缩行程中,由于惯性,推杆推动活塞向上运动,同样将F'_P分解出F'_R和F'_S,如图2-11(b)所示。F'_S为推杆对铰链的反力。F'_{P2}为与约束面垂直的反力。

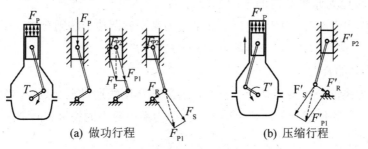

(a) 做功行程　　(b) 压缩行程

图2-11 气体压力作用情况示意图

🔲 任务实施

汽车行驶在路面上,质量为m,牵引力为F。如不计接触处的摩擦,试在图2-12中画出汽车的受力图。

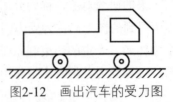

图2-12 画出汽车的受力图

🔲 任务导入

了解和掌握平面汇交力系中力系的合成、力偶的概念、力偶的合成、力偶系的合成等知识是进行汽车机械静力学分析的基础,可运用此基础知识分析转向盘的受力和转动情况。

🔲 相关知识

一、平面汇交力系的合成

按照力系中各力的作用线是否在同一平面内,可将力系分为平面力系和空间力系。若各力作用线都在同一平面内并汇交于一点,则此力系称为平面汇交力系。

1. 平面一般力系向平面内一点的简化

设一刚体受平面一般力系作用,各力分别为F_1,F_2,…,F_n,如图2-13(a)所示。

下面将该力系向平面内某一点进行简化。应用力线平移定理,任取平面内一点A作为简化中心,各力向A点平移,于是得到一个作用于A点的平面汇交力系F_1,F_2,…,F_n,如图2-13(b)所示。因此平面一般力系的简化就转化为此平面内的平面汇交力系的合成,然后得到作用于A点的力F,根据平面汇交力系平行四边形法则合成,得到

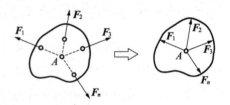

(a) 平面汇交力系　　(b) 平面共点力系

图2-13 力系转化

$$F = F_1 + F_2 + \cdots + F_n = \sum F_i \tag{2-1}$$

式中:F为该力系的合力。

平面汇交力系的合成结果是一个合力,合力的作用线通过汇交点。显然,F的大小与方向均与简化中心的位置无关,其大小和方向由力系中各力的矢量和确定。

2. 力在直角坐标轴上的投影

设力F作用于刚体上的A点，如图2-14所示，在力F作用的平面内建立坐标系xOy，由力F的起点A和终点B分别向x轴作垂线，得垂足a和b，这两条垂线在x轴上所截的线段再冠以相应的正负号，称为力F在x轴上的投影，用F_x表示。力在坐标轴上的投影是代数量，其正负号规定：当由a到b的方向与x轴的正方向一致时，力的投影为正值，反之为负值。同理，从A和B分别向y轴作垂线，得垂足a'和b'，求得力F在y轴上的投影F_y。设α、β分别表示力F与x、y轴正向的夹角，则由图2-14可得

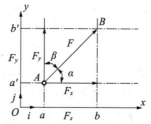

图2-14 力在坐标轴上的投影

$$\left.\begin{array}{l} F_x = F\cos\alpha \\ F_y = F\cos\beta \end{array}\right\} \tag{2-2}$$

又由图2-14可知，力F可分解为两个分力F_x、F_y，其分力与投影有如下关系

$$\left.\begin{array}{l} F = \sqrt{F_x^2 + F_y^2} \\ \cos\alpha = \dfrac{F_x}{F} \\ \cos\beta = \dfrac{F_y}{F} \end{array}\right\} \tag{2-3}$$

若已知F_x、F_y的值，可求出F的大小和方向。

应当注意，力的投影和力的分力是两个不同的概念。投影是代数量，而分力是矢量；投影无所谓作用点，而分力作用点必须作用在原力的作用点上。另外，仅在直角坐标系中，力在坐标轴上投影的绝对值和力沿该轴分力的大小相等。

3. 平面汇交力系合成的解析法

将上述关系式推广到任意平面汇交力系的情形，得

$$\left.\begin{array}{l} F_{Rx} = F_{1x} + F_{2x} + \cdots + F_{nx} = \sum F_x \\ F_{Ry} = F_{1y} + F_{2y} + \cdots + F_{ny} = \sum F_y \end{array}\right\} \tag{2-4}$$

若进一步按式(2-3)运算，即可求得合力的大小及方向，即

$$\left.\begin{array}{l} F = \sqrt{F_x^2 + F_y^2} \\ \cos(F_R, i) = \dfrac{F_x}{F} \\ \cos(F_R, j) = \dfrac{F_y}{F} \end{array}\right\} \tag{2-5}$$

【例2-2】一固定于房顶的吊钩上有三个力F_1、F_2、F_3，其数值与方向如图2-15所示。用解析法求此三力的合力。

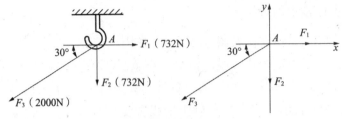

图2-15 例1-2图

解：建立直角坐标系xAy，并应用式(2-4)，求出

$$F_{Rx} = F_{1x} + F_{2x} + F_{3x}$$
$$= 732 \text{ N} + 0 - 2000 \text{ N} \times \cos 30°$$
$$= -1000 \text{ N}$$
$$F_{Ry} = F_{1y} + F_{2y} + F_{3y}$$
$$= 0 - 732 \text{ N} - 2000 \text{ N} \times \sin 30°$$
$$= -1732 \text{ N}$$

再按式(2-5)得

$$F_R = \sqrt{(\sum F_{Rx})^2 + (\sum F_{Ry})^2} = 2000 \text{ N}$$
$$\cos\alpha = |\sum F_{Rx} / \sum F_R| = 1.732$$
$$\alpha = 60°$$

二、力矩

力使物体绕某点转动的力学效应称为力对该点之矩，简称为力矩。

以扳手旋转螺母为例，如图2-16(a)所示，设螺母能绕点O转动。由经验可知，螺母能否旋动，不仅取决于作用在扳手上的力F的大小，而且与点O到F的作用线的垂直距离d有关。因此，用F与d的乘积作为力F使螺母绕点O转动效应的量度。其中距离d称为F对O点的力臂，点O称为矩心。由于有逆时针和顺时针两个转向，一般用正负号表示转动方向。因此在平面问题中，力矩的定义如下：力矩是一个代数量，它的绝对值等于力的大小与力臂的乘积。它的正负号通常这样规定：力使物体绕矩心逆时针转向时为正，反之为负。力矩以符号$M_O(F)$表示，记为：$M_O(F)=\pm Fd$。

由图2-16(b)可见，力F对O点之矩的大小也可以用三角形OAB的面积的两倍来表示，即

$$M_O(F)=\pm 2\triangle OAB \tag{2-6}$$

其中，阴影部分为三角形OAB的面积，如图2-16(b)所示。显然，当力的作用线通过矩心时，它对矩心的力矩等于零；当力沿其作用线移动时，力矩保持不变。力矩的常用单位为牛顿·米(N·m)或千牛顿·米(kN·m)。

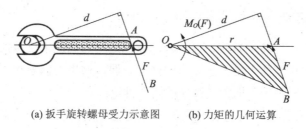

(a) 扳手旋转螺母受力示意图   (b) 力矩的几何运算

图2-16 力矩

三、合力矩

在计算力系的合力矩时，常用到所谓的合力矩定理：平面汇交力系的合力对其平面内任一点之矩等于所有各分力对同一点之矩的代数和，即

$$M_O(F_R)=\sum M_O(F_i) \tag{2-7}$$

1. 力偶与力偶矩

在日常生活和工程实际中，我们往往同时施加两个等值、反向而不共线的平行力来使物体转动。例如，汽车司机用双手转动方向盘，如图2-17(a)所示，工人用扳手和丝锥攻螺纹，如图2-17(b)所示。等值反向平行力的矢量和显然等于零，但是由于它们不共线而不能相互平衡，能使物体改变转动状态。这种由两个大小相等、方向相反且不共线的平行力组成的力系，称为力偶，如图2-17所示，记做(F, F')。力偶的两力之间的垂直距离d称为力偶臂，力偶所在的平面称为力偶的作用面。

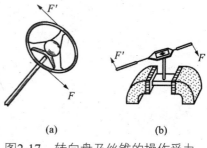

图2-17 转向盘及丝锥的操作受力

力偶不能简化为一个力，即力偶不能用一个力等效替代，因此力偶无合力，也不能被一个力平衡。力和力偶是静力学的两个基本要素。力偶对物体的作用效果是使物体转动。力偶对物体的转动效应可以用力偶矩来度量，即用力偶的两个力对其作用面内某点之矩的代数和来度量。力偶对O点之矩$M_O(F, F')$为

$$M_O(F, F')=M_A(F_X)+M_A(F_Y)=Fx-F(x+d)=-Fd \tag{2-8}$$

矩心O是任选的，可见力偶的作用效应决定于力的大小、力偶臂的长短以及力偶的转向，与矩心的位置无关。因此在平面问题中，将力偶中力的大小与力偶臂的乘积并冠以正负号称为力偶矩，记为$M(F, F')$或简记为M，则

$$M=M(F, F')=\pm Fd \tag{2-9}$$

于是可得出结论：力偶矩是一个代数量，其绝对值等于力的大小与力偶臂的乘积，正负号表示力偶的转向，通常规定以逆时针转向为正，反之为负。力偶矩的单位与力矩相同，也是N·m或kN·m。从几何角度看，力偶矩在数值上等于△ABC面积的两倍，如图2-16所示。

2. 力偶的等效定理

力偶对物体只能产生转动效应，而该转动效应是用力偶矩来度量的，因此可得出如下力偶等效定理：作用在刚体上同一平面内的两个力偶，如果力偶矩相等，则两力偶彼此等效。由这一定理可得出关于平面力偶性质的两个推论。

(1) 力偶可在其作用面内任意移转，而不改变它对刚体的作用效果。换句话说，力偶对刚体的作用与它在作用面内的位置无关，如图2-18(a)、图2-18(b)所示。

(2) 只要保持力偶矩的大小和力偶的转向不变，可以同时改变力偶中力的大小和力偶臂的长短，而不改变力偶对刚体的作用，如图2-18(c)、图2-18(d)所示。

由此可见，力偶中力的大小和力偶臂的长短都不是力偶的特征量，力偶矩才是力偶作用效果的唯一度量。因此，常用图2-18(e)所示的符号表示力偶，其中M表示力偶矩的大小，带箭头的圆弧表示力偶的转向。

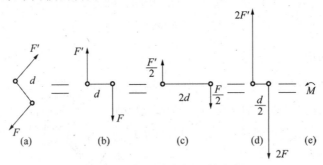

图2-18　作用效应相同的力偶

四、平面力偶系的合成

由作用在物体同一平面内的若干力偶组成的力系称为平面力偶系，平面力偶系也是一种基本力系。

设作用于刚体同一平面内的两个力偶为M_1和M_2，$M_1=F_1d_1$，$M_2=F_2d_2$，如图2-19(a)所示，求它们的合成结果。根据上述力偶的性质，在力偶作用面内任取一线段$AB=d$，将这两个力偶等效地变换为以d为力偶臂的新力偶(F_3, F_3')和(F_4, F_4')，经变换后力偶中的力可由$F_3d=F_1d_1=M_1$，$F_4d=F_2d_2=M_2$算出。然后移转各力偶，使它们的力偶臂都与AB重合，则原平面力偶系变换为作用于点A、B的两个共线力系，如图2-19(b)所示。将这两个共线力系分别合成(设$F_3>F_4$)，得

$$F=F_3-F_4, \quad F'=F_3'-F_4' \tag{2-10}$$

可见，力F与F'等值、反向，作用线平行而不共线，构成了与原力偶系等效的合力偶(F, F')，如图2-19(c)所示。以M表示此合力偶矩，得

$$M=Fd=(F_3-F_4)d=F_3d-F_4d=M_1+M_2 \tag{2-11}$$

如果有两个以上的平面力偶，可以按照上述方法合成，即平面力偶系可以合成为一个合力偶，合力偶矩等于力偶系中各个力偶矩的代数和，可写为

$$M=M_1+M_2+\cdots+M_n=\sum M_i \qquad (2\text{-}12)$$

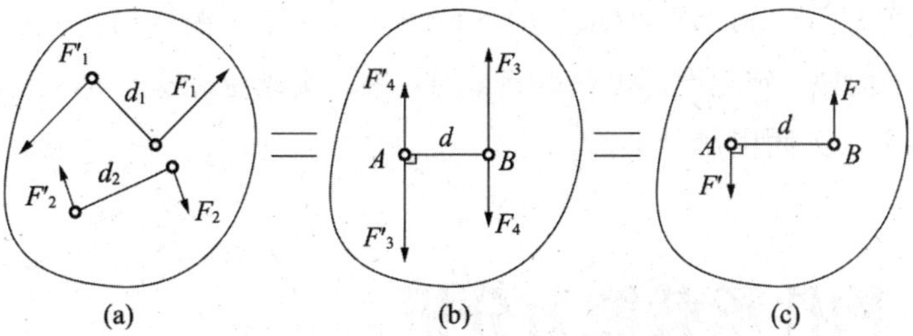

图2-19 平面力偶系的合成

任务实施

使用汽车轮胎动平衡机调节轮胎的平衡

1. 实训内容

(1) 试验汽车轮胎的平衡方法。
(2) 学会使用轮胎动平衡机。

2. 实训目的

(1) 使用汽车轮胎动平衡机，了解如何改善轮胎的质量分布，以减少它在转动过程中的不平衡惯性力或不平衡惯性力矩。经校正，平衡的转子残余的不平衡量应小于允许值。
(2) 通过实验学会使用汽车轮胎动平衡机。

3. 实训器材

汽车轮胎动平衡机一台，汽车轮胎总成一个，三相交流电。

4. 实训步骤

(1) 清除被测车轮上的泥土、石子和旧平衡块。
(2) 检查轮胎气压，视情况充至规定值。
(3) 根据轮辋中心孔的大小选择锥体，仔细安装车轮，用大螺距螺母上紧。
(4) 打开车轮平衡机电源开关，检查指示与控制装置的面板是否指示正确。
(5) 用卡尺测量轮辋宽度L、轮辋直径D(也可从胎侧读出)，用平衡机上的标尺测量轮辋边缘至机箱的距离A，再用键入或选择器旋钮对准测量值的方法，将A、D、L值键入指示与控制装置中去。
(6) 放下车轮防护罩，按下启动键，车轮旋转，平衡测试开始，自动采集数据。
(7) 车轮自动停转或听到"嘀"声后按下停止键并操纵制动装置使车轮停转后，从指示装置读取车轮内、外不平衡量和不平衡位置。
(8) 抬起车轮防护罩，用手慢慢转动车轮。当指示装置发出指示(音响，指示灯亮，制动，显示点阵或显示检测数据等)时停止转动。在轮辋的内侧或外侧的上部(时钟12点位置)加装指示装置显示的该侧平衡块质量。内、外侧分别进行，平衡块装卡要牢固。

(9) 安装平衡块后有可能产生新的不平衡，这时应重新进行平衡实训，直到不平衡量小于5g，指示装置显示"00"或"OK"时才能停止。当不平衡量相差10g左右时，如能沿轮辋边缘前后移动平衡块一定角度，可获得满意的效果。实践经验越丰富，平衡速度越快。

(10) 测试结束，关闭电源开关。

任务三　构件承载能力分析

任务导入

载重汽车底盘的横梁以及转动轴在工作过程中使用不当会造成破坏、变形甚至断裂，这是什么作用造成的？如何保证它们安全工作？

相关知识

一、构件的基础知识

构件是各种工程结构组成单元的统称。机械中的轴、杆件，建筑物中的梁、柱等均称为构件。当工程结构传递运动或承受载荷时，各个构件都要受到力的作用。为了保证构件的正常工作，构件应满足以下要求：强度要求，所谓强度，是指构件抵抗破坏的能力；刚度要求，所谓刚度，是指构件抵抗变形的能力；稳定性要求，所谓稳定性，是指构件保持其原有平衡形态的能力。

1. 杆件的基本变形

在机械结构中，构件的几何形状是多种多样的，其中的杆件是较为常见的一种基本构件。所谓杆件是指其长度尺寸远大于其他两个方向的尺寸的构件。杆件上的外力作用方式各种各样，因而杆件的变形形式也各不相同，但可以把杆件的变形归纳为以下4种基本变形之一，或者某几种基本变形的组合。杆件的4种基本变形是轴向拉伸与压缩、剪切、扭转、弯曲。

1) 轴向拉伸与压缩

作用在杆件上的力，如果大小相等、方向相反、作用线与杆件的轴线重合，在这种外力的作用下，其变形特点是：杆件的长度会发生伸长或缩短。起吊重物的钢索、桁架的杆件、液压油缸的活塞杆等的变形，都属于拉伸或压缩变形。

2) 剪切

剪切受力的特点是：作用在构件两侧面上横向外力的合力大小相等、方向相反、作用线相距很近。在这种外力的作用下，其变形特点是：两力间的横截面会发生相对错动。这种变形称为剪切变形，如图2-20所示。工程实际中常用的连接件，如键、销钉、螺栓等都会产生剪切变形。

3) 扭转

在扭转力的作用下，杆件的受力特点是：杆件两端受到两个在垂直于轴线平面内的力偶的作用，两力偶大小相等、转向相反，如图2-21所示。在这样一对力偶的作用下，其变形特点是：各横截面绕轴线会发生相对转动，这种变形称为扭转变形。此时，任意两横截面间有相对角位移，这种角位移称为转角。以扭转为主要变形形式的杆件称为轴。

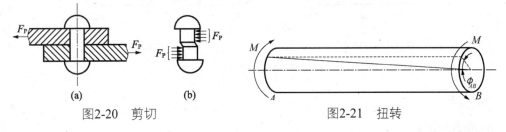

图2-20　剪切　　　　　　　图2-21　扭转

4) 弯曲

在通过轴线的平面内，受到垂直于杆件轴线的外力(横向力)或外力偶的作用。在这样的外力作用下，其变形特点是：杆件的轴线将弯曲成一条曲线，如图2-22中的虚线所示。这种变形称为弯曲变形。以弯曲为主要变形形式的杆件称为梁。

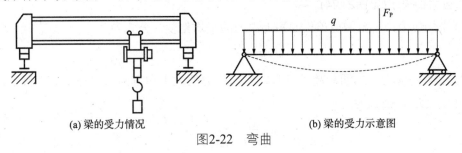

(a) 梁的受力情况　　　　　　(b) 梁的受力示意图

图2-22　弯曲

2. 外力与内力

1) 外力

当研究某一构件时，可以设想把这一构件从周围物体中单独取出，并用力来代替周围各物体对构件的作用。这些来自构件外部的力就是外力。

2) 内力

当物体受到外力作用而变形时，其内部各质点间的相对位置将有变化，与此同时，各质点间的相互作用力也会发生变化。因此在物体内部相邻部分之间相互作用的内力，实际上是一个连续分布的内力系，分布内力系的合成(力或力偶)简称为内力。

对于材料和截面形状一定的杆件，内力越大，变形也就越大。当内力超过一定限度时，杆件就会发生破坏。所以，内力的计算及其在杆件内的变化情况，是分析和解决杆件强度、刚度和稳定性等问题的基础。

3. 截面法

由于内力存在于杆件内部，为了求出杆件某一截面上的内力，可假想一个平面，将杆件沿欲求内力的截面截开，分成两部分，这样内力就会转化为外力而显示出来。任取一部分为研究对象，可用静力平衡条件求出内力的大小和方向，这种方法称为截面法，如图2-23所示，截面法是计算内力的基本方法。

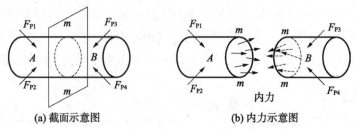

图2-23 截面法

4. 应力

1) 应力的定义

在大多数情形下，工程构件的内力并非均匀分布。内力的集中程度称为集度。集度的定义不仅准确而且重要，因为"破坏"或"失效"往往从内力集度最大处开始。由外力引起的内力集度为应力。

2) 应力的表示(见图2-24)

(1) 平均应力：某范围内单位面积上内力的平均集度，公式为

$$p = \frac{\Delta F}{\Delta A} \tag{2-13}$$

(2) 一点的应力：当面积趋于零时，平均应力的大小和方向都将趋于一定极限，得到全应力(总应力)，公式为

$$p = \lim \frac{\Delta F}{\Delta A} = \frac{\mathrm{d}F}{\mathrm{d}A} \tag{2-14}$$

总应力P可以分解成：垂直于截面的分量σ(正应力)和平行于截面的分量τ(切应力)。

应力的国际单位为Pa，$1\text{N/m}^2 = 1\text{Pa}$(帕斯卡)，$1\text{MPa} = 10^6\text{Pa}$，$1\text{GPa} = 10^9\text{Pa}$。

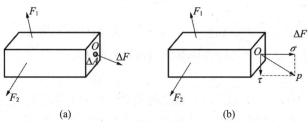

图2-24 截面应力

二、剪切与挤压的实用计算

1. 剪切的实用计算

下面以铆钉连接为例，说明剪切强度的实用计算方法，如图2-25所示。

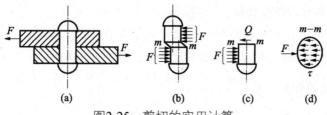

图2-25 剪切的实用计算

分析受剪时剪切面上的内力,仍用截面法。

剪切面上分布内力的集度以τ表示,称为切应力,则

$$\tau = \frac{F_Q}{A} \tag{2-15}$$

式中:τ——剪切面上的切应力;
F_Q——剪切面上的剪力;
A——剪切面面积。

为了保证构件在工作时不被剪断,必须使构件剪切面上的切应力不超过材料的许用切应力,即

$$\tau = \frac{F_Q}{A} \leqslant [\tau] \tag{2-16}$$

式中:$[\tau]$——许用切应力。

2. 挤压的实用计算

作用在挤压面上的力称为挤压力,用F_c表示。挤压力引起的应力称为挤压应力,用σ_c表示,则

$$\sigma_c = \frac{F_c}{A} \tag{2-17}$$

式中:A——挤压面积。

为了保证构件在工作时不被挤压和破坏,必须满足工作挤压应力不超过许用挤压应力的条件,即

$$\sigma_c = \frac{F_c}{A} \leqslant [\sigma_c] \tag{2-18}$$

式中:$[\sigma_c]$——材料的许用挤压应力。

【例2-3】如图2-26(a)所示为一铆钉连接件,受径向拉力F的作用。已知:$F=100$kN,钢板厚$\delta=8$mm,宽$b=100$mm,铆钉直径$d=16$mm,许用切应力$[\tau]=140$MPa,许用挤压应力$[\sigma_c]=340$MPa,钢板许用拉应力$[\sigma]=170$MPa。试校核该连接件的强度。

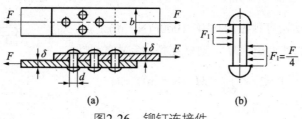

图2-26 铆钉连接件

解：(1) 铆钉的剪切强度校核。

当连接件有 n 个直径相同的铆钉时，且对称于外力作用线布置，可设各铆钉所受的力相等。取一个铆钉作为计算对象，画出其受力图，如图2-26(b)所示。

每个铆钉所受的作用力 $F_1 = \dfrac{F}{n} = \dfrac{F}{4}$

剪切面上的剪力 $F_Q = F_1$

根据式(2-15)，则

$$\tau = \dfrac{F_Q}{A} = \dfrac{F_1}{A} = \dfrac{F/4}{\pi d^2/4} = \dfrac{100 \times 10^3}{\pi \times 16^2} = 124\,\text{MPa} < [\tau] = 140\,\text{MPa}$$

所以铆钉满足剪切强度条件。

(2) 挤压强度校核。

每个铆钉所受的挤压力 $F_c = F_1 = \dfrac{F}{4}$

根据式(2-17)，得

$$\sigma_c = \dfrac{F_c}{A_c} = \dfrac{F/4}{d\delta} = \dfrac{100 \times 10^3}{4 \times 16 \times 8} = 195\,\text{MPa} < [\sigma_c] = 340\,\text{MPa}$$

所以连接件满足挤压强度条件。

三、扭转

1. 扭转的概念

工程中有一类等直杆，所受外力是作用在垂直于杆轴线的平面内的力偶，这时发生的变形为扭转变形。单纯发生扭转的杆件不多，但以扭转为主要变形的杆件很多。若杆件的变形以扭转为主，而其他变形可忽略，则可按扭转变形进行强度和刚度计算，如图2-27所示。

扭转的特征是：外力的合力为一力偶；力偶的作用面与直杆的轴线垂直。它的变形特点是：各轴线仍为直线，杆件的各截面都绕轴线发生相对运动。以扭转变形为主的杆件称为轴。

图2-27 圆轴扭转计算简图

2. 外力偶矩的计算

工程中常用的传动轴，往往只知道它传递的功率和转速，需要根据功率和转速求出使轴发生扭转的外力偶矩。设一传动轴的转速为 n，轴传递的功率 P(单位为kW)由主动轮输入，然后通过从动轮分配出去，如图2-28所示。传动轴的外力偶矩与传递功率、转速的关系为

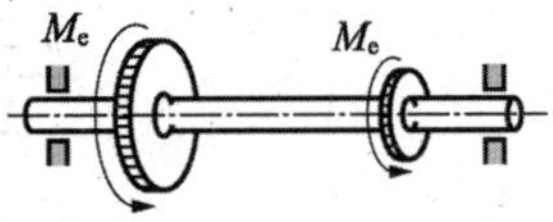

主动轮每秒做的功 $W = 1000P\,(\text{N}\cdot\text{m})$

主动轮对轴做的外力矩为 M_e，则 M_e 在每秒完成的功为

$$W = 2\pi \times \dfrac{n}{60} \times M_e\,(\text{N}\cdot\text{m})$$

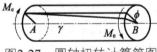

图2-28 外力偶矩的计算

由此可得

$$M_e = 9.55 \times 10^3 \frac{P}{n} \text{ (N·m)} \tag{2-19}$$

式中：P——功率，千瓦(kW)；

n——转速，转/分(r/min)。

对于外力偶的转向，主动轮上的外力偶的转向与轴的转动方向相同，而从动轮上的外力偶的转向则与轴的转动方向相反。

3. 扭矩

扭矩是构件受扭时横截面上的内力偶矩，记作"T"。作用于传动轴上的外力偶往往有多个，各个轴段上的扭矩也各不相同，可用截面法，根据力的平衡法则，来计算各轴段横截面上的扭矩，如图2-29所示，相关计算公式为

$$\sum M_x = 0$$
$$T - M = 0$$
$$T = M$$

对于杠杆一侧作用多个外力偶矩的情况，任一截面的内力偶矩等于其一侧所有外力偶矩的代数和，即

$$T = \sum M_i \tag{2-20}$$

扭矩的符号规定：按右手定则，右手四指内屈，与扭矩转向相同，则拇指的指向表示扭矩矢的方向；若扭矩矢的方向离开截面，规定扭矩为正，反之为负，如图2-30所示。只有内力(此处是扭矩T)有正负之分，而外力偶矩M_n没有正负符号的规定。

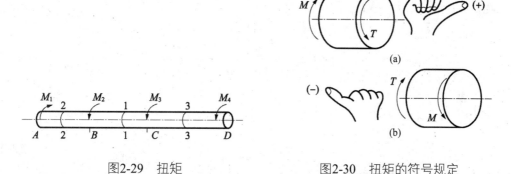

图2-29　扭矩　　　　　　图2-30　扭矩的符号规定

4. 等直圆杆在扭转时的应力

横截面上距圆心ρ处任一点剪应力τ_ρ的计算公式为

$$\tau_\rho = \frac{T\rho}{I_p} \tag{2-21}$$

式中：T——横截面上的扭矩，由截面法通过外力偶矩求得；

ρ——该点到圆心的距离；

I_p——极惯性矩,纯几何量,无物理意义。$I_p = \int_A \rho^2 dA$,其值取决于横截面的大小和形状。

需注意,式(2-21)仅适用于各向同性、线弹性材料,并且是小变形时的等圆截面直杆。

对于实心圆截面,I_p的计算公式为

$$I_p = \int_A \rho^2 dA$$
$$= \int_0^{\frac{D}{2}} \rho^2 2\rho\pi d\rho$$
$$= \frac{\pi D^4}{32} \approx 0.1 D^4$$

对于空心圆截面,I_p的计算公式为

$$I_p = \int_A \rho^2 dA$$
$$= \int_{\frac{d}{2}}^{\frac{D}{2}} \rho^2 2\rho\pi d\rho$$
$$= \frac{\pi}{32}(D^4 - d^4)$$
$$= \frac{\pi D^4}{32}(1-\alpha^4) \approx 0.1 D^4 (1-\alpha^4)$$

式中:d——空心圆截面内径;

D——空心圆截面外径;

α——空心圆截面内、外直径之比,即$\alpha = \frac{d}{D}$。

下面确定最大剪应力,公式为

$$\tau_\rho = \frac{T\rho}{I_p}$$

由$\rho = r = \frac{D}{2}$,$\tau_\rho \to \tau_{max}$,可得

$$\tau_{max} = \frac{T\frac{D}{2}}{I_p} = \frac{T}{I_p / \frac{D}{2}}$$

令$W_p = I_p / \frac{D}{2}$,可得

$$\tau_{max} = \frac{T}{W_p} \tag{2-22}$$

式中:W_p——扭转截面系数(抗扭截面模量),mm^3或m^3。

对于实心圆截面,则有

$$W_p = I_p / r = \pi D^3 / 16 \approx 0.2 D^3$$

对于空心圆截面,则有

$$W_p = I_p / r = \pi D^3 (1-\alpha^4) / 16 \approx 0.2 D^3 (1-\alpha^4)$$

5. 圆轴扭转时的强度计算

强度条件为

$$\tau_{max} \leq [\tau] \tag{2-23}$$

对于等截面圆轴，则

$$\frac{T_{\max}}{W_p} \leq [\tau] \tag{2-24}$$

【例2-4】如图2-31所示是一个钢制圆轴，受一对外力偶的作用，其力偶矩$M=2.5\text{kN}\cdot\text{m}$，已知轴的直径$d=60\text{mm}$，许用切应力=60MPa。试对该轴进行强度校核。

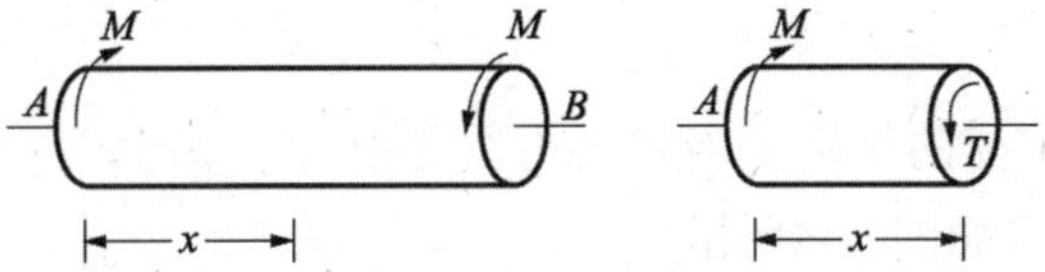

图2-31　例1-4图

解：(1) 计算扭矩T，则

$$T = M = 2.5\text{kN}\cdot\text{m}$$

(2) 校核强度。圆轴受扭时最大切应力发生在横截面的边缘上，按式(2-22)计算，得

$$\tau_{\max} = \frac{T}{W_p} = \frac{T}{\frac{\pi D^3}{16}} = \frac{2.5\times 10^6 \times 16}{3.14\times 60^3} = 59\text{MPa} < [\tau] = 60\text{MPa}$$

故轴满足强度要求。

四、平面弯曲

1. 平面弯曲的概念

弯曲变形是工程实际中较常见的一种基本变形。弯曲变形构件的受力特点是：在通过杆轴线的平面内，受到力偶或垂直于轴线的外力作用。弯曲构件变形的特点是：杆的轴线被弯曲为一条曲线，这种变形称为弯曲变形。在外力作用下产生弯曲变形或以弯曲变形为主的杆件，称为梁。

由横截面的对称轴与梁的轴线组成的平面称为纵向对称平面，当外力作用线都位于梁的纵向对称平面内，梁的轴线在纵向对称平面内被简化为一条光滑的平面曲线，这种弯曲变形称为平面弯曲。

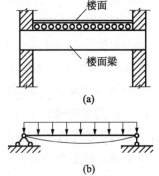

图2-32　梁的简化

1) 梁的简化

为了绘图的方便，首先对梁本身进行简化，通常用梁的轴线来代替，如图2-32所示。

2) 梁的分类

单跨静定梁一般可分为三类，如图2-33所示。

(1) 悬臂梁，即一端固定、一端自由的梁，见图2-33(a)。

(2) 简支梁，即一端为固定铰支座、另一端为可动铰支座的梁，见图2-33(b)。

(3) 外伸梁，即一端或两端伸出支座以外的简支梁，见图2-33(c)。

梁在两个支座之间的部分称为跨，其长度则称为跨长或跨度。

图2-33 梁的分类

3) 梁的载荷分类

(1) 集中载荷。当载荷的作用范围和梁的长度相比很小时,可以简化为作用于一点的力或某一截面上的力偶,如图2-34所示。

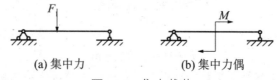

图2-34 集中载荷

(2) 分布载荷,即梁的全长或部分长度上连续分布的载荷,如图2-35所示。

分布载荷的大小用载荷集度q表示,其单位为N/m或kN/m。沿梁的长度非均匀分布的载荷为任意分布载荷,均匀分布的载荷称为均布载荷,其均布载荷集度q为常数。

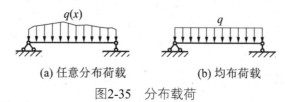

图2-35 分布载荷

2. 梁的弯曲内力

为了对梁进行强度和刚度计算,必须首先确定梁在载荷作用下任一横截面上的内力。弯曲梁指定截面的内力采用截面法求解。由平衡条件可得使梁产生剪切和弯曲变形的弯矩,即梁的内力包括剪力F_Q和弯矩M,其大小可以采用截面法求得。梁的任一横截面上的剪力在数值上等于该截面一侧(左侧或右侧)所有的竖向外力(包括斜向外力的竖向外力)的代数和。梁的任一横截面上的弯矩在数值上等于该截面一侧(左侧或右侧)所有的外力(包括外力偶)对该截面中心的力矩的代数和。

1) 剪力符号

为了使左段或右段求得的同一截面上的剪力和弯矩不但在数值上相等,而且在符号上也相同,对剪力和弯矩的正负符号做了如下规定。

当截面上的剪力使分离体做顺时针方向转动时为正,反之为负;若使弯曲变形呈上凹下凸,则弯矩为正,反之为负,如图2-36所示。

图2-36 剪力和弯矩的正负号规定

2) 用截面法计算内力的步骤

(1) 计算支座反力。
(2) 用假想的截面将梁截成两段，任取某一段为研究对象。
(3) 画出研究对象的受力图。
(4) 建立平衡方程，计算内力。

3. 梁弯曲时的应力

在一般情况下，梁的横截面上既有弯矩又有剪力，如图2-37(a)所示，梁的AC及DB段不仅有弯曲变形，而且还有剪切变形，这种平面弯曲称为横力弯曲或剪切弯曲。为使问题简化，应先研究梁内仅有弯矩而无剪力的情况。如图2-37(a)所示，梁的CD段弯曲称为纯弯曲。

为观察纯弯曲梁的变形现象，在梁表面上作图2-38(a)所示的纵、横线。当梁端上加一力偶M后，由图2-38(b)可见，横向线转过了一个角度但仍为直线；位于凸边的横向线拉长了，位于凹边的横向线缩短了；横向线变弯后仍与纵向线垂直。由此做出纯弯曲变形的平面假设：梁变形后其横截面仍保持为平面，且仍与变形后的梁轴线垂直，同时假设梁的各纵向纤维之间无挤压，即所有与轴线平行的横向纤维均是轴向拉、压。如图2-38(c)所示，梁的下部横向纤维拉长，而上部横向纤维缩短，由变形的连续性可知，梁内肯定有一层长度不变的纤维层，称为中性层，中性层与横截面的交线称为中性轴。由于载荷作用于梁的纵向对称面内，梁的变形沿纵向对称，则中性轴垂直于横截面的对称轴，如图2-38(c)所示。梁弯曲变形时，其横截面绕中性轴旋转某一角度。正应力分布规律如图2-39所示。

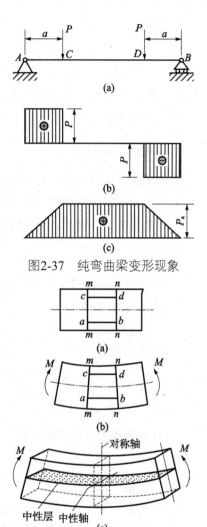

图2-37 纯弯曲梁变形现象

图2-38 纯弯曲梁假设

经推导，梁弯曲时横截面上任一点正应力的计算公式可表达为

$$\sigma = \frac{My}{I_z} \qquad (2-25)$$

式中：M——横截面上的弯矩；

y——计算点到中性轴的距离；

$I_z = \int_A y^2 \mathrm{d}A$——截面对中性轴的惯性矩，$m^4$或$mm^4$，它是截面图形的几何性质，仅与截面形状和尺寸有关。

式(2-25)说明，梁横截面上任一点的

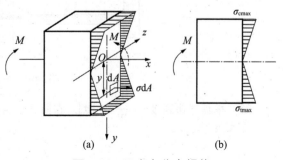

图2-39 正应力分布规律

正应力与弯矩M和该点到中性轴距离y成正比，与惯性矩I_z成反比，正应力沿截面高度呈线性分布。中性轴上各点正应力为零($y=0$)。在梁的上下边缘处，正应力的绝对值最大。当截面上作用正弯矩时下部为拉应力，上部为压应力；当作用负弯矩时，上部为拉应力，下部为压应力。

横截面上最大正应力发生在距中性轴最远的各点处，即$\sigma_{max}=\dfrac{M}{I_z}y_{max}$，令$W_z=\dfrac{I_z}{y_{max}}$，则有

$$\sigma_{max}=\dfrac{M}{W_z} \tag{2-26}$$

式中：W_z——截面的抗弯截面系数，m^3或mm^3。

不同截面形状的I_z与W_z值请参阅相关文献，型钢的I_z与W_z值可通过查阅型钢表获得。

4. 梁的强度计算

为了保证梁在外力作用下能安全正常工作，必须限制梁内的最大应力不得超过材料的许用应力，由此建立梁的强度条件并进行梁的强度计算。

等直梁的危险截面危险点为最大弯矩截面上下边缘处各点。梁的正应力强度条件为

$$\sigma_{max}=\dfrac{M_{max}}{W_z}\leqslant[\sigma] \tag{2-27}$$

(1) 强度校核(105%为经验数据)，则

$$\sigma_{max}\leqslant[\sigma]\times 105\%$$
$$\tau_{max}\leqslant[\tau]\times 105\%$$

(2) 选择截面，则

$$W_z\geqslant\dfrac{M_{max}}{[\sigma]}\Rightarrow d,b\,(梁的直径和宽度，截面尺寸取整)$$
$$\tau_{max}\leqslant[\tau]\times 105\%$$

(3) 确定梁的许可载荷，则

$$M_{max}\leqslant[\sigma]$$
$$F\leqslant[F]$$

【例2-5】如图2-40所示，悬臂梁承受均布载荷q，假设梁截面为$b\times h$的矩形，$h=2b$，讨论梁立置与倒置两种情况哪一种更好？

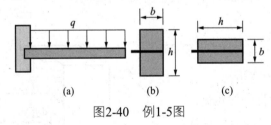

图2-40 例1-5图

解：根据弯曲强度$\sigma=\dfrac{M}{W_z}\leqslant[\sigma]$，在同样载荷条件下，工作应力越小越好，$W_z$越大越好。梁立置时，则

$$W_z = \frac{bh^2}{6} = \frac{b \times (2b)^2}{6} = \frac{4b^3}{6} = \frac{2}{3}b^3$$

梁倒置时,则

$$W_z = \frac{hb^2}{6} = \frac{2b \times b^2}{6} = \frac{2b^3}{6} = \frac{1}{3}b^3$$

所以梁立置时比倒置时好。

任务实施

汽车车架承载能力分析

如图2-41所示为汽车边梁式车架,它由两根纵梁和若干根横梁通过焊接和铆接而成。车架是支承和连接汽车的零部件,具有承受汽车载荷的功能。汽车车架的结构要求如下所述。

(1) 具有足够的刚度和强度,可避免因为车架变形引起的零部件运动干涉。

(2) 满足轻量化要求。

(3) 满足汽车总布置要求,能够安装全部零部件,并便于拆卸。

(4) 降低车辆的重心高度,提高车辆的操纵稳定性。

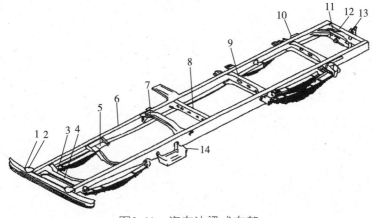

图2-41 汽车边梁式车架

1-保险杆 2-挂钩 3-前横梁 4-发动机前悬置横梁 5-发动机后悬置支架和横梁 6-纵梁 7-驾驶室后置横梁 8-第四横梁 9-第五横梁 10-后钢板弹簧后支架横梁 11-角撑横梁组件 12-后横梁 13-拖钩部件 14-蓄电池托架

纵梁用低碳合金钢冲压而成,一般采用中间高、两端低的不等高断面形式,以保证应力分布均匀;横梁一般也用低合金钢冲压而成。为增强车架的抗扭强度,纵梁的横面形状有管形和箱形,一般有前横梁、发动机安装梁、驾驶室安装梁、悬架安装梁、后横梁等。为了增加车架的刚度,在横梁和纵梁连接时经常采用斜支撑、角支撑和连接板等加强措施。

请同学们到汽车实训中心对照实物找到车架上的梁,说出各梁的作用。请对梁进行机械力学简化,画出简化图,并讨论提高梁的抗弯强度和刚度的措施。

项目三

汽车常用工程材料

学习目标

1. 知识目标

(1) 熟悉铁碳合金相图及其应用；

(2) 了解有色金属和非金属材料在汽车上的应用；

(3) 掌握钢的热处理方法及应用；

(4) 掌握金属材料的性能；

(5) 了解汽车运行材料的性能和应用。

2. 能力目标

(1) 具有绘制铁碳合金相图的能力；

(2) 具有对汽车典型零件选择合适热处理方法的能力；

(3) 能熟练选择汽车常用的工程材料。

任务一　铁碳合金相图

任务导入

在汽车材料中，金属材料约占整车质量的80%，其中钢铁约占70%。钢铁是以铁和碳为主要组成元素的合金，我们将通过任务一来学习铁碳合金的特点和性质。

相关知识

一、金属的结晶

1. 金属的结晶过程

金属的结晶过程是液态金属冷却凝固转变为固态晶体的过程，可用冷却曲线(温度-时间曲线)来表示。

在一平衡温度下，液态金属与其固态晶体处于平衡状态，只有冷却到低于该平衡温度时才能有效结晶。金属结晶时的这种现象称为过冷。

由图3-1可知，T_0为理论结晶温度(平衡温度)，它是在无限缓慢的冷却条件下得到的结晶温度。T_1为实际结晶温度，它是在某一具体冷却条件下(如炉冷、空冷等)得到的结晶温度。两者温度之差称为过冷度，以ΔT表示，即

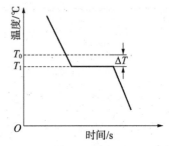

图3-1　纯金属结晶时的冷却曲线

T_0-理论结晶温度　T_1-实际结晶温度

$$\Delta T = T_0 - T_1 \tag{3-1}$$

过冷度的大小与冷却速度有关。冷却速度越快，过冷度越大，实际结晶温度就越低。

2. 结晶过程的基本规律

纯金属的结晶过程如图3-2所示。实验证明，在液态金属缓慢冷却的过程中，当冷却至某一温度(结晶温度)时，在液体中将形成一些原子做有规律排列，形成小集团(晶核)。随着时间的延长，温度的降低，液体中其他原子以其为核心继续有规律排列，而使晶核不断长大。同时，在液体中还会不断形成新的晶核并不断长大，直到相互接触、液体全部消失为止。

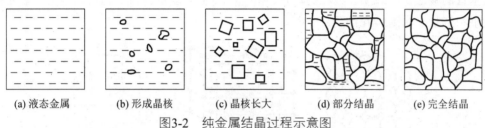

(a) 液态金属　　(b) 形成晶核　　(c) 晶核长大　　(d) 部分结晶　　(e) 完全结晶

图3-2　纯金属结晶过程示意图

由此可以看出，结晶的基本过程是一个晶核形成和晶核长大的过程。结晶的产物一般是由许多外形不规则的小晶粒构成的，晶粒之间由于成长的方位或结构不同而形成的分界面称为晶界。

3. 晶粒大小及控制

晶粒大小对金属机械性能有较大的影响，在常温下工作的金属，其强度、硬度、塑性和韧性一般随晶粒细化而有所提高。

在生产中，常用的细化晶粒的方法有以下三种。

1) 增大过冷度

过冷度影响晶粒的关系曲线如图3-3所示，由图可知，冷却速度越快，过冷度越大。

由图3-3的实线部分可知，随着ΔT的增大，晶核形成率和晶体成长率都会增大，且N比G增加得快，晶粒更细。

2) 变质处理

在液态金属结晶前，特意加入某些合金，造成大量可以成为非自发晶核的固态质点，使结晶时的晶核数目大大增加，从而提高了晶核形成率，并能达到细化晶粒的效果，这种处理方法即为变质处理。例如，孕育铸铁是加入硅铁小颗粒孕育剂；铸造铝合金时将钠盐作为变质剂，以减慢硅的长大速度。

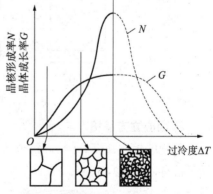

图3-3　过冷度影响晶粒的关系曲线

3) 振动

对正在结晶的金属施以机械振动、超声波振动和电磁振动，均可使树枝晶尖端破碎而增加新的核心，从而提高形核率，使晶粒细化。

二、纯铁的晶体结构

1. 晶格和晶胞

晶体中的原子(离子或分子)在空间的具体排列可用晶格来表示，如图3-4(a)所示。用一些直线将各原子的中心连接起来，就会得到一个立体的几何格架，称为晶格，如图3-4(b)所示。晶格中一个能完全反映晶格特征的最小几何单元称为晶胞。可以这样认为，整个晶格是由许多大小、形状、位向相同的晶胞在空间重复堆积而成的。晶胞的三个相互垂直的棱边长度a、b、c及三棱边夹角α、β、γ称为晶格常数，通常用它们来表示晶胞的大小和形状，如图3-4(c)所示。

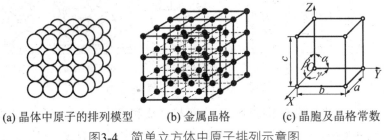

(a) 晶体中原子的排列模型　　(b) 金属晶格　　(c) 晶胞及晶格常数

图3-4　简单立方体中原子排列示意图

2. 晶格的类型

根据对晶胞(晶格中一个最基本的几何单元)的分析，常见的晶格类型有体心立方晶格、面心立方晶格、密排六方晶格。

1) 体心立方晶格

晶胞的棱边长度$a=b=c$，每个体心立方晶胞中仅含有2个原子，晶格中有68%(致密度)的体积被原子占有，如图3-5所示。

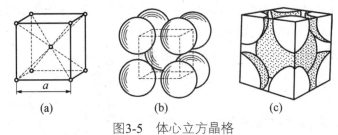

图3-5　体心立方晶格

2) 面心立方晶格

晶胞的棱边长度$a=b=c$，每个面心立方晶胞中仅含有4个原子，晶格中有74%的体积被原子占有，如图3-6所示。

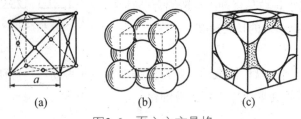

图3-6　面心立方晶格

3) 密排六方晶格

晶胞的棱边长度 $\dfrac{c}{a}=1.633$，晶格中有74%的体积被原子占有，如图3-7所示。

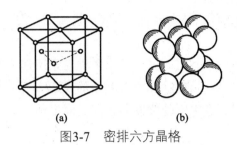

图3-7 密排六方晶格

三、纯铁同素异晶转变

液态铁缓慢冷却到熔点左右经过第一次结晶后，到室温的过程中，晶格类型将发生改变。这种随着温度的改变，固态金属晶格也随之改变的现象，称为同素异晶转变。

如图3-8所示为纯铁的冷却曲线图。液态纯铁缓慢冷却到不低于1538℃时，结晶为体心立方的铁，称为δ-Fe；继续冷却到1394℃时，发生同素异晶转变，转变为面心立方的铁，称为γ-Fe；继续冷却到912℃时，又发生体心立方的铁，称为α-Fe。

纯铁的这种特性是黑色金属能够通过热处理改变其组织结构和性能的根本原因之一。

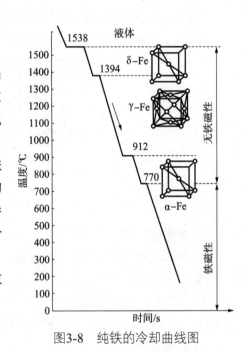

图3-8 纯铁的冷却曲线图

四、合金的基本相结构

1. 基本概念

(1) 合金。将一种金属元素同一种或几种其他元素结合在一起所形成的具有金属特性的新物质，称为合金。

(2) 组元。组成合金的基本的、独立的物质称为组元，通常是指组成该合金的元素或某些化合物，根据合金组元数目的多少，把合金分为二元合金、三元合金和多元合金。如铁碳合金就是由铁和碳二组元组成的二元合金。

(3) 相。相是指在合金中，成分相同、晶体结构相同并有界面与其他部分分开的均匀组成部分。

2. 合金的相结构

在显微镜下能观察到的金属和合金微观形貌、图像称为组织,合金又可分为不同的组织。

铁碳合金的组织可分为固溶体、金属化合物和机械混合物三种类型。

1) 固溶体

在一种金属元素的晶格中,溶入另一种或多种元素所形成的相为固溶体。在固溶体中,保持其原晶体结构的组元(元素)为溶剂,其余的元素(组元)为溶质。

根据溶质原子在溶剂晶格中所处位置的不同,固溶体可分为间隙固溶体和置换固溶体两类,如图3-9所示。

(1) 间隙固溶体:溶质原子在固溶体中处于溶剂晶体结构的间隙位置。

(2) 置换固溶体:溶质原子置换溶剂在晶格结点上的原子。

铁碳合金中的固溶体都是碳溶解到铁的晶格中的间隙固溶体。

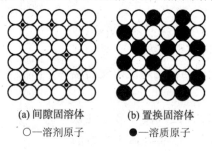

(a) 间隙固溶体　　(b) 置换固溶体
○—溶剂原子　　●—溶质原子

图3-9　固溶体结构示意图

2) 金属化合物

合金组元间发生相互作用而形成一种具有金属特性的物质,称为金属化合物。

金属化合物具有熔点高、硬度高、脆性大的性能。例如,Fe_3C是由铁和碳组成的金属化合物,合金中含有金属化合物后,其强度、硬度和耐磨性都有所提高,而塑性和韧性则会降低。金属化合物是许多合金的重要组成相。

3) 机械混合物

它是两种或两种以上的相按一定质量百分数组成的物质。混合物的性能取决于各组成相的性能,以及它们分布的形态、数量及大小。

五、铁碳合金的基本组织

1. 铁素体(F)

铁素体是碳溶解在α-Fe中形成的间隙固溶体。由于α-Fe晶粒的间隙小,能溶解的碳量极微,其最大溶碳量只有0.0218%(727℃),几乎是不含碳的纯铁,具有良好的塑性和韧性,但强度和硬度较低。它在770℃以下具有磁性。抗拉强度为180~230MPa,硬度约为80HBW,伸长率为30%~50%。铁素体的组织如图3-10所示。在显微镜下观察,铁素体呈大小不一的多边形颗粒形状，因位相不同而呈现不同的颜色。

图3-10 铁素体的组织

2. 奥氏体(A)

奥氏体是碳溶解在γ-Fe中形成的间隙固溶体。γ-Fe的溶碳能力较强，最大为2.11%(1148℃)。由于γ-Fe一般存在于727℃～1394℃的情况下，奥氏体也只出现在高温区域内。它的伸长率为40%～50%，具有良好的塑性和较低的变形抗力，是绝大多数钢种在高温下进行压力加工时所需的组织。在显微镜下观察，奥氏体呈现外形不规则的颗粒状结构，但晶界较铁素体平直。如图3-11所示，这是奥氏体不锈钢在显微镜下观察到的单相奥氏体孪晶组织。

图3-11 奥氏体的组织

3. 渗碳体(Fe_3C)

它是由碳和铁形成的一种金属化合物，其分子式为Fe_3C，碳的质量分数为6.69%，具有硬而脆的性能特点。

4. 珠光体(P)

珠光体是铁素体和渗碳体组成的共析体。珠光体的平均碳的质量分数为0.77%，在727℃以下温度范围内存在。它的抗拉强度为750MPa，硬度约为180HBW，伸长率为

20%~25%。在显微镜下观察,珠光体呈层片状,表面具有珍珠光泽,因此而得名。如图3-12所示,这是T8钢的退火组织。

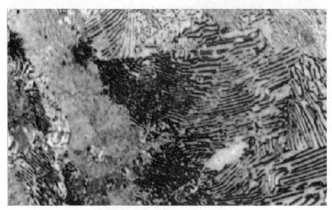

图3-12 珠光体的组织

5. 莱氏体(Ld)

莱氏体是由奥氏体和渗碳体组成的两相机械混合物。奥氏体在727℃时将转变为珠光体,所以在室温下由珠光体和渗碳体组成的机械混合物,就被称为低温莱氏体。莱氏体硬度很高,脆性大,塑性很差。它是共晶白口铸铁的铸造组织,珠光体呈椭圆状分布在渗碳体的基体上,如图3-13所示。因其含渗碳体较多,故性能与渗碳体相近。

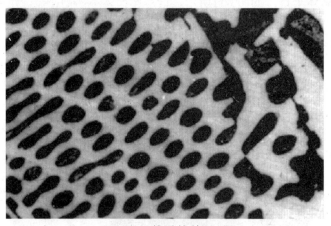

图3-13 莱氏体的组织

六、铁碳合金相图

铁碳合金相图主要研究在平衡条件下,铁碳合金的成分、组织和性能之间的关系及变化规律,这里的平衡是指极其缓慢地冷却。通过一系列实验测出不同成分的铁碳合金在缓慢冷却过程中的冷却曲线和组织转变,然后在成分与温度坐标图中标出临界点温度(结晶开始和结晶结束的温度),并把物理意义相同的点连成曲线,这样构成的完整图形便是铁碳合金状态图。它是以温度为纵坐标、以合金成分(Fe_3C或碳的质量分数)为横坐标的图形，是说明合金成分、温度和组织三者关系的图形。

1. 铁碳合金相图分析

铁碳合金相图如图3-14所示。图中横坐标表示成分(碳的质量分数w_C)，纵坐标表示温度，由左向右，w_C从0增加到6.69%。横坐标左端$w_C=0$，即纯铁；右端，$w_C=6.69\%$，即渗碳体。因此，铁碳合金相图又称Fe—Fe_3C相图。

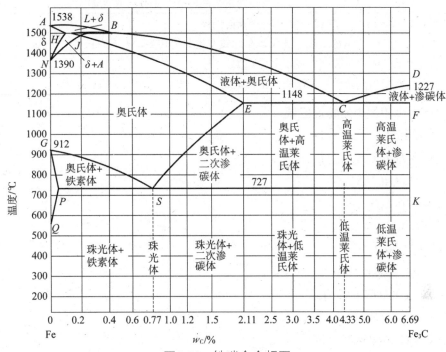

图3-14 铁碳合金相图

1) 铁碳合金相图的主要特性点(见表3-1)

表3-1 铁碳合金相图的主要特性点

特性点	温度/℃	w_C/%	含 义
A	1538	0	纯铁的熔点
C	1148	4.3	共晶点，发生共晶转变($L_C \xrightarrow{1148℃} A+Fe_3C$)
D	1227	6.69	渗碳体的熔点
E	1148	2.11	碳在γ-Fe中的最大溶解度，也是钢与铁的分界点
G	912	0	纯铁的同素异晶转变点(α-Fe$\xrightarrow{912℃}\gamma$-Fe)
P	727	0.0218	碳在α-Fe中的最大溶解度
S	727	0.77	共析点，发生共析转变($A_S \rightarrow F+Fe_3C$)

2) 铁碳合金相图中的主要特性线

铁碳合金相图的特性线是指不同成分的铁碳合金具有相同物理意义的相变点的连接线，见表3-2。

表3-2 铁碳合金相图的主要特性线

特性线	含 义
ACD	液相线,合金温度在此线以上时处于液相,温度在此线以下时处于固相。w_C<4.3%的合金冷却到AC线开始结晶出奥氏体,w_C>4.3%的合金冷却到CD线开始结晶出渗碳体
$AECF$	固相线,合金在此温度结晶终了。合金温度在此线以下时处于固相
ECF	共晶线(1148℃),w_C=4.3%的液态合金在此线上发生共晶转变,L_C→A+Fe$_3$C;w_C=2.11%~6.69%的合金,在此线时也要发生共晶转变产生高温莱氏体
AE	w_C<2.11%合金完成结晶,全部转变成奥氏体
PSK	共析线(727℃),常称A_1线,奥氏体在此线发生共析转变,A_S→F+Fe$_3$C
ES	碳在奥氏体中的溶解度曲线,常称A_{cm}线
GS	奥氏体转变为铁素体的开始线,常称A_3线

3) 铁碳合金相图中的特性区域

(1) 3个单相区:

① 液相区L(ACD线以上)。

② 奥氏体区A($AESGA$)。

③ 铁素体区F($GPQG$)。

(2) 5个双相区:

① ($L+A$)区($ACEA$)。

② ($L+$Fe$_3$C)区($DCFD$)。

③ ($A+$Fe$_3$C)区($ECFKSE$)。

④ ($A+F$)区($GSPG$)。

⑤ ($F+$Fe$_3$C)区(PSK线以下)。

4) 铁碳合金的分类

(1) 工业纯铁:w_C<0.0218;

(2) 共析钢:w_C=0.77;

(3) 亚共析钢:0.0218<w_C<0.77;

(4) 过共析钢:0.77<w_C≤2.11;

(5) 共晶白口铁:w_C=4.3;

(6) 亚共晶白口铁:2.11<w_C<4.3;

(7) 过共晶白口铁:4.3<w_C<6.69。

2. 铁碳合金平衡相图的应用

Fe—Fe$_3$C相图在生产中具有很大的实际意义,主要应用在以下几个方面。

1) 在钢铁材料选用方面的应用

Fe—Fe$_3$C相图所表明的"成分—组织—性能"的规律,为钢铁材料的选用提供了根据。建筑结构和各种型钢需用塑性、韧性好的材料,应选用碳含量较低的钢材。机械零件需要强度、塑性及韧性较好的材料,应选用碳含量适中的中碳钢。工具要用硬度高和耐磨性好的材料，则应选碳含量高的钢材。纯铁的强度低，不宜用作结构材料，但由于其导磁率高，可做软磁材料使用，例如做电磁铁的铁芯等。白口铸铁硬度高、脆性大，不能切削加工，也不能锻造，但其耐磨性好，铸造性能优良，适用于制作要求耐磨、不受冲击、形状复杂的铸件，例如拔丝模、冷轧辊、货车轮、犁铧、球磨机的磨球等。

2) 在铸造工艺方面的应用

根据$Fe—Fe_3C$相图可以确定合金的浇注温度。浇注温度一般在液相线以上50℃～100℃。从相图上可以看出，纯铁和共晶白口铸铁的铸造性能最好，它们的凝固温度区间最小，因而流动性好、分散缩孔少，可以获得致密的铸件，所以铸铁在生产上总是选在共晶成分附近。在铸钢生产中，碳含量规定在0.15%～0.6%之间，因为这个范围内钢的结晶温度区间较小，铸造性能较好。

3) 在热锻、热轧工艺方面的应用

钢处于奥氏体状态时强度较低，塑性较好，因此锻造或轧制选在单相奥氏体区进行。一般始锻、始轧温度控制在固相线以下100℃～200℃，一般始锻温度为1150℃～1250℃，终锻温度为750℃～850℃。

4) 在热处理工艺方面的应用

$Fe—Fe_3C$相图对于制定热处理工艺有着特别重要的意义。一些热处理工艺如退火、正火、淬火的加热温度都是依据$Fe—Fe_3C$相图确定的。这将在热处理一节中详细阐述。

⋮⋮ 任务实施

铁碳合金平衡组织观察

1. 实验目的

(1) 识别和研究铁碳合金(碳钢和白口铸铁)在平衡状态下的显微组织。
(2) 加深理解铁碳合金相图。

2. 实验设备及材料

金相显微镜，合金相图册，各种铁碳合金的显微样品，工业纯铁(1块)，亚共析钢(1块)，共析钢(1块)，过共析钢(1块，完全退火)，亚共晶铸铁(1块)，共晶铸铁(1块)，过共晶铸铁(1块)。

3. 实验内容及步骤

(1) 实验前学生应复习本任务中的有关内容，阅读实验指导书，为实验做好理论方面的准备。

(2) 在显微镜下观察和分析铁碳合金标准试样的平衡组织，识别钢和铸铁组织形态的特征。

(3) 绘出所观察的显微组织示意图，绘制时应抓住组织形态的典型特征，并在图中表示出来。

(4) 写出实验后的感想与体会。

知识拓展

金相显微镜

金属材料的内部结构只有在金相显微镜下才能观察到。在金相显微镜下看到的内部组织结构称为显微组织或金相组织。钢材常见的金相组织有铁素体、奥氏体、渗碳体、珠光体等。合金的成分、热处理工艺、冷热加工工艺会直接影响金属材料的内部组织、结构的变化,从而使机件的机械性能发生变化。因此,用金相显微镜来观察、检验、分析金属内部的组织结构是工业生产中的一种重要手段。

金相显微镜主要由光学系统、照明系统、机械系统、附件装置(包括摄影或其他如显微硬度等装置)组成。根据金属样品表面上不同组织组成物的光反射特征,用显微镜在可见光范围内对这些组织组成物进行光学研究并定性和定量描述。它可显示0.2~500m尺度内的金属组织特征。早在1841年,俄国人(п. п. Ансов)就在放大镜下研究了大马士革钢剑上的花纹。至1863年,英国人(H. C. Sorby)把岩相学的方法,包括试样的制备、抛光和腐蚀等技术移植到钢铁研究领域,发展了金相技术,后来还拍出一批低放大倍数的和其他组织的金相照片。索比和他的同代人德国人(A. Martens)及法国人(F. Osmond)的科学实践,为现代光学金相显微术奠定了基础。至20世纪初,光学金相显微术日臻完善,并普遍推广应用于金属和合金的微观分析,迄今仍然是金属学领域中的一项基本技术。

 任务二 有色金属及非金属材料在汽车工业领域的应用

任务导入

汽车中除了黑色金属材料外,还有约占整车质量20%的有色金属和非金属材料。有色金属的产量和用量不如黑色金属多,但由于其具有许多优良的特性,如特殊的电、磁、热性能,耐蚀性能好及比强度(强度与密度之比)较高等,已成为现代工业中不可缺少的金属材料。

相关知识

一、铝及铝合金

1. 工业纯铝

工业上使用的纯铝呈银白色,铝的密度小($2.7g/cm^3$),熔点低(660℃),导电、导热性较好(仅次于金、银和铜),塑性好,能通过冷、热变形制成各种型材,抗大气腐蚀性

好。铝的强度低，经加工硬化后强度可提高到150～250MPa，但塑性会下降到原先的50%～60%。

纯铝的牌号和性能如表3-3所示。

表3-3 纯铝的牌号和性能

类 别	纯 度/%	牌 号	用 途	备 注
工业纯铝	98.0~99.0	L1、L2、L3	用于高导电体、电缆、导电机件和防腐机械	牌号中的数字越大，纯度越低
		L4、L5、L6、	用于器皿、管材、棒材、型材和铆钉	
		L7	用于日用品	
工业高纯铝	98.85~99.9	L0、L00	制造铝箔、包铝及冶炼铝合金的原料	—
高纯铝	99.93~99.99	L01、L02、L03、L04	用于特殊化学机械、电容器片和科学研究等	牌号中的数字越大，纯度越高

工业纯铝在汽车上主要用于制作空气压缩机垫圈、排气阀垫片、汽车铭牌等。

2. 铝合金

在铝中加入适量的硅、铜、镁、锌、锰等合金元素，可以获得强度较高、用途广泛的铝合金。铝合金相图如图3-15所示。

根据铝合金的成分及性能特点，可以将其分为变形铝合金和铸造铝合金两大类。如图3-15所示，变形铝合金是指在铝中加入合金元素成分低于D点的合金，它在加热时能形成单相的α固溶体。这样的合金塑性好，易于变形加工，故称为变形铝合金。而成分位于D点右侧的铝合金，由于结晶时具有共晶组织($\alpha+\beta$)存在，冷却时能发生共晶反应。这样的合金塑性差，凝固温度低，充型时流动性好，具有优良的铸造工艺性能，可进行各种成形铸造，适用于制造形状较复杂的铸件，所以称为铸造铝合金。

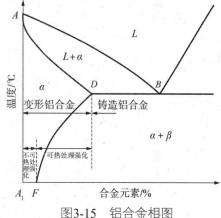

图3-15 铝合金相图

变形铝合金具有较高的强度和良好的塑性，可通过压力加工制成各种半成品，可以焊接。它主要用于各类型材和结构件，如发动机机架、飞机大梁等。变形铝合金可分为防锈铝合金、硬铝合金、超硬铝合金及锻铝合金。

3. 铝及铝合金在汽车工业领域的应用

铸造铝合金可分为Al-Si系铸造铝合金(代号ZL1+两位数字顺序号)、Al-Cu系铸造铝合金(代号ZL2+两位数字顺序号)、Al-Mg系铸造铝合金(代号ZL3+两位数字顺序号)、Al-Zn系铸造铝合金(代号ZL4+两位数字顺序号)。铸造铝合金在汽车上的应用见表3-4。

表3-4 铸造铝合金在汽车上的应用

代号	性能	应用
ZL109 硅铝明	铸造性能好，但力学性能低，抗拉强度为140MPa，伸长率为4%	形状复杂的零件，如仪表、气缸体、水(油)泵壳体等
ZL201	具有较高的耐热强度	内燃机气缸盖、活塞等在高温(300℃以下)环境工作的构件
ZL301	具有较好的耐蚀性能，高强度，但铸造性和耐热性差	泵体
ZL401	具有较高的强度，铸造性好，价格便宜，但耐热性差	汽车上形状复杂的构件，如轮毂

二、铜及铜合金

1. 纯铜

纯铜呈紫红色，有金属光泽，又叫紫铜或红铜。纯铜固态时为面心立方晶格，无同素异晶转变。纯铜的密度为8.92g/cm³(熔融液态)，熔点为1083.4℃。纯铜突出的优点是导电性、导热性好，在所有的金属中，其导电性仅次于银而居第二位，是较常用的导电、导热材料。铜具有良好的塑性，易于冷、热加工成形。铜的强度、硬度比较低，抗拉强度仅为200~240MPa，不适于做结构材料。通过冷变形强化，抗拉强度可以提高到400~500MPa。常用冷加工的方法制造电线、电缆、铜管等。在大气及淡水中有良好的抗蚀性能，是抗磁性金属。

工业纯铜中常含有0.05%~0.30%的杂质(主要是铅、铋、氧、硫和磷等)。杂质的存在对铜的力学性能和工艺性能有很大的不利影响。根据杂质含量的不同，工业纯铜分为T1、T2、T3等级别。"T"为"铜"字汉语拼音的第一个字母，其后的数字越大，铜的纯度越低。

2. 铜合金

铜在自然界里的储量少、价格高，并且强度比较小。利用冷变形强化虽然能使其强度增加，但此时铜的塑性会急剧下降，所以要在增加强度的同时保持较高的塑性，必须使其合金化。铜合金是在纯铜中加入适量的锌、锡、铝、锰、镍等形成的金属材料。它除了仍然具有纯铜的某些优良性能外，还具有较高的强度和硬度。一般将铜合金分为黄铜、青铜和白铜三大类。

1) 黄铜

黄铜是以锌作为主要合金元素的铜合金，通常把铜锌二元合金称为普通黄铜，用黄字汉语拼音首字母"H"表示，其后附以数字表示平均含铜量。例如，H70表示平均含铜量为70%的普通黄铜。

2) 青铜

青铜原来是指铜锡合金，现在工业上习惯把黄铜和白铜(指铜镍合金)以外的所有铜基合金都叫青铜。青铜又分为锡青铜、铝青铜、铍青、铜硅青铜等。青铜也可分为压力加工青铜和铸造青铜两类。

青铜的牌号为"Q + 主加元素的元素符号 + 主加元素的质量分数 + 其他元素的质量分数"。"Q"是"青"字汉语拼音的首字母。例如，QSn4-3表示含锡4%，含锌3%，其余为铜的锡青铜；QAl7表示含铝7%，其余为铜的铝青铜。铸造青铜的牌号表示方法和铸造黄铜基本相同。

3) 白铜

以镍为主加合金元素的铜合金叫白铜。普通白铜仅含铜和镍，牌号为"B+ 镍的平均质量分数"。B是"白"字汉语拼音的首字母。例如，B19表示含镍19%的普通白铜。

普通白铜中加入锌、锰、铁等元素后分别叫锌白铜、锰白铜、铁白铜。牌号用"B + 其他元素的元素符号 + 镍的平均质量分数 + 其他元素的平均质量分数"表示。例如，BZn15-20表示含镍15%、含锌20%的锌白铜。

在固态下，铜与镍可以互溶，因此工业白铜的组织为单相固溶体，有较好的强度和塑性，能进行冷、热变形加工，冷变形能提高强度与硬度。白铜的抗蚀性很好，电阻率较高，主要用于制造船舶仪器零件、化工机械零件及医疗器械等。

3. 铜及铜合金在汽车工业领域的应用

铜及铜合金有良好的力学性能和加工性能，在汽车工业领域的用途是很广的。它可以用来制造汽车发动机摇臂衬套、活塞销衬套、制动系统管路、液压装置、齿轮、轴承、刹车摩擦片、配电和电力系统、垫圈以及各种接头、配件和饰件、排气管热密圈外壳、水箱体、暖风散热器的散热管、冷却管、化油器进气阀本体、主量孔、功率量孔、怠速量孔、曲轴箱通风阀座、曲轴轴瓦、曲轴止推垫圈、储气筒放水阀本体及安全阀座等许多零部件。有资料显示，生产一辆普通载货汽车，需要20kg左右的铜。

由于铜的蕴藏量有限，价格比较高，为了节约资源、降低成本，只有当其他材料无法满足使用要求时，才选择铜或铜合金。

三、非金属材料

在工业领域，除了大量使用金属材料外，其他非金属材料如有机高分子材料、陶瓷材料和复合材料也得到了越来越广泛的应用。

1. 有机高分子材料

根据性质及用途，有机高分子材料主要有塑料、橡胶及胶黏剂等。

1) 塑料

塑料是一类在常温下有固定的形状和强度，在高温下具有可塑性的高分子材料。塑料的熔融温度一般在200℃左右，比钢铁低得多，因此容易加工是塑料区别于其他材料的重要特点。大多数塑料都能在加热时反复塑化，称之为热塑性树脂。另外，一些塑料只能在第一次加工时塑化，做成固定的形状，以后再加热到熔融温度以上，其形状不再发生变化,这类塑料称为热固性树脂。

常用树脂的密度在1g/cm³左右,只有铝的1/5、钢铁的1/10左右,但是塑料的强度高。汽车用塑料零部件分为三类:内饰件、外饰件和功能件。自20世纪90年代以来,随着汽车材料国产化的开展,我国汽车用塑料步入了世界先进的发展轨道。增加塑料类材料在汽车中的使用量,是汽车材料技术发展轻量化和环保化的主要方向之一。

塑料在汽车上的应用见表3-5。

表3-5 塑料在汽车上的应用

名 称	符 号	应 用
聚乙烯	PE	内饰件、油箱、挡泥板、转向盘、发动机罩等
聚氯乙烯	PVC	转向盘、坐垫套、车门内板、仪表板、操作杆盖板等
聚丙烯	PP	接线板、保险杠、风扇罩、散热器栅格、灯罩等
聚氨酯树脂	PU	仪表板、转向盘、车门扶手、遮阳板、密封条等
ABS树脂	ABS	控制箱、灯壳、变速杆、散热器护栅等
有机玻璃	PMMA	灯罩、油杯、镜片、遮阳板、标牌、油标等
聚酰胺(尼龙)	PA	冷却风扇、滤网、把手、钢板弹簧销衬套等
聚甲醛	POM	各种阀门、转向器衬套、万向节轴承、各种手柄及门销等
酚醛塑料	PE	制动衬片、离合器摩擦片、分电器盖等
聚碳酸酯	PC	保险杠、刻度板、壳体、水泵叶轮等

2) 橡胶

橡胶主要由生胶和配合剂组成。生胶就是未加配合剂的天然或合成的橡胶。配合剂是指为了提高和改善橡胶制品的各种性能而加入的物质。

(1) 橡胶的特性和应用包括以下几个方面。

① 在室温下处于高弹态;

② 弹性变形量很大,变形范围为100%~1000%;

③ 具有优良的伸缩性和积储能量的能力;

④ 具有良好的耐磨性、隔音性、阻尼性和绝缘性;

⑤ 可做密封件,减震、防震件,传动件,运输胶带绝缘材料。

(2) 橡胶在汽车上的应用。橡胶在汽车上用量最大的制品是轮胎。目前,全世界生产的橡胶约有80%为制造轮胎所用。此外,橡胶还广泛用于各种密封制品、胶管、胶带以及减振配件等,主要分布在汽车车身、传动、转向、悬挂、制动和电器仪表等系统内。

3) 胶黏剂

胶黏剂是一种将同种或不同种材料黏合在一起,并在胶接面有足够强度的物质,它能起胶接、固定、密封、浸渗、补漏和修复的作用。

2. 陶瓷材料

1) 普通陶瓷

普通陶瓷是以天然硅酸盐矿物如黏土、长石、石英、高岭土等为原料烧结而成的,有日用陶瓷、卫生瓷、建筑瓷、电工瓷、化工瓷等。

2) 特种陶瓷

特种陶瓷是采用纯度较高的人工合成原料，如氧化物、氮化物、硅化物、硼化物、氟化物等制成的，具有各种特殊力学、物理、化学性能。

3) 工程陶瓷

在工程结构上使用的陶瓷即为工程陶瓷，因其主要在高温下使用，也称为高温陶瓷。它具有在高温下优越的力学、物理和化学性能，在某些科技场合和工作环境往往是唯一可用的材料，主要有氧化铝、氮化硅、碳化硅和增韧氧化物等材料。

4) 功能陶瓷

功能陶瓷是指利用陶瓷特有的物理性能制造出的用途各异的功能陶瓷材料。例如导电陶瓷、半导体陶瓷、压电陶瓷、绝缘陶瓷、磁性陶瓷、光学陶瓷，以及利用某些精密陶瓷对声、光、电、热、磁、力、湿度、射线及各种气氛等信息显示的敏感特性而制得的各种陶瓷传感器材料。

特种陶瓷具有各种优异的特性，应用于汽车上，可以有效地降低车辆的重量，提高发动机的热效率，降低油耗，减少排气污染，延长易损件寿命，完善汽车智能性功能。很早以前，陶瓷便用于火花塞、窗玻璃、水泵的机械式密封中，应用于触媒载体、氧传感器、爆震传感器等的功能陶瓷也相继出现。目前，已有许多发动机零件采用结构陶瓷制造。

3. 复合材料

复合材料是指由两种或多种不同性能的材料用某种工艺方法合成的多相材料。

复合材料既能保持组成材料各自的特性，又具有复合后的新特性，其性能往往超过组成材料的性能之和或平均值。组成材料的种类、性能、比例、形态不同，复合方法不同，会得到不同的强化效果。汽车常用的复合材料包括以下几种。

1) **纤维增强塑料**

纤维增强塑料(Fiber Reinforced Plastics，FRP)是汽车轻量化的重要材料。纤维增强塑料基体是塑料，承受载荷的主要是增强相纤维，而增强相纤维处于基体之中，彼此隔离，其表面受到基体的保护，因而不易受到损伤。塑性和韧性较好的基体能阻止裂纹的扩展，并对纤维起到黏结作用，复合材料的强度因而得到了很大的提高。纤维增强塑料中较典型的有碳纤维增强塑料和玻璃纤维增强塑料(玻璃钢)。

2) **增强金属基复合材料**

增强金属基复合材料(Metal Matrix Composite，MMC)通常是由低强度、高韧性的基体和高强度、高弹性模量的纤维组成的。金属基复合材料的基体大多采用铝、铜、铝合金、铜合金、镁合金和镍合金。增强材料一般为纤维状、颗粒状和晶须状的碳化硅、碳化硼、氧化铝和碳纤维，要求具有较高的强度和弹性模量(抵抗变形及断裂)、高抗磨性(防止表面损伤)与高化学稳定性(防止与空气和基体发生化学反应)。

3) **纤维增强陶瓷**

陶瓷具有耐高温、抗氧化、高弹性模量和高抗压强度等优点，但由于脆性大经不起机械冲击和热冲击，限制了陶瓷的使用。而纤维增强陶瓷(Fiber Reinforced Ceramic，FRC)

则利用纤维克服了陶瓷的脆性,其功能有三点:①利用纤维承受载荷可提高断裂强度;②利用纤维可阻止裂纹的扩展,可提高断裂韧性;③分散裂纹的扩展可使断裂面积增大,利用纤维的拉伸可增强断裂性能等。纤维增强陶瓷中的大多数纤维与基体的组合均能提高韧性,为了提高强度,采用高弹性纤维要比高强度纤维更有效。

任务实施

到汽车实训场所,仔细观察汽车零部件,明确哪些汽车零部件用到了有色金属和非金属材料并记录下来,了解这些零部件用到有色金属和非金属材料的哪些功能。

任务三 钢的热处理

任务导入

汽车齿轮材料的主要性能要求是:具有高疲劳强度和接触疲劳强度。齿心应有足够的冲击韧性,以防齿轮受冲击过载时断裂,一般采用合金渗碳钢20Cr或20CrMnTi,并经渗碳、淬火和低温回火。那么,这些热处理工艺是什么含义?为什么要采用这些热处理工艺?

相关知识

一、钢的热处理及分类

钢的热处理是指在固态下通过对钢进行加热、保温、冷却来改变钢的组织结构,从而获得所需要性能的一种工艺。热处理工艺曲线如图3-16所示。

热处理可以强化金属材料的性能,充分发挥材料的潜力;可以消除热加工工艺过程中的缺陷,是机械零件加工工艺过程中的重要工序;可以使工件表面具有抗磨损、耐腐蚀等特殊物理化学性能。例如,汽车后桥的主动轴经热处理后的使用寿命可达6000h,而未经热处理的齿轮寿命仅1500h。80%左右的汽车零件需要进行热处理,所有的刀具、模具、量具、滚动轴承等均需进行热处理,热处理在机械制造业中占有十分重要的地位。

根据热处理加热和冷却方式的不同,热处理可分为普通热处理和表面热处理。其中普通热处理包括退火、正火、淬火、回火;表面热处理包括表面淬火(感应加热、火焰加热)、化学热处理(渗碳、渗氮、碳氮共渗)。

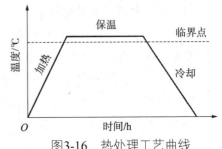

图3-16 热处理工艺曲线

铁碳合金相图是在极其缓慢的加热和冷却条件下得到的，而热处理工艺中的加热和冷却不是极其缓慢的，因此，实际发生组织转变的温度与铁碳合金相图有一定的偏差。加热时，实际转变温度比铁碳合金相图的临界点偏高；冷却时，实际转变温度比铁碳合金相图的临界点偏低。如图3-17所示，平衡临界点是A_1、A_3、A_{cm}，实际加热温度为A_{c1}、A_{c3}、A_{ccm}，实际冷却温度为A_{r1}、A_{r3}、A_{rcm}。

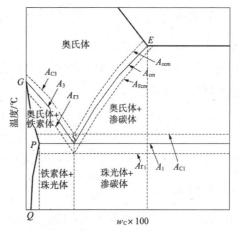

图3-17 加热和冷却对临界转换温度的影响

二、钢的退火、正火、淬火、回火

1. 退火

退火是把零件加温到临界温度以上30℃～50℃，保温一段时间，然后随炉冷却。退火主要是消除应力，降低硬度，细化晶粒，均匀成分，为最终热处理做好组织准备。退火分为完全退火、等温退火、球化退火、去应力退火、扩散退火等。

(1) 完全退火。将亚共析碳钢加热至A_3以上20℃～40℃，保温一定时间后，随炉缓慢冷却至室温。完全退火后的组织为珠光体与铁素体。

(2) 等温退火。将亚共析碳钢加热至A_3以上20℃～40℃，保温后，较快地冷却到稍低于A_1的某一温度，一般为600℃～700℃，在该温度下停留到奥氏体完全转变成珠光体，然后再冷却。

等温退火与完全退火相似，只是时间缩短了。

(3) 球化退火。将过共析钢加热到A_1以上20℃～50℃，保温后缓慢冷却。未溶的渗碳体可作为珠光体中渗碳体析出的核心，使网状二次渗碳体及珠光体中层片状渗碳体都变成球状的渗碳体长大。

球化退火主要是降低硬度，为淬火做准备。球化退火的原因为过共析钢的组织为层片状的珠光体与网状的二次渗碳体，又硬又脆，不仅难加工，还会在淬火时产生变形和开裂。退火后，过共析钢是铁素体与球状渗碳体的混合组织，称为球化体，硬度降低。

(4) 去应力退火。将钢缓慢加热至500℃～650℃($<A_1$)，经一段时间保温后，随炉缓慢冷却至300℃～200℃以下出炉。在去应力退火过程中，并没有组织的变化，主要是消除内部缺陷，因为内应力可以导致变形或裂纹。

(5) 扩散退火。把钢加热到高于A_{cm}的温度(1050℃～1250℃)保温较长时间(10～20h)然后缓冷。扩散退火是利用高温下原子具有较大的活动能力，来减轻或消除钢中化学成分不均匀现象。

2. 正火

正火是把钢加热到A_3(亚共析钢)或A_{cm}(过共析钢)以上30℃～50℃，保温一定时间，随后在空气中冷却。正火的目的是消除应力、调整硬度、细化晶粒、均匀成分，为最终热处理做好组织准备。

对于过共析钢，正火用于消除网状碳化物(正火冷却速度较快，析出的二次渗碳体较少，不易形成连续的网络状)。对于亚共析钢，正火的目的是细化晶粒，消除组织中的缺陷。

正火是退火的一种特例，无本质区别，仅仅是冷却速度不同。

3. 淬火

淬火是将钢加热到A_1或A_3以上30℃～50℃，保温后快速冷却。

淬火用水或油进行。淬火后组织为马氏体，小部分残余奥氏体。淬火后的组织不稳定，为非平衡组织，须配合回火。

(1) 淬火的目的。提高钢的硬度和耐磨性，获得良好的综合机械性能，获得特殊物理、化学性能，如耐热性、磁性能。中、低碳钢淬火加马氏体回火的钢强度高、韧性好，常用于轴、齿轮、连接件、结构件。中、高碳钢淬火加马氏体回火的钢具有高弹性，常用于弹簧。

(2) 淬透性。淬透性是指淬火后奥氏体向马氏体转变的程度。钢在淬火时能获得淬硬深度的能力，是钢材本身固有的属性。淬透性对钢的力学性能影响很大，如果工件淬透了，表里的性能均匀一致，能充分发挥钢材的力学性能潜力；如果未淬透，表里的性能便存在差异，尤其在高温回火后，中心部的强韧性将比表层低，如图3-18所示。各种结构零件根据其工作条件的不同，对钢的淬透性有不同的要求，如弹簧、热锻模等要求淬透，而齿轮等可以不要求淬透。

(3) 淬硬性，也叫可硬性，指钢在淬火后能达到最高硬度的能力，取决于马氏体的碳的质量分数。

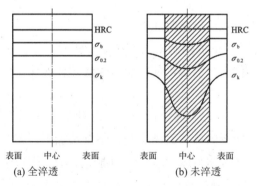

图3-18 淬透性对钢的力学性能的影响

4. 回火

回火是指将淬火后的钢件重新加热到A_1以下某一温度，经保温后，冷却到室温。淬火后钢的组织一般是马氏体与残余奥氏体。这种组织极脆，组织不稳定，存在内应力。通过回火，马氏体与残余奥氏体可以转变为比较稳定的组织，可消除内应力，降低脆性，改善机械性能，稳定工件尺寸。因此淬火钢一般不直接使用，必须进行回火。

回火分为低温回火、中温回火和高温回火。

(1) 低温回火。回火温度为150℃～250℃，回火后降低淬火应力与脆性，可获得回火马氏体。回火可获得高硬度、高耐磨性，硬度一般在58～64HRC。

(2) 中温回火。回火温度为350℃～500℃，回火后组织为回火屈氏体，可获得较高的弹性极限与屈服强度，有一定的韧性，硬度一般为35～45HRC。

(3) 高温回火。回火温度为500℃～650℃，回火后组织为回火索氏体，得到强度、塑性和韧性都较好的综合机械性能，硬度一般为23～35HRC。

淬火加高温回火就叫调质处理。

淬火钢在某一回火温度范围内，随着回火温度的升高，钢的冲击韧性下降的现象称为做回火脆性。回火脆性分为低温回火脆性和高温回火脆性。低温回火脆性(第一类回火脆性)：温度为250℃～350℃，是不可逆过程，要避免发生。高温回火脆性(第二类回火脆性)：温度为450℃～600℃，是可逆过程，高温回火的措施是高温回火后快速冷却或加入W、Mo等合金元素，可降低回火脆性。

三、钢的表面热处理

某些齿轮类零件，如汽车变速箱齿轮、内燃机凸轮等，在工作中承受强烈的摩擦磨损和较大的交变载荷、冲击载荷。这就要求这些零件的表面要具有高硬度、高耐磨性、高接触疲劳强度和一定的韧性，要求其中心部具有高韧性和足够高的强度。因此，对这类材料需要进行表面化学热处理。

化学热处理是将工件置于一定的介质中加热和保温，使介质中的活性原子渗入工件表层，改变表层的化学成分及微观组织，从而使工件表层获得所需特殊性能的热处理工艺。常用的化学热处理有渗碳、渗氮和碳氮共渗等。

1. 钢的渗碳(气体渗碳)

钢的渗碳原理如图3-19所示，在井式渗碳炉中滴入煤油，煤油在高温下裂解出渗碳性介质——CH_4和CO及H_2，该气体在钢的表面分解出活性碳原子[C]，在较高的温度下进入钢的表面。反应式为

$$CH_4 \rightarrow [C] + H_2$$
$$CO \rightarrow [C] + CO_2$$
$$CO \rightarrow [C] + H_2O$$

渗碳的目的是使工件在热处理后表面具有高硬度和耐磨性，而中心部仍保持一定强度以及较高的韧性和塑性。渗碳主要用于表面将受严重磨损，并在较大冲击载荷、交变载荷、接触应力条件下工作的零件，如齿轮、活塞销、套筒等。

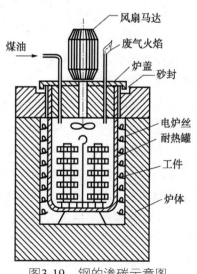

图3-19 钢的渗碳示意图

2. 钢的渗氮

渗氮(氮化)是在一定温度下(一般在A_{c1}以下)使活性N原子渗入工件表面的化学热处理工艺。

1) 气体渗氮法

将零件放入密封的渗氮炉内，加热到500℃～550℃，通入氨气，部分氨气发生分解析出活性N原子，被钢件表面吸收并向内扩散，形成一定深度的渗氮层，反应式为

$$2NH_3(氨) \rightarrow 3H_2 + 2[N]$$
$$\downarrow$$
$$渗入钢中$$

2) 渗氮的特点

(1) 用合金钢(含 Cr、Mo、Al等)制零件渗氮后，表面可以得到很高的硬度和耐磨性。
(2) 渗氮后不再淬火，故零件变形很小。
(3) 渗氮零件耐腐蚀性好，可防止大气、水、蒸气等的腐蚀。

3. 钢的碳氮共渗

钢的碳氮共渗是指向钢的表面同时渗入碳和氮原子的过程，目的是提高工件的表面硬度、耐磨性和疲劳极限。

⁞⁞⁞ 知识拓展

热轧钢和冷轧钢在汽车上的应用

热轧钢以板坯为原料，经加热后由粗轧机组及精轧机组制成带钢。从精轧最后一架轧机出来的热钢带通过层流冷却至设定温度，由卷取机卷成钢带卷。冷却后的钢带卷，根据用户的不同需求，经过不同的精整作业线(平整、矫直、横切或纵切、检验、称重、包装及贴标志等)加工成为钢板、平整卷及纵切钢带产品，它的强度不是很高，但是塑性、可焊性较好，外观颜色不亮。

冷轧钢以热轧钢卷为原料，经酸洗去除氧化皮后进行冷连轧，其成品为轧硬卷。由于连续冷变形引起的冷作硬化使轧硬卷的强度、硬度上升，韧塑指标下降，可焊性差，比较硬、脆，表面光亮。

在汽车零件中，冷冲压零件种类繁多，占总零件数的50%～60%。汽车冷冲压零件的材料有钢板和钢带，其中主要是钢板，包括热轧钢板和冷轧钢板，如08、20、25和Q345等。

热轧钢板在汽车上主要用来制造一些承受一定载荷的结构件，如保险杠、刹车盘、纵梁等。这些零件不仅要求钢板具有一定的刚度、强度，而且要具有良好的冲压成型性能。冷轧钢板主要用来制造一些形状复杂、受力不大的机器外壳、驾驶室、轿车的车身等覆盖零件。这些零件对钢板的强度要求不高，但要求具有优良的表面质量和冲压性能，以保证较高的成品合格率。

近年来开发的加工性能良好、强度(屈服强度和抗拉强度)高的薄钢板——高强度钢板，由于其可降低汽车自重、提高燃油经济性而在汽车上获得应用，如用于制造车身外面板(包

括车顶、前脸、后围、发动机罩、车门等)、横梁、边梁、支架、发动机框架等。

任务实施

(1) 退火、正火、淬火有什么不同？
(2) 淬火后的钢材为什么要进行回火？
(3) 简要说明钢的表面化学热处理。

任务四 汽车材料的力学性能

任务导入

汽车零部件如齿轮、传动轴、前保险杠都有硬度，你能测出它们的硬度吗？

相关知识

一、金属材料的力学性能

材料的力学性能是指材料在外载荷作用下所表现出来的性能，包括强度、塑性、硬度、韧度、疲劳强度及断裂韧度等。

力学性能指标用来表征材料力学性能的各种临界值或规定值，可通过试验测定。

根据外载荷的性质，载荷分为静载荷(指外力的大小和方向不变或变化很缓慢的载荷)、冲击载荷(指突然增加的载荷)、交变载荷(指大小和方向随时间做周期性变化的载荷)。

金属材料受载变形分为：弹性变形(载荷卸除后恢复原状)、塑性变形(载荷卸除后不能恢复，也叫永久变形)。

二、汽车零件的强度

强度指金属材料抵抗塑性变形和断裂的能力，强度越高的材料，所承受的载荷越大。强度分为抗拉强度、抗压强度、抗弯强度、抗剪强度、抗扭强度等。

1. 拉伸试验

拉伸试验在拉伸试验机上进行。拉伸试样为圆形试样(断面为圆形)，根据《金属拉伸试验试样》(GB 6397－86)的规定，拉伸试样分为长比例试样或短比例试样。其中，长试样$L=10D$，短试样$L=5D$，如图3-20所示。按照标准规定，把标准试样装夹在拉伸试验机上，然后对试样逐渐施加拉伸载荷，随着载荷的不断增加，试样逐渐产生变形而被拉长，直到试样被拉断为止。在试验过程中，试验机将自动记录下每一瞬时所施加的载荷F和试验发生相应伸长量Δ*l*，并绘制出载荷与变形量间的变化关系曲线——拉伸曲线。

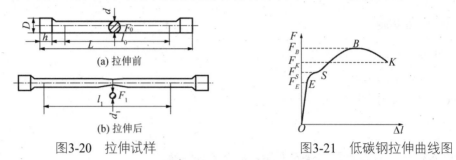

图3-20　拉伸试样　　　　图3-21　低碳钢拉伸曲线图

如图3-21所示为低碳钢拉伸曲线图，其拉伸过程包括如下几个变形阶段。

(1) *OE*——弹性变形阶段。试样的伸长量与载荷成正比例增加，F_E为能恢复原状的最大拉力。

(2) *ES*——屈服阶段。当拉力增大到F_S时，试样会继续伸长，材料丧失了抵抗变形的能力，这种现象称为屈服，F_S称为屈服载荷。

(3) *SB*——均匀塑性变形阶段。载荷超过F_S时，试样开始产生明显的塑性变形，伸长量随载荷的增加而增大，F_B为试样拉伸试验中的最大载荷。

(4) *BK*——断裂。载荷达到最大值F_B之后，试样直径局部开始急剧缩小，出现了"缩颈"现象，当变形达到一定程度时试样断裂。

2. 强度指标

(1) 屈服点。屈服点是指材料产生屈服时的最小应力，单位为MPa，计算公式为

$$\sigma_S = \frac{F_S}{A_0} \tag{3-1}$$

式中：F_S——试样产生屈服时的最小屈服力(N)；

A_0——试样原始横截面积(mm^2)。

对于具有明显屈服现象的材料，如低碳钢，用屈服点来表征材料对产生明显塑性变形的抗力；对于没有明显屈服现象发生的金属材料，规定产生残余伸长率为0.2%时的应力值作为该材料的屈服强度，以$\sigma_{0.2}$表示。

(2) 抗拉强度。抗拉强度就是试样在断裂前所能承受的最大应力，计算公式为

$$\sigma_b = \frac{F_B}{A_0} \tag{3-2}$$

式中：F_B——试样拉断前所承受的最大载荷(N)；

A_0——试样原始横截面积(mm^2)。

屈服点和抗拉强度都是机械零件设计和选材的重要依据。机械零件在工作时，一般不允许产生明显的塑性变形。

三、汽车零件的塑性

塑性是指材料在载荷作用下产生不可逆永久变形而不被破坏的能力。

1. 断面收缩率

断面收缩率是指试样拉断处横截面积的收缩量 ΔA 与原始横截面积 A_0 之比，计算公式为

$$\psi = \frac{A_0 - A_1}{A_0} \times 100\% \tag{3-3}$$

式中：A_0——试样原始横截面积(mm^2)；

A_1——试样被拉断时缩颈处最小横截面积(mm^2)。

2. 断后伸长率

断后伸长率是指试样拉断后的标距伸长量 ΔL 与原始标距 L_0 之比，计算公式为

$$\delta = \frac{L_1 - L_0}{L_0} \times 100\% \tag{3-4}$$

断面收缩率和断后伸长率的数值越大，表面材料的塑性越好。良好的塑性是保证顺利完成轧制、锻造、拉拔、冲压等成形工艺的必要条件，也可避免机械零件在使用中万一超载而突然折断。

四、汽车零件的硬度和韧性

硬度是指材料对另一更硬物体(钢球或金刚石压头)压入其表面所表现的抵抗力。通过测量材料性能的综合物理量——硬度能够得出材料软硬程度的数量关系，可以说，硬度的大小对于机械零件和工模具等的使用性能及寿命具有决定性意义。由于硬度测量简便易行，且不损坏工件，在生产和科研中应用得十分广泛。

测量硬度大多采用压入法，常用的表示方法有布氏硬度、洛氏硬度和维氏硬度。

1. 布氏硬度

1) 测试原理

如图3-22所示，用一定大小的载荷 F，把直径为 D 的硬质合金球压入被测试样表面，保持规定时间后卸除载荷，移去压头，用读数显微镜测出压痕平均直径 d。用载荷 F 除以压痕的表面积所得的商，即为被测材料的布氏硬度值。

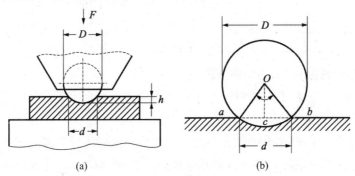

图3-22 布氏硬度试验原理

布氏硬度试验采用硬质合金球压头，硬度符号为HBW；普通钢球，硬度符号为HBS。

布氏硬度值按下式计算

$$\text{HBW} = \frac{F}{S} = \frac{F}{\pi Dh} \tag{3-5}$$

式中：F——试验力(N)；
S——压痕表面积(mm^2)；
h——压痕深度(mm)。

$$\text{HBW} = 0.102 \times \frac{2F}{\pi D(D-\sqrt{D^2-d^2})} \tag{3-6}$$

式中：D——球压头直径(mm)；
F——试验力(N)；
d——压痕平均直径(mm)。

由式(3-6)可知，在 F 和 D 一定的情况下，布氏硬度的高低取决于压痕的直径 d，d 值越大，表明材料的HBW值越低，即材料软；反之材料硬度高，即HBW值越大。在具体测量时，并不是每次都按上述公式计算，而是根据 D 与 F 值的大小，测出痕压的直径 d，然后查本书附录A即得。

由于材料有硬有软，工件有厚、薄、大、小之分，为适应不同的情况，其压头有 ϕ1mm、ϕ2mm、ϕ2.5mm、ϕ5mm、ϕ10mm 5种钢球，载荷有156N、625N、1875N、2500N、7500N、10 000N及30 000N 7种。在具体测量时，只要满足 F/D^2 为常数，则对同一材料来说，布氏硬度值都相同；而对不同材料，所得布氏硬度值是可进行比较的。国家标准规定 F/D^2 的比值为30、10、2.5三种，按表3-6布氏硬度试验的规范来选择钢球直径 D 和加压负荷 P 以及保压时间。在试样截面大小和厚度允许的情况下，尽可能选用直径大的钢球和大的载荷，这样更接近材料的真实性能。同时，测量的压痕大，误差也小。所以，测定钢的硬度时，尽可能用 ϕ10mm钢球和30 000N的载荷。试验后，压痕直径应在 $0.25D<d<0.6D$ 的范围内，否则试验结果无效，应选其他规范重做实验。

表3-6 不同材料的试验力与压头球直径平方的比

金属类型	布氏硬度范围/HBW	试件厚度/mm	试验力F与压头直径D^2的比/(N/mm^2)	载荷保持时间/s
黑色金属	140~450	6~2和<2	30	10
	<140	>6；6~3和<3	10	10
有色金属	<130	6~2和<2	30	30
	36~130	2~3；4~2；<2	10	30
	8~35	>6；6~3；<3	2.5	60

2) 布氏硬度计(见图3-23)的使用步骤

(1) 将试样放在工作台上，顺时针方向旋转手轮，工作台上升，使压头压向试样表面直到手轮与下面螺母产生相对滑动为止。

(2) 按动加载按钮，启动电动机，即开始加载荷。此时因压紧螺钉已拧松，圆盘并不转动，当红色指示灯闪亮时，迅速拧紧压紧螺钉，使圆盘转动，达到所要求的持续时间后，转动自动停止。

(3) 逆时针方向旋转手轮，使工作台降下，取下试样用读数显微镜测量压痕直径 d 值，并查表确定硬度HB的数值。

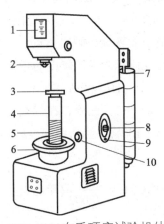

图3-23 HB-3000布氏硬度试验机外形结构

1-指示灯 2-压头 3-工作台 4-立柱 5-丝杠 6-手轮 7-载荷砝码
8-压紧螺钉 9-时间定位器 10-加载按钮

2. 洛氏硬度

洛氏硬度是采用直接测量压痕深度来确定的。H-100型洛氏硬度试验机结构如图3-24所示。

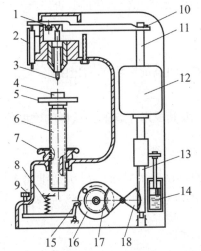

图3-24 H-100型洛氏硬度试验机结构

1-支点 2-指示器 3-压头 4-试样 5-试样台
6-螺杆 7-手轮 8-弹簧 9-按钮
10-杠杆 11-纵杆 12-重锤 13-齿轮
14-油压缓冲器 15-插销 16-转盘
17-小齿轮 18-扇齿轮

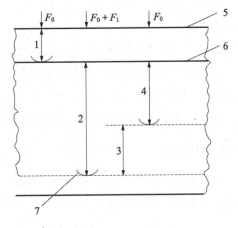

图3-25 洛氏硬度计测量原理

1-在初试验力F_0下的压入深度 2-由主试验力F_1引起的深度 3-卸除主试验力F_1后的弹性恢复深度 4-残余压入深度h 5-试样表面
6-测量基准面 7-压头位置

1) 试验原理

图3-25是洛氏硬度计测量原理图。总载荷F分两次加到压头上,首先加入预载荷F_0,使压头与试样的表面接触良好,此时压痕深度为1位置;然后加入主载荷F_1,这时总载荷

$F=F_0+F_1$，此时压痕深度增加到2位置；随后将主载荷F_1卸除，此时由于加载时所产生的弹性变形已恢复，残余压痕深度为4位置h。如果直接以压痕深度h来作为计算硬度的指标，那么就会出现硬金属硬度值小而软金属硬度值反而大的现象，不符合人们的习惯，因此用一常数来减去所得的压痕深度值作为洛氏硬度的指标，即

$$HR=k-h \qquad (3-7)$$

当以金刚石锥体为压头时，$k=0.2$。此外，在读数上又规定以压入深度0.002mm作为尺刻度的一格，这样常数0.2相当于100格。当压痕深度$h=0.2$mm时，则HRC=0，因此HRC值可由下式确定

$$HRC=100-\frac{h}{0.002} \text{（黑色表盘）} \qquad (3-8)$$

2) 洛氏硬度计的操作

(1) 根据试样的大小和形状选择载物台。

(2) 将试样上下两面磨平，然后置于载物台上。

(3) 加预加载荷。按顺时针方向转动升降机构的手轮，使试样与压头接触，并观察百分表上小针移动至小红点为止。

(4) 调整读数表盘，使百分表盘上的长针对准硬度值的起点。如测量HRC、HRA硬度时，把长针与表盘上的黑字C处对准；测量HRB时，使长针与表盘上的红字B处对准。

(5) 加主载荷。平稳地扳动加载手柄，手柄自动升高至停止位置(时间为5～7s)，并保持10s。

(6) 卸除主载荷。扳回加载手柄至原来位置。

(7) 读数。表上长针指示的数字为硬度的读数。HRC、HRA读黑数字，HRB读红数字。

(8) 下降载物台，取出试样。

(9) 用同样的方法在试样的不同位置测三个数据，取其算术平均值为试样的硬度值。

3. 维氏硬度

维氏硬度是以单位压痕面积的力来计量硬度值的。试验力较小，压头是锥面夹角为136°的金刚石正四棱锥体，如图3-26所示。维氏硬度用符号HV表示，计算公式为

$$HV=\frac{F}{A}=\frac{1.8544F}{d^2}(\text{kg/mm}^2) \qquad (3-9)$$

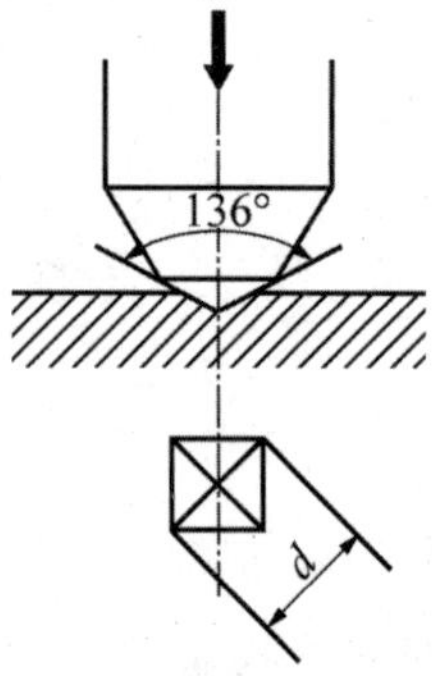

图3-26 维氏硬度计测量原理

任务实施

1. 布氏硬度测量

取正火钢20、45、T10及铸铁试样各一个,打出压痕,并从相互垂直的两个方向上测量压痕直径,取其平均值,查表求得HBS的值,将数据填入表3-7中。

表3-7 布氏硬度实验结果(正火态)

材料	20				45				T10				铸铁			
压痕直径/mm	1	2	3	平均	1	2	3	平均	1	2	3	平均	1	2	3	平均
				/				/				/				/
HBS																

2. 洛氏硬度测量

取淬火态20、45、T8试样各一个,用洛氏硬度计测量硬度值,将数据填入表3-8中。

表3-8 洛氏硬度实验结果(淬火态)

材料	20				45				T8			
HRC	1	2	3	平均	1	2	3	平均	1	2	3	平均
换算成HBS	/				/				/			

3. 实验报告要求

(1) 明确实验目的。
(2) 简述布氏和洛氏硬度试验原理。
(3) 简述布氏、洛氏硬度试验机的结构、操作步骤及注意事项。
(4) 将各试样的硬度测量结果填入表中。

任务五 汽车运行材料

任务导入

汽车燃料、汽车润滑材料及工作液统称为汽车运行材料,你知道它们的性能和作用吗?

相关知识

燃料通常指能够将自身贮存的化学能通过化学反应(燃烧)转变为热能的物质。汽车燃料包括汽油和轻柴油。

一、汽油

汽油是一种从石油中提炼出来的密度小、易于挥发的液体燃料,其主要成分是烷烃 C_nH_{2n+2},自燃点为415℃～530℃。烷烃按碳原子数命名,前10位烷烃的排列为甲、乙、丙、丁、戊、己、庚、辛、壬、癸。按其结构又可分为正构烷烃和异构烷烃。汽油中正构烷烃的体积约占29%,异构烷烃的体积约占21%。空气中含量为74～123g/m³时遇火爆炸。乙醇汽油含10%的乙醇,其余为汽油。

1. 汽油机对汽油品质的性能要求

为了满足汽油机的正常工作需求,根据汽油机的工作特点和条件,在汽油的使用性能上,要求具有良好的蒸发性、抗爆性、化学安定性、防腐蚀性、清洁性。

1) 适当的蒸发性

蒸发性指汽油由液体转化为气态的能力。汽油的蒸发性是否良好,将直接影响汽油机中的燃烧是否正常,影响发动机的功率和经济性,因而汽油的蒸发性能十分重要。在汽油规格评定中,通常用馏程和蒸发压来衡量汽油的蒸发性。

(1) 馏程是指定量油品在规定条件下蒸馏时,从初馏点到终馏点的温度范围。

(2) 饱和蒸气压是指汽油的液、气两相达到平衡时的汽油蒸气压。

汽油蒸气压高,说明含轻质成分多,挥发性好,起动好,易产生"气阻"。"气阻"是指在油管中曲折处或较热的部位形成气泡,使供油中断,造成热车起动困难。国家汽油质量指标规定:汽油蒸气压应小于67kPa。

2) 良好的抗爆性

汽油的抗爆性是指汽油在汽油机中燃烧时抵抗爆燃的能力。车用汽油的抗爆性用辛烷值表示。辛烷值是这样规定的:异辛烷的抗爆性较好,辛烷值定为100;正庚烷的抗爆性差,定为0。汽油辛烷值的测定是以异辛烷和正庚烷为标准燃料,使其产生的爆震强度与试样相同,标准燃料中异辛烷所占的体积百分数就是试样的辛烷值。辛烷值高,抗爆性好。汽油的等级是按辛烷值划分的。高辛烷值汽油可以满足高压缩比汽油机的需要。汽油机压缩比高,则热效率高,可以节省燃料。汽油抗爆能力的强弱与化学组成有关。带支链的烷烃以及烯烃、芳烃通常具有优良的抗爆性。

改善抗爆性的方法有如下几种。

(1) 改进炼油工艺,多生产含有高辛烷值的汽油。

(2) 添加抗爆剂。

(3) 在汽油中调入辛烷值高的改善组分。

3) 良好的化学安定性

安定性是指汽油在储存、运输、加注和其他作业时抵抗氧化生胶的能力。评定安定性的指标有实际胶质和诱导期。

(1) 实际胶质。实际胶质是指在规定条件下测得的发动机燃料的蒸发物,以"mg/100mL"表示。实际胶质是判断汽油在使用过程中生产胶的倾向,从而决定汽油能否使用和能否继续储存。对于汽油的实际胶质，规定出厂时不大于5mg/100mL；出厂后4个月检查封样时不大于10mg/100mL；油库交付给使用单位时不大于25mg/100mL。

(2) 诱导期。诱导期是指在规定的加速氧化条件下，油品处于稳定状态下所经历的时间周期，以min表示。诱导期越长，越不易氧化，生成胶质的倾向越小，其安定性越好，适宜长期储存。一般国产汽油出厂时的诱导期在600～800min，在普通条件下储存21个月后，诱导期仍在400～500min。

4) 良好的防腐蚀性

汽油的防腐蚀性指汽油阻止与其接触的金属被腐蚀的能力。汽油的防腐蚀性用总硫、硫醇、铜片和酸值表征。

5) 良好的清洁性

汽油的清洁性是指汽油是否含有机械杂质和水分。机械杂质和水分会造成油路堵塞、磨损加剧等严重后果。评定汽油的清洁性的指标是机械杂质和水分含量。

2. 车用汽油的牌号和规格

车用汽油牌号是指交通工具加汽油的种类。目前，我国实行的车用汽油标准是《车用汽油》(GB 17930—2006)，常见的为90号、93号、97号。2011年12月，北京质监局发布《车用汽油》地方标准的征求意见稿，将汽油牌号由"90号，93号，97号"修改为"89号，92号，95号"，因为降低了硫的含量，从2012年5月起开始执行。我国车用汽油的牌号是按汽油的抗爆性评定指标——辛烷值大小划分的，牌号越高，说明其抗爆性越好。

3. 车用汽油牌号的选用

选择汽油牌号时应注意以下几点。
(1) 根据汽车发动机的压缩比正确选用车用无铅汽油(按汽车使用说明书要求)。
(2) 提倡使用加入汽油清净剂的清洁汽油。
(3) 根据使用条件选用。
(4) 根据使用时间调整汽油牌号的选用。
(5) 汽油、柴油不能混用，溶剂汽油、车用汽油不能混用。

二、柴油

柴油是石油提炼后的一种油质产物，由不同的碳氢化合物混合组成。它的主要成分是含10～22个碳原子的链烷、环烷或芳烃。我国生产的柴油分为轻柴油、车用柴油、重柴油、农用柴油和军用柴油。车用高速柴油机均使用轻柴油，简称为柴油，它是汽车、拖拉机、柴油机的燃料。轻柴油是一种自燃温度高，黏度大和密度大，不易挥发的液体燃料，是车用高速柴油机的燃料。

1. 柴油的品质特点

与汽油相比，柴油具有以下特点。

(1) 柴油的能量密度比汽油高出10%以上，在燃烧过程中，柴油的热效率高达40%，而等量的汽油的热效率只有30%。

(2) 柴油的功率和加速性好，对环境污染小，比较省油，其单位功率燃料消耗量比汽油机低30%～40%。

(3) 柴油闪点比汽油高，使用和管理中的着火危险性较小，安全性较好。

2. 柴油机对柴油品质的性能要求

1) **良好的燃烧性能**

燃烧性是指柴油喷入气缸后立即自行着火燃烧的能力。柴油的燃烧性是以十六烷值来评定的。柴油的十六烷值与汽油的辛烷值相似。将发火性能好的正构十六烷$C_{16}H_{34}$的十六烷值定为10，将发火性差的σ-甲基萘$C_{11}H_{10}$的十六烷值定为0，按不同比例将它们混合在一起，获得十六烷值0～100的标准燃烧，其他柴油的十六烷值则是在可变压缩比单缸十六烷值测定柴油机上实验，与标准燃烧比较而定出来的。十六烷值越高，着火后延迟期越短，越不容易发生爆燃。

2) **良好的低温流动性**

柴油的低温流动性是指在低温下，柴油在发动机燃料系统中能否顺利地泵送和通过油滤，从而保证发动机正常供油的性能。评定柴油的低温流动性指标有凝点、浊点、冷滤点。

(1) 凝点。凝点又称凝固点，是指油料在一定的试验条件下，遇冷开始凝固而失去流动性的那一刻的温度。柴油的凝点是评定其性能的重要指标之一。我国是按凝点来确定轻柴油牌号的。例如0号柴油，它的凝固点是0℃；10号柴油，它的凝固点是-10℃；25号柴油，它的凝固点是-25℃。

(2) 浊点。浊点是指柴油在凝固之前随着温度的下降，先析出石蜡使它变浊，在一定条件下，当柴油混浊到与标准物的颜色相比没有异样时的温度即为浊点。柴油达到浊点时虽未失去流动性，但易造成油路堵塞。

(3) 冷滤点。冷滤点是指在规定条件下，在1960Pa真空压力下进行抽吸，使试油通过过滤器(363目)1min不足20mL时的最高温度。

3) **良好的雾化和蒸发性**

柴油的雾化和蒸发性是指从液态转化为气态的性能。蒸发性好，柴油机的起动性能就好，燃烧完全，不易稀释润滑油，油耗较低，积碳少，排烟也较少；如果蒸发性过高，会影响贮运及使用安全性，容易引起发动机工作粗暴。

柴油的雾化和蒸发性是由运动黏度、馏程、闪点和密度4个指标来评价的。

(1) 运动黏度。运动黏度表示液体在重力作用下流动时内摩擦力的量度，是表示柴油稀稠程度的一项指标。柴油的黏度越大，雾化就越差，燃烧不完全，排气冒黑烟，油耗增大。柴油黏度过小，喷射行程短，就会降低高压喷油泵中套筒和柱塞精密偶件的润滑，使磨损加剧。因此，柴油的黏度要适宜。

(2) 馏程。馏程表示油品在规定条件下,蒸馏所得的初馏点和终馏点间的温度范围。

(3) 闪点。闪点是指柴油在规定条件下加热,其蒸气与周围空气形成的混合气接触火焰发生瞬间闪火时的最低温度。闪点低,柴油的蒸发性好,但闪点过低会引起柴油机工作粗暴。

(4) 密度。柴油密度越大,黏度就越大,雾化质量就越差,无法形成良好的混合气,使燃烧条件变差,排气管冒黑烟,耗油量增加,经济性下降。柴油密度大,会导致柴油机工作中产生粗暴现象。

4) 良好的抗腐蚀性

柴油的腐蚀性是指硫分、酸分、水溶性酸或碱对金属材料的破坏作用,尤以硫分腐蚀的影响最大。柴油中的硫化物,燃烧后生成SO_2和SO_3。它们与水蒸气作用生成亚硫酸和硫酸,并在气缸内壁形成一层含酸80%的薄膜,使气缸活塞组零件产生腐蚀磨损。

5) 良好的清洁性

柴油的清洁性用灰分、机械杂质和水分等指标评定。灰分是指柴油中不能燃烧的矿物质,呈粒状,质硬,它是造成气缸壁与活塞环磨损的重要原因之一。机械杂质会造成供油系偶件卡死,喷油器喷孔堵塞;水分会降低柴油发热量,冬季结冰会堵塞油路,并加剧硫化物对零件的腐蚀作用,还能溶解可溶盐类,使灰分增大。

3. 柴油的牌号和选用原则

1) 牌号规定

《车用柴油》(GB 19147—2009)规定我国轻柴油硫含量不大于350μg/g,按凝点分为5号、0号、-10号、-20号、-35号、-50号6个品种,凝点分别不高于5℃、0℃、-10℃、-20℃、-35℃、-50℃。

2) 牌号的选用原则

(1) 按所在地区的季节和气温来选用,以保证发动机燃料在最低温度下能正常供应,不因发生凝固而失去流动性,造成油道堵塞。

(2) 对照当地当月风险率为10%的最低气温选油。

普通柴油牌号如表3-9所示。

表3-9 普通柴油牌号推荐表

牌 号	适用地区和季节	适用最低气温/℃
5号	全国各地6~8月和长江以南4~9月	8
0号	全国各地4~9月和长江以南冬季	4
-10号	长江以南地区冬季和长江以南地区严冬	-5
-20号	长城以北地区冬季和长城以南、黄河以北地区严冬	-14
-35号	东北和西北地区严冬	-29
-50号	东北的漠河(黑龙江北部)和新疆的阿尔泰地区严冬	-44

4. 柴油使用的注意事项

(1) 将柴油加入油箱前,要充分沉淀(不少于48h)。然后用麂皮、绸布或细布仔细过滤,除去杂质。

(2) 在寒冷地区，缺乏低凝点柴油时，可向高凝点、轻柴油中掺入10%～40%裂化煤油以降低凝点，掺兑后应注意搅拌均匀。

(3) 严禁向柴油中掺入汽油，因为汽油发火性差，掺汽油会导致起动困难，甚至不能起动。

(4) 在低温起动困难时，可采用适当的预热措施，提高发动机温度，也可另用起动燃料帮助起动。例如，用乙醚与航空煤油按体积比1：1配成的燃料很容易自行着火。

三、发动机润滑油

根据使用情况和实验统计，汽车零部件的主要失效形式是磨损，磨损型的故障约占汽车使用故障率的50%，由此带来的维修费用约占汽车使用费用总数的25%，而且汽车燃料的热能中约有10.5%消耗在汽车的各种摩擦损失中。由此可见，降低摩擦损失、减少磨损、延长车辆使用寿命的重要措施和有效途径就是润滑。汽车润滑材料主要包括发动机润滑油、汽车齿轮油和汽车润滑脂等。

用来润滑汽车发动机各摩擦部件的润滑油，称为汽车发动机润滑油，简称机油。它是以精制的矿物油、合成油为基础，加入金属清洁剂、无灰分散剂、抗氧抗腐剂、黏度指数改进剂、降凝剂、抗泡剂、防锈剂等各种添加剂而制成的，是车用润滑油中用量最大、性能要求较高、品种规格繁多、工作条件异常苛刻的一种油品。

1. 发动机润滑油的作用

(1) 润滑作用。发动机润滑油进入高速运转的金属摩擦面之间形成一层保持一定黏度和厚度的油膜，可避免金属接触摩擦造成磨损加剧，同时能够减少摩擦损失，节省能量。

(2) 清洁作用。发动机工作时流动的润滑油可洗涤和清除摩擦面上的脏杂物，并把脏杂物带走，送到油底壳中，再通过机油滤清器，将这些脏杂物截留在滤清器中，而干净的润滑油又继续进行洗涤。如此反复，可使机件保持清洁及正常运转。

(3) 冷却作用。发动机中的热量来自燃料燃烧和金属件的摩擦，润滑油能从气缸、活塞、曲轴等摩擦表面上吸收热量并把它传导到其他温度较低的零件上，使一部分热量消散在油底壳中，不会发生高温熔化和摩擦焊接的现象。

(4) 密封作用。发动机气缸壁与活塞、活塞环与环槽间隙中的油膜，可减少气体的泄漏，保证气缸的应有压力，起到密封作用。

(5) 防蚀。由于润滑油黏附在零件表面上，避免了零件与水、空气、燃气等的直接接触，起到了防止或减轻零件锈蚀和化学腐蚀的作用。

(6) 液压作用。润滑油还可用做液压油，如液压挺柱，起液压作用。

(7) 减震缓冲作用。在运动零件表面形成油膜，吸收冲击并减小振动，起减震缓冲作用。

2. 发动机润滑油的主要性能指标

(1) 黏度。黏度是指液体受到外力作用产生移动，液体分子间产生内摩擦力时表现出来的性质。通俗地说,黏度就是液体的稠稀程度,是发动机润滑油的重要性能指标。

(2) 黏温性。黏温性指发动机润滑油的黏度随发动机工作温度的变化而改变的性能。

(3) 油性。油性是指润滑油中极性分子湿润或吸附于摩擦表面形成一层边界油膜的性能,是影响边界润滑性好坏的重要指标。吸附能力越强,油性越好。

(4) 极压性能。普通润滑油的极压性能都不好,需要依靠添加抗磨极压剂(含硫、氯、磷的有机极性化合物)来改善这种性能。

(5) 闪点和燃点。润滑油在火焰下闪烁时的最低温度点为闪点,闪烁持续5s以上的最低温度称燃点,这是衡量润滑油易燃性的尺度。在较高温度和易燃环境中的润滑,应选用闪点高于工作温度20℃～30℃的润滑油。

(6) 凝固点。凝固点是指润滑油在规定条件下不能自由流动时的最高温度,它是润滑油在低温下工作的一个重要指标。低温润滑时应选用凝固点低的油。

(7) 其他。包括反映腐蚀性能的酸值,反映氧化变质的氧化稳定性,反映与水混合的抗乳化性,反映激烈搅动而不起泡的抗泡性等。其中有许多性能需用添加剂加以改善,如抗氧化防腐剂、抗乳化剂、抗泡剂、降凝剂、增黏剂等。在实际生产中,在许多工况下,添加剂的使用可以使润滑油的性能大大改善,使用寿命也可成倍地延长。

3. 发动机润滑油的分类、规格

1) SAE黏度分类法

(1) 冬季用润滑油,规定用在-18℃时所测定的黏度来分,共有0W、5W、10W、15W、20W、25W六个等级,符号W前的数字越小,说明其低温黏度越小,低温流动性越好,适用的最低温度越低。

(2) 春秋和夏季用润滑油,按100℃时的运动黏度分为0、30、40、50四个等级,数字越大,其黏度越大,适用的最高温度越高。

如果润滑油的低温性能的各项指标和100℃时的运动黏度能同时满足冬夏两种黏度分级要求,则称为多级油。对于多级油,代表冬季部分的数字越小,代表夏季部分的数字越大,说明其黏度特性越好,适用的温度范围越大。常用的多级润滑油有0W/40、5W/20、5W/30、5W/40、5W/50、10W/20、10W/30、10W/40、15W/20、15W/30、15W/40、15W/50、20W/20、20W/30、20W/40、25W/40。

2) API质量分类法

(1) 汽油发动机润滑油分S系列,是按发动机热负荷、机械负荷的大小、操作条件的缓和程度来分的,共有SA、SB、SC、SD、SE、SF、SG、SH、GF-1、SJ、GF-2、SL、GF-3十三个质量等级,后一级比前一级好。

(2) 柴油发动机润滑油分C系列,是按发动机工作负荷、工作条件的苛刻程度、燃料的含硫及操作条件的缓和程度来分的,共有CA、CB、CC、CD、CF、CF-4、CH-4、CI-4八个质量等级,后一级比前一级好。

SF10W/30为多级汽油机油,CD15W/40为多级柴油机油,SE/CC15/40为多级汽油机油/柴油机油。

4. 发动机润滑油的选择和使用

1) 汽油机发动机润滑油的选择

依据发动机的结构特点、作用条件、气候等选择润滑油质量等级和黏度级别。首先，应根据发动机的结构性能和使用条件选择相应的润滑油质量等级，再根据使用地区的气温选择润滑油黏度级别。

2) 柴油机发动机润滑油的选择

依据汽车使用说明书和强化系数选择润滑油。柴油机的强化系数用K表示，计算公式为

$$K=P_e C_m Z$$

式中：P_e——气缸平均有效压力，0.1MPa的倍数；

C_m——活塞平均速度，m/s；

Z——冲程系数(四冲程取0.5，二冲程取1.0)。

强化系数在30~50之间的柴油机，选CC级柴油机润滑油；强化系数大于50时，选择CD级柴油机润滑油。

3) 使用润滑油的注意事项

(1) 同一个级别的国内外润滑油的使用效果要一致。

(2) 级别低的润滑油不能用于高性能发动机，以防润滑不足，造成磨损加剧；级别高的润滑油可以用于稍低性能的发动机，但不可降档太多。

(3) 在保证润滑的条件下，优选黏度低的润滑油，可以减少机件的摩擦损失，提高功率，降低燃料消耗。如果润滑油的黏度太高，切不可自行稀释。正确做法是放掉发动机内所有的润滑油(包括滤清器内的润滑油)，换用黏度适当的润滑油。

(4) 保持正常油位，常检查，勤加油。正常油位应位于油尺的满刻度标志和1/2刻度标志之间，不可过多或过少。

(5) 不同牌号的润滑油不可混用，同一牌号但不同生产厂家的润滑油也尽量不要混用。

(6) 注意识别伪劣润滑油。

(7) 定期更换润滑油。一般情况下，内燃机油质量等级越高，换油期越长。例如，SE为4000~5000km，SF为6000km左右，SG为8000~10 000km，SH、SJ为10 000km，CD为250h，CE为300h。随着车况的下降，换油周期要相对缩短一些，换油时要同时换掉润滑油滤芯。

四、车辆齿轮油

车辆齿轮油就是用于汽车驱动桥、转向器和变速器齿轮的润滑油，通常指驱动桥齿轮油，其工作条件与发动机润滑油不同，使用温度一般不高。随着汽车性能的提高，车速越来越快，驱动桥齿轮箱体积越来越小，使得传动齿轮的表面接触承载力和转矩急剧增大。为了避免干摩擦，需要齿轮油在齿面上形成坚固的油膜，以减轻振动和噪声，同时又对其润滑、冷却、防腐及抗磨性提出了特殊要求。

1. 车辆齿轮油的作用

(1) 降低齿轮及其他部体的磨损。

(2) 降低摩擦，因而会降低功率损失。

(3) 分散热量，具有冷却的作用。

(4) 防止腐蚀和生锈。

(5) 降低噪声、振动和齿轮之间的冲击。

(6) 冲洗污染物，特别是冲洗齿面上的固体颗粒，以免造成磨粒磨损。

2. 车辆齿轮油的主要性能

(1) 润滑性和极压性。车辆齿轮油具有合适的运动黏度，以保证形成油膜，实现液体润滑状态。黏度是齿轮油的重要使用性能之一，对油膜的形成的影响很大。

车辆齿轮油的极压性指齿轮油中的极压抗磨剂在高压、高速、高温的苛刻工作条件下，能在齿面上与金属发生化学反应生成反应膜，防止齿面发生擦伤或烧结的性质，有时也叫承载能力或抗胶合性。

(2) 热氧化安定性。热氧化安定性是指齿轮油在空气、水分、金属的催化作用和热作用下抵抗氧化变质的能力。提高齿轮油热氧化安定性的一个主要途径是加抗氧化添加剂。

(3) 抗腐性和防锈性。车辆齿轮油抗腐性是指齿轮油在金属表面形成保护膜，以防止腐蚀性物质侵蚀金属的能力。齿轮油的防锈性是指齿轮油保护齿轮不受锈蚀，保证齿轮的使用性能和延长齿轮使用寿命的能力。齿轮油中应加入适当的极压抗磨剂、抗腐剂和防锈剂，使车辆齿轮油具有良好的抗腐性和防锈性。

(4) 抗泡沫性。齿轮油应具有良好的抗泡性，保证在齿轮剧烈的搅拌过程中产生的泡沫少并易于消失。

为了减少泡沫的产生，一方面要破坏已产生的泡沫，另一方面要抑制泡沫的产生。前者可用醇类达到目的，后者在齿轮油中添加抗泡剂可达到目的。常用的抗泡剂是硅油。

(5) 储存安定性。长期储存，特别是在高温或低温下储存时，齿轮油的某些添加剂可能析出，或油中的添加剂相互反应，产生不溶于油的物质。因此，要避免油品在高温下储存或长期储存。

3. 车辆齿轮油的分类和规格

1) 车辆齿轮油的分类

(1) SAE车辆齿轮油黏度分类。该标准采用含有尾缀字母W和不含尾缀字母W的两种黏度等级系列。黏度等级代号由一组数字和字母W(70W、75W、80W、85W)或一组数字(90、140、250)组成，共7种。含有尾缀字母W是冬用齿轮油，是根据齿轮油黏度达到150Pa·s的最高温度和100℃时的最小运动黏度划分的。不带尾缀W的是夏用齿轮油，是以100℃的运动黏度范围划分的。

(2) 美国石油学会(API)车辆齿轮油使用性能分类。API车辆齿轮油使用性能分类法，根据齿轮的形式和负载情况对车辆齿轮油进行质量等级分类，该分类将车辆齿轮油分为

GL-1、GL-2、GL-3、GL-4、GL-5、GL-6六级。

(3) 根据新的分类标准，我国开发的馏分型车辆齿轮油的产品质量水平大致相当于API GL-3和GL-4的齿轮油，而且每一个质量档次的油品均有不同黏度等级(牌号)供应，即90、140、75W、80W/90、85W/90、85W/140等牌号，完全可以满足各种车辆(包括进口车辆)的使用要求。

2) 车辆齿轮油的规格

(1) 普通车辆齿轮油(GL-3)有80W/90、85W/90、90号三个牌号。

(2) 重负荷车辆齿轮油(GL-5)有75W、80W/90、85W/90、85W/140、90号五个牌号。

(3) 中负荷车辆齿轮油没有独立的牌号，一般采用18号双曲线齿轮油和合成双曲线齿轮油来代替。

4. 车辆齿轮油的选用和应注意的问题

1) 车辆齿轮油的选用

(1) 根据工作条件选择质量等级。

(2) 根据当地的季节和气温选择车辆齿轮油的黏度级别。

(3) 把握车辆齿轮油的换油周期。

2) 使用中应注意的问题

(1) 低级油不可以用在高级车辆上，高级油可以用在低级车辆上，但是降级过多会不经济。

(2) 应尽可能使用适合条件的多级齿轮油。

(3) 不同等级的车辆齿轮油不能混用。

(4) 齿轮油油面一般要加到与齿轮箱加油口下缘平齐，不可过高或过低，并要经常检查各齿轮箱是否渗漏，以保证各衬垫、油封的完好。

(5) 齿轮油的使用寿命长，在换季维护时放出的旧油如未达到换油指标，可在再次换油时加到车里使用。对旧油应妥善保管，严防污染。

(6) 按照规定的指标换油或按期换油。由于齿轮油中加有各种性能优异的添加剂，其质量变化缓慢，国外汽车厂推荐的换油周期是50 000～120 000km，我国汽车运输企业多在40 000～60 000km，结合车辆情况定期维护换油，《普通车辆齿轮油换油指标》(SH/T 0475—1992)推荐的换油里程为45 000km，换油时应趁热放出旧油，并清洗齿轮箱。

五、汽车润滑脂

润滑脂是石油产品中的一个大类，它是一种稠化的润滑油。

1. 汽车润滑脂的作用

(1) 与相似黏度的润滑油相比，润滑脂有较高的负荷能力和较好的阻尼性。

(2) 由于稠化剂的吸附作用，润滑脂的蒸发损失小，高温、高速下的润滑性好。

(3) 润滑脂易附着在金属表面，以保护表面不锈蚀，并可防止滴油、溅油污染产品。

(4) 由于稠化剂的毛细作用，润滑脂可在较大的温度范围内和较长的时间内逐步放出液体润滑油，以起到润滑作用。

(5) 在轴承润滑中，润滑脂还可起到密封作用。

2. 汽车润滑脂的主要性能指标

(1) 稠度。稠度是指润滑脂的浓稠程度。适当的稠度可使润滑脂变得容易加注并保持在摩擦面上，以保持持久的润滑作用。稠度可用针入度和机械安全性两个指标评定。

(2) 高温性能。高温性能是指润滑脂的耐热性能。当温度上升时，润滑脂会变软，融化时会从摩擦面流失，从而失去润滑作用。耐热性好，可确保其在较高工作温度下不失去润滑作用。润滑脂的高温性能可用滴点、蒸发损失和漏失量等指标评定。

(3) 低温性能。润滑脂的低温性能取决于它的相似黏度及黏温性，表示其低温下的工作能力。

3. 汽车润滑脂分类

美国材料试验学会(ASTM)、国际自动机工程师学会(SAE)和美国国家润滑脂研究所(NLGI)共同提出了"ASTMD4950汽车用润滑脂的标准分类和规范"，分类标准如表3-10所示。

表3-10 汽车润滑脂的分类和性能

种类	标号	性能	使用温度范围/℃	稠度(针入度)	可能行驶的距离
底板车体脂	LA	轻中负荷，抗氧化、防锈、抗磨，机械安定	—	主要2号	轿车3200km以下
	LB	苛刻负荷，振动、水接触，长期运转	-40～+120	主要2号	轿车3200km以上
轮毂轴承脂	GA	较轻负荷	-20～+70	—	—
	GB	较轻到中负荷，抗氧化、抗腐蚀、抗磨、抗定	-40～+120(有时到160)	主要2号(1、3号也用)	高速公路
	GC	中到苛刻负荷，抗氧化、抗腐蚀、抗磨	-40～+160(有时到200)	主要2号(1、3号也用)	开、停频繁用

4. 汽车润滑脂常用品种

(1) 钙基润滑脂。钙基润滑脂是由动植物脂肪与石灰制成的钙皂稠化矿物润滑油，并以水作为胶溶剂而制成的。按锥入度不同，分为1、2、3、4四个牌号。它可用在汽车、拖拉机等机械设备上，使用温度为-10℃～60℃。这种润滑脂耐热性差，使用寿命短，但它有抗水性好的优点，容易黏附在金属表面，胶体安定性好，长期以来被用于汽车轮毂轴承、水泵轴承、分电器凸轮等处的润滑。

(2) 钠基润滑脂。钠基润滑脂是以动植物脂肪酸钠皂稠化矿物润滑油制得的耐高温但不耐水的普通润滑脂，有2号和3号两个稠度牌号。这种润滑脂耐热性好，可在120℃下长时间工作，并有较好的承压抗磨性能，可适应较大负荷，但遇水易乳化变质，不能用在潮湿环境中或与水接触的部件。

(3) 汽车通用锂基润滑脂。这种脂是用天然脂肪酸锂皂稠化低凝点润滑油，并加入抗氧防锈剂制成的。它具有良好的机械安定性、胶体安定性、防锈性、氧化安定性和抗水性，适用于-30℃～120℃下，汽车轮毂轴承、底盘、水泵和发电机等各摩擦部位的润滑。锥入度为265～295(0.1mm)，稠度牌号为2号，滴点达180℃，是常用的一种汽车润滑脂。

(4) 极压复合锂基润滑脂。这种脂与汽车通用锂基润滑脂的区别是有更高的极压抗磨性，可用于-20℃～160℃下，高负荷机械设备的齿轮和轴承润滑。它有1、2和3号三个稠度牌号，部分高性能进口汽车推荐使用极压润滑脂。

(5) 石墨钙基润滑脂。石墨钙基润滑脂由动植物油钙皂稠化68号机械油制成，其中加有10%的鳞片石墨，具有良好的抗水性和抗碾压性能，适合于重负荷、低转速粗糙的机械润滑。汽车钢片弹簧和半挂货车的转盘等承压部位都使用石墨钙基润滑脂。

5. 润滑脂的合理使用与节能

润滑脂的合理使用与节能密切相关。试验表明，润滑脂的稠度牌号不宜太大。如轴承使用2号润滑脂比3号润滑脂节能，综合经济效益(包括润滑脂费用、检查费用等)高出60%左右。1号脂能耗又有所增加。对于汽车轮毂轴承而言，使用2号脂比较适宜。采用集中润滑的底盘摩擦节点使用0号脂较好。因此，除热带重负荷车辆外，我国南方车辆宜全年使用2号脂；北方冬季使用1号脂，夏季使用2号脂。

六 汽车工作液

汽车工作液是指汽车正常工作过程中所使用的液态工作物质。汽车工作液在汽车发动机、制动系统、传动系统以及悬架系统中得到了广泛使用，它对汽车的动力性、安全性、行驶平顺性以及发动机排放性等有直接的影响。

汽车制动液是汽车液压制动系所采用的非矿油型传递压力的工作物质，是使制动器实现制动作用的液体，俗称刹车油。汽车制动液起着传递压力的重要作用，要求安全可靠、质量高、性能好、四季通用。

1. 制动液的性能要求

(1) 应有较高的沸点。现代汽车在行驶中的制动比较频繁，制动鼓(盘)的温度不断升高，如使用沸点较低的制动液，常会在管路中产生气阻而导致制动失灵，因此制动液的蒸发性要低，不易在高温下汽化。

(2) 适宜的高温黏度和良好的低温流动性。制动液在各种条件下都能及时传递压力，并能同时使传动机构中的运动件得到一定的润滑。

(3) 具有抗氧化、抗腐蚀和防锈的性能。制动液长期与金属相接触，因此应确保其不会因氧化而产生胶状物和腐蚀性物质，也不会因锈蚀而变色甚至形成坑点。

(4) 吸湿性低，溶水性好，沸点下降少。即使有水分进入制动液，也能形成微粒与制动液均匀混合，不会产生分离和沉淀现象。

(5) 对橡胶的适应性好。制动液对橡胶件不应有溶胀作用，否则会使其失去应有的密封作用，因此制动液对橡胶件要有良好的适应性。

2. 制动液的分类和规格

1) 汽车制动液的分类

制动液分为醇型、矿油型和合成型三种类型。其中醇型与矿油型已经被淘汰，市面上的制动液为合成型。合成型为人工合成的制动液，是以聚醚、水溶性聚酯和硅油等为主体，加入润滑剂和添加剂制成的。它使用性能良好，工作温度可超过200℃。它对橡胶和金属的腐蚀作用均很小，适合于高速、大功率、重负荷和制动频繁的汽车使用，因此成为目前使用最多、最广的一种制动液。

2) 国外汽车制动液的规格

(1) SAE标准：美国汽车工程师协会(SAE)在其2004年的SAE J系列标准中，将制动液分为三类：J1703、J1704和J1705。

(2) DOT标准：美国联邦政府运输部(DOT)在其2004年的标准中，将制动液分为四类：DOT3、DOT4、DOT5和DOT5.1。

(3) ISO标准：国际标准化组织(ISO)在2005年的修订版标准中，将制动液分为四类：Class3、Class4、Class5.1和Class6。

3) 国内汽车制动液的规格

为了与汽车工业的发展相适应，2003年，我国制定了《机动车辆制动液》(GB 12981—2003)标准。此标准将合成型制动液分为三级：HZY3、HZY4和HZY5。目前，更新的标准——《机动车辆制动液》(GB 12981—200x)将合成型制动液分为四级：HZY3、HZY4、HZY5和HZY6。

现在市场上销售的进口制动液主要有SAE系列、DOT系列、TCL系列和中美合资的康普顿系列，技术要求见表3-11。

表3-11 机动车辆制动液的技术要求(GB 12981—2003)(摘录)

项　目	质量指标			试验方法
	HZY3	HZY4	HZY5	
外观	无沉淀及悬浮物，清澈透明液体；硅酮型HZY5制动液为紫色透明液体			目测
平衡回流沸点(ERBP)/℃ (不小于)	205	230	260	SH/T 0430
湿平衡回流沸点(WERBP)/℃(不小于)	140	155	180	附录Ca
运动黏度/mm^2/s -40℃ (不大于) 100℃ (不小于)	1 500 1.5	1 800 1.5	900 1.5	GB/T 265
pH值	7.0～11.5			GB/T 7304b、c

3. 制动液的选择

1) 选择制动液的原则

市场上制动液产品等级很多，正确选择使用制动液产品是确保汽车制动系统安全、可靠工作的重要环节。车辆使用和维修人员首先应该按照车辆使用说明书上的规定选择使用相应的制动液产品。选用制动液产品时，一般应遵循以下原则。

(1) 选用的制动液产品质量等级应等于或高于车辆制造厂家规定的制动液质量等级。

(2) 所选用的制动液产品类型应与车辆制造厂家规定的制动液产品类型相同。

(3) 尽量选择正规厂家生产的、性能稳定、质量有保证的制动液产品。

(4) 选择合成制动液。

2) ABS系统(汽车制动防抱死系统)制动液的选用

ABS系统中有较长和较复杂的管路，其零件多而且精密，这些运动零件对润滑的要求更高，同时制动液反复经历压力时大时小的循环，所以制动液必须有合适的黏度、较高的沸点、更高的抗氧化性、较好的耐腐蚀性。根据以上的特点，ABS系统一般选用DOT4制动液。

4. 使用制动液的注意事项

(1) 正确选择制动液产品代号。一般来说，按照车辆使用说明书的要求选择制动液产品是最合理可靠的，各汽车生产厂家在推荐制动液时都是经过充分论证和大量实车实验的。说明书在给出了标准用代号品牌外，一般还提供可供代用的代号品牌。用户应尽可能选用标准代号品牌的产品，缺乏时再考虑选用代用品。如果推荐的代用品牌也缺乏，可按照上述对应关系选择相应等级的代用品。例如，北京切诺基原车要求用AMC/吉普/雷诺制动液，没有时选FMVSS No166 DOT3制动液，若DOT3也缺乏可选SAEJ1703或国产4606制动液。

(2) 谨慎购买制动液。目前制动液销售市场比较混乱，质量参差不齐。2011年，西安市质量技术监督局对西安市销售的机动车制动液质量进行了监督抽查，实物合格率为45%。因此，建议用户购买时要谨慎，一要尽可能购买长期为汽车厂提供配套制动液的生产厂家的产品，以确保质量可靠，性能稳定；二要尽量到国有大型销售部门购买，以防假冒伪劣产品。此外，在种类的选择上，最好考虑选合成制动液，不要购买已淘汰的醇型制动液。

(3) 严禁混加制动液。据了解，有的用户在买不到与原车要求相同的制动液时，经常混用制动液，这种做法是很危险的。由于不同种类的产品所使用的原料、添加剂和制造工艺不同，混合后会出现浑浊或沉淀现象，如不注意观察是很难发现的。这不仅会大大降低原制动液的性能，而且沉淀颗粒会堵塞管路造成制动失灵。即使是相溶性较好的同一种类的制动液，如果品牌不同，也不能混用。因为相溶性好，只能说明与其他产品混合后不发生分层、混浊及沉淀现象，并不表示混合后的性能不变，每种产品所加入的添加剂不同且相互之间存在相对平衡，一旦混入其他物质，该平衡就有被破坏的可能，从而失去或降低应有的作用。因此，在更换品牌时，一定要用待加入的产品清洗管路。

(4) 加强制动液的保管。汽车制动液多由有机溶剂制成，易挥发、易燃，因此要远离火源，注意防火防潮，尤其要注意防止雨淋日晒、吸水变质。经常长途驾驶的司机不免要随车带点制动液备用，但发现有不少司机随意装放制动液，甚至有的还不注意瓶盖的密封，这样久放的制动液会因水分的混入而使性能降低，突出表现在沸点下降，在使用中容易产生气阻，影响制动力的正常传递，造成制动失灵。另外，当混入的水分不能完全被制动液溶解时，会沉到制动系统的底部或凹处，使金属产生腐蚀，引起轮缸漏液、污损、异常磨损，而且水分本身凝点高、沸点低，低温时易结冰，高温时易气阻，容易造成制动故障。

(5) 定期更换。汽车制动液使用一定时间后会因吸湿、化学变化等原因使性能指标降低，从而影响行车安全。因此使用中的制动液应定期更换，至于应多长时间进行更换，目前尚无具体规定，一般是在车检时需要更换总泵和分泵的活塞皮碗时，更换制动液。考虑到国产制动液大部分等级较低，建议里程为20 000~40 000km时或1年时间更换一次。

七、液力传动油

在自动变速器的轿车和工况变化比较大的大型客车、重型货车和工程机械车辆上，广泛采用液力偶合器或者液力变矩器。液力偶合器和液力变矩器都是依据流体动力学原理实现动力传递的，统称为液力传动装置，其工作介质就是液力传动油。

1. 液力传动油的使用性能

(1) 黏度。以典型的液力传动油来看，使用温度范围为-25℃~170℃，要求油品具有较高的黏度指数和较低的凝固点，一般规格规定黏度指数在170以上，倾点为-40℃，合成油为190℃与-50℃。

(2) 热氧化安定性。汽车在行驶中，液力传动油的温度随汽车行驶条件的不同而不同。油温升高氧化而生成的油泥、漆膜等会使液压系统的工作不正常，润滑性能恶化，金属发生腐蚀。

(3) 剪切安定性。液力传动油在液力变矩器中传递动力时，会受到强烈的剪切力，使油中黏度指数改进剂之类的高分子化合物断裂，使油的黏度降低，油压下降，最后导致离合器打滑。

(4) 抗泡性能。在液力传动油中有泡沫混入后，会引起油压降低，导致离合器打滑、烧结等事故发生。

(5) 摩擦特性。自动传动液要求有相匹配的静摩擦系数和动摩擦系数，以适应离合器换挡时对摩擦系数的不同要求。

2. 液力传动油的规格

(1) 国外液力传动油的规格。美国材料试验学会(ASTM)和石油学会(API)的分类方案是将液力传动油分为PTF-1、PTF-2和PTF-3三类，如表3-12所示。

表3-12 国外液力传动油的分类

分类	符合的规格	应用
PTF-1	通用汽车公司GM Dexron 福特汽车公司 Ford M2C33-F 克莱斯勒Chrysler MS-4228	轿车、轻型载货汽车自动传动油
PTF-2	通用汽车公司TRUCK，COACH 阿里森ALLISION C-2	履带车、农业用车、越野车的自动变速器
PTF-3	约翰·狄尔JOHN DEERE J-20A 福特汽车公司M2C4lA 玛赛·福格森MASSEY FERGUSON M-1135	农业与建筑野外机器用液力传动油

表3-12中的PTF-1类油主要用于轿车、轻型货车，此类油对低温黏度要求较高，即要有好的低温起动性。PTF-2类油与前者最大的不同是负荷高，因此对极压、抗磨要求较高，而对低温黏度要求放宽了。PTF-3类油主要用在农业和建筑业机械的低速运转的变速器中，对耐负荷性和抗磨性的要求比PTF-2类油更严格。

(2) 国内液力传动油的规格。我国目前尚未制定液力传动油的详细国家标准。现有的产品按中国石油化工总公司的企业标准分为8号液力传动油和6号普通液力传动油两种。8号液力传动油(Q/SH 003.01.012－1988)是以润滑油馏分经脱蜡、深度精制并加入增黏、降凝、抗氧、防腐、防锈、油性、抗磨、抗泡等多种添加剂制成的液力传动油，外观为红色透明体，适用于各种具有自动变速器的汽车，它接近于PTF-1级油。6号普通液力传动油是以深度精制的石油馏分加入抗氧、抗磨、防锈、降凝、抗泡等添加剂调制而成的，适用于内燃机车、载货汽车的液力变矩器，它接近于PTF-2级油。

3. 液力传动油的选择和使用

(1) 自动变速器油的型号很多，各国的用油规定也不同，一般应按汽车使用说明书的规定选用。

(2) 我国炼油企业生产的液力传动油，6号液力传动油用于内燃机车或载货汽车的液力变矩器，8号液力传动油用于各种轿车、轻型客车的液力自动变速器。

(3) 自动变速器油的型号不同，其摩擦因数也不同。因此，既不能错用，也不能混用。

4. 液力传动油的使用注意事项

(1) 注意保持油温正常。长时间重载低速行驶，将使油温上升，加速油的氧化变质，生成沉积物和积炭，阻塞细小的通孔和油液循环的管路，这又使自动变速器进一步过热，导致变速器损坏。

(2) 经常检查油面高度。车辆停在平地上，发动机保持运转，油应处在正常工作温度下(如果车辆在长途行驶或拖带挂车后，要在半个小时后检查)，此时油面高度应在自动变速器油尺上下刻线之间(如果分冷、热刻线，则以热刻线为准)，不足时应及时添加。如液面下降过快，可能漏油，应及时予以排除。

(3) 按车辆使用说明书的规定更换液力传动油和滤清器(或清洗滤网)，同时拆洗自动变速器油底壳，并更换其密封垫。通常每行驶10 000km应检查油面，每行驶30 000km应更换油液。

(4) 在检查油面和换油时，注意油液的状况。在手指上涂上少许油液，用手指互相摩擦看是否有渣粒存在，并从油尺上嗅闻油液气味，通过对油液的外观进行检查，可反映部分问题。

(5) 传动油是一种专用油品，加有染色剂，系红色或蓝色透明液体，绝不能与其他油品混用，同牌号不同厂家生产的传动油也不宜混兑使用，以免造成油品变质。

任务实施

到汽车实训场所，仔细观察哪些汽车零部件用到了汽车运行材料并记录下来，了解这些汽车运行材料所发挥的作用。

项目四

汽车零部件加工基础

::: 学习目标

1. 知识目标

(1) 熟悉金属压力加工的种类、实质和工艺；

(2) 掌握焊接的特点、性能与方法；

(3) 掌握焊接的结构工艺性；

(4) 掌握焊接的缺陷与焊接新工艺；

(5) 了解汽车零件胶接与胶接新工艺。

2. 能力目标

(1) 知道金属压力加工的种类，了解其实质；

(2) 了解不同的焊接材料；

(3) 掌握汽车零件焊接和胶接结构设计；

(4) 了解汽车零件的胶接技术。

任务一 金属压力加工

::: 任务引入

在工业生产中，经常会遇到对金属材料进行塑性变形加工的问题。例如，将铸锭轧制成各种规格品种的成材，将钢料锻造成零件的毛坯，通过冲压制造某些器具和零件等。这些都属于对金属材料的压力加工。所谓压力加工是指利用金属的塑性，使其改变形状、尺寸和性能，获得型材、棒材、线材或锻压件的加工方法。它包括锻压、冲压、挤压、拉拔等。

金属材料的塑性变形，不仅改变了材料的外形和尺寸，也会使金属的显微组织和性能产生变化。

::: 相关知识

一、金属压力加工法

金属压力加工法是指在不破坏金属自身完整性的条件下，利用外力作用使金属产生塑性变形，从而获得具有一定形状、尺寸和机械性能的毛坯或零件的加工方法。它主要依靠金属具有的塑性变形能力对金属进行加工，又称为塑性加工。常见的压力加工方法有轧制、挤压、拉拔、锻造和冲压等。

轧制是指材料在旋转轧辊的压力作用下，产生连续塑性变形，获得要求的截面形状并改变其力学性能的加工方法，如图4-1(a)所示。

挤压是使坯料在挤压模内受压被挤出模孔的加工方法，如图4-1(b)所示。

拉拔是指坯料在牵引力的作用下通过模孔拉出，使之产生塑性变形而缩小截面、增加长度的加工方法，如图4-1(c)所示。

锻造是指在加压设备及工(模)具的作用下，使坯料、铸锭产生局部或全部的塑性变形，以获得一定几何尺寸、形状和质量的锻件的加工方法，如图4-1(d)所示。它包括自由锻、模锻和胎锻等加工方法。

冲压是利用冲模使板料产生分离或变形的加工方法，如图4-1(e)所示。

金属加工在机械制造、汽车、造船、冶金及国防等工业领域应用广泛，以质量计算，汽车的80%都是由压力加工制造的。

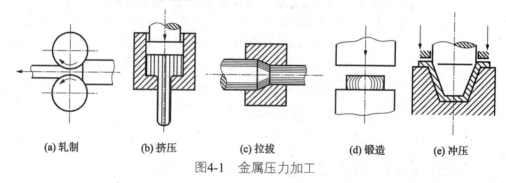

(a)轧制　　(b)挤压　　(c)拉拔　　(d)锻造　　(e)冲压

图4-1　金属压力加工

二、金属塑性变形的实质

金属在外力的作用下，其内部必将产生应力。此应力迫使原子离开原来的平衡位置，从而改变了原子间的距离，使金属发生变形，并引起原子位能的增高。处于高位能的原子具有返回到原来低位能平衡位置的倾向，当外力停止作用后，应力消失，变形也随之消失，金属的这种变形称为弹性变形。当外力增大到使金属的内应力超过该金属的屈服点之后，即使外力停止作用，金属的变形并不消失，这种变形称为塑性变形。

经多年研究证明，由于晶体中存在位错，滑移实质上是位错在滑移面上运动的结果，如图4-2所示。在切应力的作用下，晶体中形成一个正刃位错，这个多出的半原子面会由左向右逐步移动；当这个位错移到晶体的右边缘时，移出晶体的上半部就相对于下半部移动了一个原子间距，形成一个原子间距的滑移量。同一滑移面上若有大量的位错移出，则会在晶体表面形成一条滑移线。

金属塑性变形的实际原因是大多数金属材料是由多晶体组成的。多晶体金属的塑性变形，就其每个晶粒来说与单晶体相似，但受晶界和各晶粒位向不同的影响，多晶体的塑性变形要比单晶体复杂得多。实验证明，晶界对常温塑性变形具有显著的阻碍作用。因为晶界是相邻晶粒的过渡层，原子排列比较紊乱，且杂质往往较多，因而使滑移阻力增大。金属的晶粒越细，则总的晶界面积越大，塑性变形的阻力就越大。在多晶体金属中，由于各晶粒的晶格位向不同，在受外力作用时，各晶粒的滑移面和滑移方向上的切应力大小不同，因而产生滑移的先后不一致，如图4-3所示。

由以上分析可知，金属的晶粒越细小，则单位体积中的晶粒数量越多，其晶界和各晶粒位向的不同对塑性变形的影响越大，从而金属的强度和硬度便越高。同时，晶粒越细，处于有利位向的晶粒越多，滑移在更多的晶粒内开始，各晶粒的变形比较协调，内应力较小，金属在破裂前能产生较大的塑性变形，即塑性较好。因强度和塑性都有所提高，故细晶粒金属的韧性也较好。因此，在生产中，细化晶粒是提高金属强韧性的重要手段。

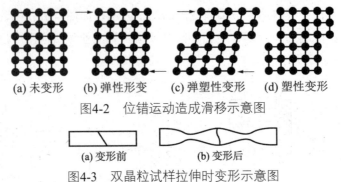

(a) 未变形　　(b) 弹性形变　　(c) 弹塑性变形　　(d) 塑性变形

图4-2　位错运动造成滑移示意图

(a) 变形前　　　　(b) 变形后

图4-3　双晶粒试样拉伸时变形示意图

三、冷塑性变形对金属组织和性能的影响

1. 晶粒变形，形成纤维组织

在外力的作用下，晶粒被拉长或被压扁，当变形足够大时，晶界变得模糊不清，不易分辨，如图4-4所示。

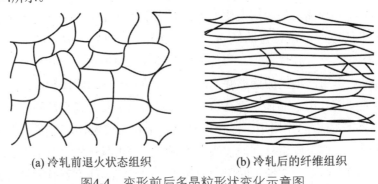

(a) 冷轧前退火状态组织　　　　(b) 冷轧后的纤维组织

图4-4　变形前后多晶粒形状变化示意图

2. 冷变形强化现象

随着变形量的增大，位错密度增大，晶粒破碎成亚晶粒，晶格产生严重畸变，晶体缺陷(空位、位错、晶界、亚晶界)增多。滑移的阻力变大，强度与硬度提高，塑性、韧性降低。这一现象叫冷变形强化现象，如图4-5所示。如含量为0.3%的碳钢，当变形伸长率为20%时，抗拉强度由原来的500MPa升高到约700MPa；而当伸长率为60%时，抗拉强度可超过900MPa。

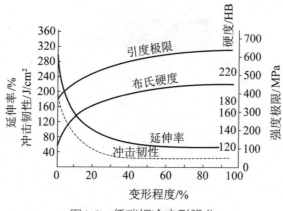

图4-5 低碳钢冷变形强化

3. 回复

冷变形强化现象是一种不稳定现象,具有自发地回复到稳定状态的倾向,但在室温下不易实现。当温度升高时,原子因获得热能,热运动加剧,使原子得以回复正常排列,消除了晶格扭曲,致使加工强化得到部分消除。这一过程称为"回复",这时的温度称为回复温度,即

$$T_{回}=(0.25\sim 0.3)T_{熔}$$

式中:$T_{回}$——以绝对温度表示的金属回复温度;

$T_{熔}$——以绝对温度表示的金属熔点温度。

4. 再结晶

当温度继续升高到该金属熔点绝对温度的0.4倍时,金属原子会获得更多的热能,开始以某些碎晶或杂质为核心,按变形前的晶格结构结晶成新的晶粒,从而消除全部冷变形强化现象。这个过程称为再结晶,这时的温度称为再结晶温度,即

$$T_{再}\simeq 0.4T_{熔}$$

式中:$T_{再}$——金属的再结晶温度;

$T_{熔}$——金属的熔点。

利用金属的冷变形强化可提高金属的强度和硬度,这是工业生产中强化金属材料的一种重要手段。但在压力加工生产中,冷变形强化给金属继续进行塑性变形带来了困难,应加以消除。在实际生产中,常采用加热的方法使金属发生再结晶,从而再次获得良好的塑性。这种工艺操作称为再结晶退火。当金属在大大高于再结晶的温度下受力变形时,冷变形强化和再结晶过程同时存在。此时,变形中的强化和硬化随即被再结晶过程所消除。

5. 晶粒长大

冷变形金属刚刚结束再结晶时的晶粒是比较细小、均匀的等轴晶粒,如果再结晶后不控制其加热温度或时间,继续升温或保温,晶粒之间便会相互吞并而长大。图4-6反映了回复、再结晶、晶粒长大三个阶段的变化。

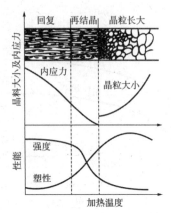

图4-6 冷变形金属加热时的变化

四、锻造成形工艺

1. 自由锻

自由锻是利用冲击力或压力使金属在上下两个抵铁之间产生变形,从而形成所需形状及尺寸的锻件。由于金属坯料在抵铁间受力变形时,沿变形方向可以自由流动,不受限制,故称自由锻。

自由锻生产所用工具简单,具有较强的通用性,适应范围广,可锻造的锻件质量由小于1kg到300t不等。在重型机械中,自由锻是生产大型和特大型锻件的唯一成型方法。

1) 自由锻的设备

自由锻的设备分为锻锤和液压机。

锻锤是依靠锤头(质量在75～750kg)产生的冲击力使金属坯料变形,由于能力有限,常用于中小锻件。

液压机依靠产生的压力使金属坯料变形,有油压机、水压机。其中水压机的功率大,能锻造300t的大件,如万吨水压机。

2) 自由锻的工序

自由锻的工序可分为基本工序、辅助工序和精整工序。

(1) 基本工序。它是使金属坯料实现主要的变形要求,达到或基本达到锻件所要求的形状和尺寸的工序,主要有以下几个。

① 镦粗。使坯料高度减小、横截面增大的工序,如图4-7所示,主要用于圆盘类锻件。

② 拔长。使坯料横截面缩小、长度增加的工序,如图4-8所示,主要用于轴、杆类锻件。

③ 冲孔。使坯料产生通孔或盲孔的工序,如图4-9所示,主要用于空心锻件,如圆环、套筒、齿轮毛坯。

④ 弯曲。使坯料轴线产生一定曲率的工序,如图4-10所示,如角尺、吊钩、地脚螺钉等。

⑤ 扭转。使坯料的一部分相对于另一部分绕轴线旋转一定的角度的工序,如图4-11所示,如多拐曲轴、麻花钻。

⑥ 错移。使坯料的一部分相对于另一部分平移错开的工序，如图4-12所示，它是生产曲拐或曲轴锻件的必经工序，常用于切除钢锭底部、夹钳部分、料头。

⑦ 切割。使坯料分离或去除锻件余量的工序，如图4-13所示。

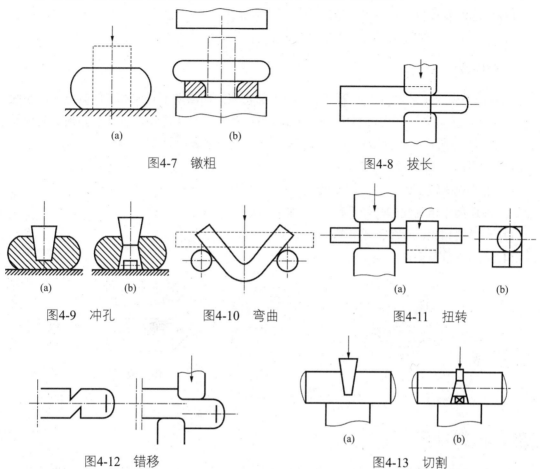

图4-7 镦粗　　　图4-8 拔长

图4-9 冲孔　　图4-10 弯曲　　图4-11 扭转

图4-12 错移　　图4-13 切割

(2) 辅助工序。它是指在基本工序之前的预变形工序，如压钳口、倒棱、压肩等。

(3) 精整工序。它是在完成基本工序之后，用以提高锻件尺寸及位置精度的工序。

2. 模锻

在模锻设备上，利用高强度锻模，使金属坯料在模膛内受压产生塑性变形而获得所需形状、尺寸以及内部质量锻件的加工方法称为模锻。在变形过程中，由于模膛对金属坯料流动的限制，锻造终了时可获得与模膛形状相符的模锻件。

模锻按设备不同可分为锤上模锻、曲柄压力机上模锻、摩擦压力机上模锻、胎膜锻。其中，锤上模锻是常用的模锻方法。

锤上模锻是将上模固定在锤头上，下模紧固在模垫上，通过随锤头做上下往复运动的上模，对置于下模中的金属坯料施以直接锻击来获取锻件的锻造方法，如图4-14所示。

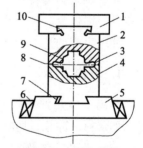

图4-14 锤上模锻

1-锤头　2-上模　3-飞边槽
4-下模　5-模垫
6、7、10-紧固楔铁
8-分模面　9-模膛

模锻具有以下几个特点(与自由锻相比)。
(1) 生产效率高。
(2) 锻件尺寸精确,表面光洁,加工余量小,节约材料。
(3) 成形依靠模膛控制,可锻造形状复杂的零件。
(4) 适用于中小型复杂锻件的大批量生产。

3. 胎模锻

胎膜锻是在自由锻设备上,采用不与上下砧相连接的活动模具成形锻件的方法。胎膜锻一般采用自由锻方法制坯,然后在胎膜中成形。胎膜的种类较多,主要有扣模、筒模及合模,如图4-15所示。胎模锻是介于自由锻和模锻之间的一种锻造方法。

胎模锻具有以下几个特点。
(1) 生产效率较自由锻高,但比模锻低。
(2) 锻件尺寸精确性较自由锻高,但比模锻低。
(3) 与模锻相比,设备简单,锻模易加工。
(4) 适用于批量锻造中小型零件。

图4-15 胎模锻

五、板料冲压

板料冲压的应用非常广泛,在汽车、拖拉机、航空、电器、仪表及国防等工业中,占有极其重要的地位,是常用的金属薄板料,而航空航天工业常选用铝和钛薄板料。

冲压模具制造复杂,成本高,适合大批量生产。板料冲压常用的金属材料有低碳钢、铜合金、铝合金、镁合金及塑性好的合金钢。冲压生产常用的设备是剪床和冲床。

冲压生产的基本工序有分离工序和成形工序。

1. 分离工序

分离工序是使坯料的一部分与另一部分分离的工序,如落料、冲孔、切断和修整等。

落料及冲孔统称冲裁。冲裁是借助模具使板材分离的工艺,如图4-16所示。落料时,冲落部分为成品,而余料为废料。冲孔是为了获得带孔的冲裁件,冲落

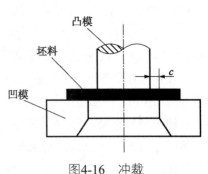

图4-16 冲裁

部分是废料。

冲裁件的分离面的质量主要取决于凸凹模的间隙、刃口的锋利程度,同时也受模具结构、材料性能及板料厚度等因素的影响。

冲裁件被剪断分离后,其断裂面分为两部分。在塑性变形过程中,由冲头挤压切入所形成的表面很光滑,表面质量最佳,称为光亮带;材料在剪裂分离时所形成的断裂面表面粗糙,称为剪裂带。

冲裁需经过以下过程:当凸模(冲头)接触板料向下运动时,首先使板料产生弹性形变;当板料内的拉应力值达到屈服点时,产生塑性变形;变形达到一定程度时,位于凸凹模刃口处的板料由于应力集中超过板材的抗拉强度,从而产生微裂纹;上下裂纹回合时,板料即将被冲断,如图4-16所示。

2. 成形工序

成形工序是使坯料的一部分相对于另一部分产生位移而不破裂的工序,如拉深、弯曲等。

(1) 拉深。拉深是利用模具使冲裁得到的平板料变形成开口空心零件的工序,如图4-17所示。

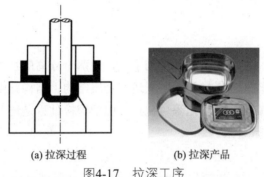

(a) 拉深过程　　　　　(b) 拉深产品

图4-17　拉深工序

(2) 弯曲。弯曲是将坯料弯成具有一定角度和曲率的变形工序。

在弯曲过程中,板料弯曲部分的内侧受压缩,而外层受拉伸。当外侧的拉应力超过抗拉强度时,会造成金属破裂。板料越厚,内弯曲半径越小,则拉应力越大,越易弯裂。一般弯曲时,要考虑板料的流线分布(轧制时形成的)。另外要考虑的是回弹(弯曲的角度比模具的角度稍大些),一般回弹角为0°～10°。如图4-18所示为弯曲类型。

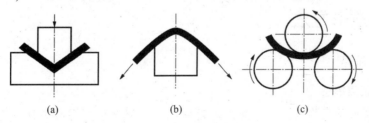

(a)　　　　　　(b)　　　　　　(c)

图4-18　弯曲类型

六、轧制

轧制是指材料在旋转轧辊的压力作用下，产生连续塑性变形，获得要求的截面形状并改变其力学性能的加工方法。轧制工艺生产的零件具有生产率高、质量好、成本低、可大量减少金属材料消耗等优点，近年来应用得越来越广泛。

轧制一般分为热轧和冷轧。热轧是将坯料加热到一定温度状态下碾压热轧坯料，使之产生塑性变形；而冷轧是直接以一定压力碾压坯料，使之产生塑性变形。

任务二 汽车零件焊接与胶接

任务导入

某一轻型载货汽车后保险杠被撞断，你采用什么方式焊接？

相关知识

一、焊接

焊接就是通过加热、加压或两者并用的手段，使两个分离的物体连接在一起的方法。优点：减轻结构重量，节省金属材料；可制造双金属结构；结构强度高，产品质量好；生产率较高，易于实现机械化与自动化等。缺点：由于焊接过程是局部加热与冷却的过程，易产生应力、变形和焊接缺陷。

焊接按照焊接过程的特点通常分为以下三大类。

(1) 熔焊。利用局部加热的方法，将待焊处的母材金属熔化以形成焊缝的焊接方法。

(2) 压焊。焊接过程中，无论加热或不加热，都对焊件施加压力以完成焊接的方法。

(3) 钎焊。采用比母材熔点低的金属材料作钎料，将焊件和钎料加热到高于钎料熔点，低于母材熔化温度，利用液态钎料润湿母材，填充接头间隙并与母材相互扩散实现连接焊件的方法。

二、焊接成形方法

1. 焊条电弧焊

1) 焊条电弧焊概述

焊条电弧焊通常又称为手工电弧焊，是应用普遍的熔化焊焊接方法，它利用电弧产生的高温、高热量进行焊接。焊条接电源，在阳极区产生的热量多，温度高；在阴极区产生的热量较少，温度较低。因此，采用直流弧焊机时有正接和反接之分。当焊件接电源的正极而焊条接电源的负极时为正接。正接时焊件获得的热量多，熔池浅，易焊透，适用于焊接厚件；当反接时不易烧穿，适用于薄件。如图4-19所示，为焊条电弧焊现场。

焊条电弧焊常用工具和辅具有焊钳、焊接电缆、面罩、防护服、敲渣锤、钢丝刷和焊条保温筒等。焊条由焊条芯和药皮两部分组成。焊条芯起导电和填充焊缝金属的作用。药皮则用于保证焊接能顺利进行，并使焊缝产生一定的化学成分和机械性能，它对焊接质量有很大的影响。

图4-19 焊条电弧焊现场

焊条芯是组成焊缝金属的主要材料。焊芯金属的成分一定要保证焊缝的性能不低于焊件金属。

焊条药皮的主要作用是提高焊接电弧的稳定性，防止空气对熔化金属的有害作用，保证焊缝金属的脱氧和加入合金元素，以便提高焊缝金属的机械性能。

在我国，焊条按其不同用途可分为结构钢焊条、珠光体耐热焊条、低温钢焊条、奥氏体不锈钢焊条、铬不锈钢焊条、堆焊焊条、铸铁焊条、铜与铜合金焊条、镍与镍合金焊条、铝与铝合金焊条、特殊用途焊条等。

2) 焊条电弧焊的电源

(1) 交流弧焊机。交流弧焊电源是一种特殊的降压变压器，它具有结构简单、噪声小、价格便宜、使用可靠、维护方便等优点。BX1-330型动铁式弧焊机是目前使用得较广泛的一种交流弧焊机，额定电流为330A，外形如图4-20所示。这种弧焊机的焊接电弧的稳定性较差。

(2) 直流弧焊机。直流弧焊电源输出端有正、负极之分，焊接时电弧两端极性不变。弧焊机正、负两极与焊条、焊件有两种不同的接线法：整流式直流弧焊机既弥补了交流弧焊机电弧稳定性不好的缺点，又比旋转式直流弧焊机结构简单，并消除了噪声。

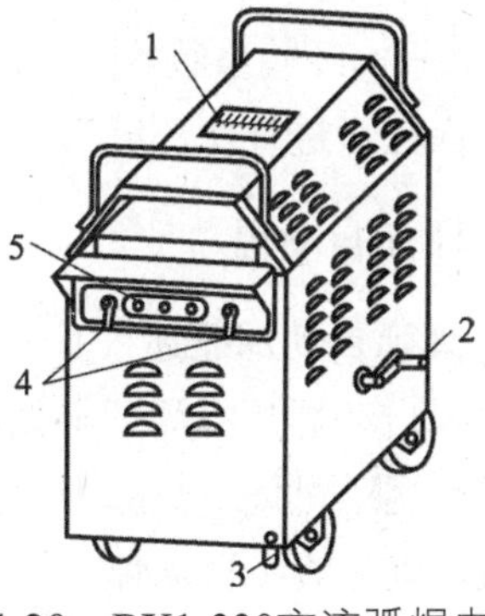

(3) 逆变弧焊机。逆变电源是新一代焊接电源，它从电网获得三相380V交流电压，经整流成直流电，然后经逆变器变成频率为2000～30 000Hz的交流电，再经单相全波整流和滤波输出。逆变电源具有体积小、质量轻、节约材料、高效节能、适用性强等优点，现已逐渐取代了整流弧焊机。

图4-20 BX1-330交流弧焊电源
1—电流指示盘　2—调节手柄(细调电流)
3—接地螺钉　4—焊接电源两极
5—线圈抽头(粗调电流)

3) 焊条电弧焊的焊接基本工艺

(1) 焊接接头形式。焊接接头的形式有对接、角接、T形接、搭接等，如图4-21所示。

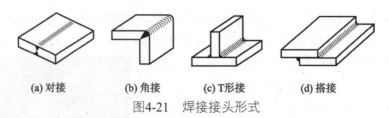

图4-21 焊接接头形式

(2) 坡口形式。坡口形式是根据设计或工艺要求,在焊件待焊部位加工的一定几何形状的沟槽,其基本形式有I形、带钝边V形、单边V形、U形、J形等,各部分的尺寸在国家标准中都有规定,如图4-22所示。

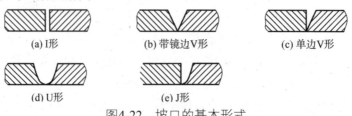

图4-22 坡口的基本形式

(3) 焊接规范,包括以下几方面。

焊条直径根据机械性能、化学成分、焊件厚度、接头形式及焊缝位置等来选择。

焊接电流的计算公式为

$$I=Kd$$

式中:I——焊接电流,单位为A;

d——电焊条直径,单位为mm;

K——经验系数。

在保证焊透且保证缝高低、宽窄一致的前提下,应尽量快速施焊。

2. 埋弧自动焊

1) 埋弧自动焊概述

埋弧自动焊是将焊条电弧焊的引弧、焊条送进、电弧移动几个动作改由机械完成,电焊在焊剂层下燃烧,故称为埋弧自动焊。如果部分动作由机械完成,其他动作仍由焊工辅助完成,则称为半自动焊。

埋弧自动焊的过程是焊接时自动焊头将焊丝自动送入电弧区自动引弧,通过焊机弧长自动调节装置,以保证一定的弧长,电焊在颗粒状焊剂下燃烧,母材金属与焊丝被熔化成较大体积(可达20cm³)的熔池,焊车带着焊丝均匀向前移动,或焊机头不动而工件匀速移动,熔池金属被电弧气体排挤向后堆积,凝固后形成焊缝。电弧周围颗粒状焊剂被熔化成熔渣,部分焊剂被蒸发,生成的气体将电弧周围的气体排开,形成一个封闭的熔渣泡。它有一定的黏度,能承受一定的压力,因此可使熔化金属与空气隔开,并可防止熔化的金属飞溅,既可减少热能的损失,又能防止弧光四射。未熔化的焊剂可以回收重新利用。埋弧自动焊设备如图4-23所示。

2) 埋弧自动焊的特点

(1) 由于焊丝的导电部分很短,焊丝上又没有涂药,故可显著提高焊接电流,使生产率大为提高。

(2) 因电弧处在焊剂的覆盖下，其能量损失很少。

(3) 因焊接过程中节省了更换焊条的时间，所以比手工电弧焊提高生产率5~10倍。

(4) 因自动焊焊剂供应充足，电弧区保护严密，并且焊接规范能自动控制、调整，所以焊缝质量好，表面美观光滑，焊后变形也小。

(5) 因采用自动焊时没有焊条头，20~25mm以下的工件可以不开坡口，所以能节省大量焊接金属材料。

(6) 能降低劳动强度和改善现场卫生条件。

(7) 焊接过程中看不见电弧，不能及时发现问题，且一般只能在平焊的位置焊接。

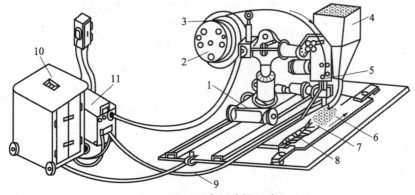

图4-23 埋弧自动焊设备

1—焊接小车 2—操纵盘 3—焊丝盘 4—焊剂漏斗 5—机头 6—焊剂
7—渣壳 8—焊缝 9—焊接电缆 10—焊接电源 11—控制箱

3. 氩弧焊

氩弧焊是利用氩气流作为保护电弧及熔池的气体而进行电弧焊接的一种方法。

1) 氩弧焊的分类

按所用电极的不同，氩弧焊可分为非熔化极(即钨极)氩弧焊和熔化极氩弧焊两种。

(1) 非熔化极氩弧焊工作原理，见图4-24(a)。非熔化极氩弧焊是电弧在非熔化极(通常是钨极)和工件之间燃烧，在焊接电弧周围流过一种不和金属起化学反应的惰性气体(常用氩气)，形成一个保护气罩，使钨极端头、电弧和熔池及已处于高温的金属不与空气接触，能防止氧化和吸收有害气体，从而形成致密的焊接接头，其力学性能非常好。

(2) 熔化极氩弧焊工作原理，见图4-24(b)。焊丝通过丝轮送进，导电嘴导电，在母材与焊丝之间产生电弧，使焊丝和母材熔化，并用惰性气体氩气保护电弧和熔融金属来进行焊接。它和钨极氩弧焊的区别是，一个是焊丝作电极，并被不断熔化填入熔池，冷凝后形成焊缝；另一个是采用保护气体，随着熔化极氩弧焊技术的应用，保护气体已由单一的氩气发展为多种混合气体的广泛应用。例如，以氩气或氦气为保护气时，称为熔化极惰性气体保护电弧焊；以惰性气体与氧化性气体(O_2，CO_2)混合气为保护气体时，或以CO_2气体或CO_2+O_2混合气为保护气时，统称为熔化极活性气体保护电弧焊。

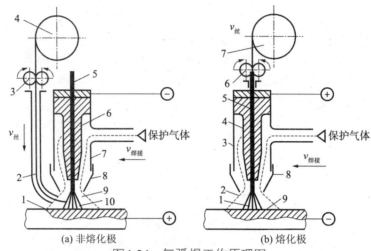

图4-24 氩弧焊工作原理图

1-熔池 2-焊丝 3-送丝滚轮 4-焊丝盘
5-钨极 6-导电嘴 7-焊炬 8-喷嘴
9-保护气体 10-电弧

1-焊接电弧 2-保护气体 3-焊炬
4-导电嘴 5-焊丝 6-送丝滚轮 7-焊丝盘
8-喷嘴 9-熔池

2) 氩弧焊的特点

(1) 氩气是惰性气体,以单原子形式存在,在高温时不发生分解,不与金属起任何化学反应。在焊接过程中,不会使被焊金属氧化,或使合金元素烧损。因此,不仅可以用来焊接各类合金钢,还可用做焊接容易氧化的有色金属,如铝、镁以及锆、钽、钼等稀有金属。

(2) 氩气不溶解于液态金属,不会产生气孔,因而也无须采用脱氧等化学反应来消除气孔。

(3) 在氩弧焊的焊缝金属中,含氧量最少。而采用其他焊接方法时,焊缝金属中的含氧量大大超过氩弧焊焊缝金属中的含氧量。

(4) 在氩弧焊的焊缝金属中,非金属夹杂物的含量比其他焊接方法要少得多,因而焊缝质量高,其塑性、韧性显著而优异。

(5) 电弧在气流压缩下燃烧,热量集中,熔池较小,所以焊接速度较快,热影响区域较窄,工件焊接以后变形较小。

(6) 氩弧焊电弧稳定,飞溅小,表面无熔渣,外表成形美观。

(7) 氩弧焊的成本较高。

在工业领域,氩弧焊主要用于焊接易氧化的有色金属、合金钢和不锈钢等。

4. 二氧化碳气体保护焊

1) 二氧化碳气体保护焊的原理

二氧化碳气体保护焊是以二氧化碳气为保护气体,以焊丝作为电极,以自动或半自动方式进行焊接的方法。目前常用的是半自动焊,即焊丝靠机械自动送进并保持弧长,由操作人员手持焊枪进行焊接。

二氧化碳气体在电弧的高温下能分解,有氧化性,会烧损合金元素。因此,不能用来焊接有色金属和合金。焊接低碳钢、普通低碳钢时，通过含有合金元素的焊丝来进行脱氧和渗合金等冶金处理。二氧化碳气体保护焊的焊接装置如图4-25所示。

2) 二氧化碳气体保护焊的优点和缺点

(1) 二氧化碳气体保护焊具有以下优点。

① 成本低。二氧化碳气体的价格比较便宜，其焊接成本约为模弧自动焊和焊条电弧焊的40%。

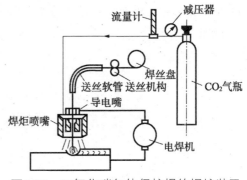

图4-25 二氧化碳气体保护焊的焊接装置

② 生产率高。焊丝送进自动化，电流密度大，电弧热量集中，所以焊接速度快，焊后没有熔渣，是焊条电弧焊生产率的1～3倍。

③ 焊接变形小。

④ 气体保护效果良好。

⑤ 二氧化碳焊是明弧焊，操作性能好，便于观察。

⑥ 抗锈能力强，焊前对清理的要求不高，节约能源。

(2) 二氧化碳气体保护焊存在以下缺点。

① 焊缝成形不够美观，飞溅大，设备复杂。

② 抗风能力差，室外作业困难。

③ 弧光强，焊接时必须注意劳动保护。

5. 电阻焊

电阻焊又称接触焊，它是利用强大的电流(几千至几万安培)通过焊件接触处产生的电阻热作为热源，将焊件局部加热到塑性状态或熔化状态，然后在压力下形成焊接接头的焊接方法。

1) 电阻焊的分类

根据焊接接头形式的不同，可分为点焊、缝焊及对焊三种，如图4-26所示。

(1) 点焊。点焊将焊件装配成搭接接头后，压紧在两柱状电极间，通电，利用电阻热局部熔化母材，在压力下结晶形成焊点的电阻焊方法。

(2) 缝焊。缝焊是连续的点焊过程，不同点在于，旋转的盘状电极代替了柱状电极。焊点重叠率为50%，分流现象严重，但焊缝密封性好。

(3) 对焊。对焊是利用电阻热将焊件端面对接焊合的一种电阻焊，可分为电阻对焊和闪光对焊。电阻对焊的特点是接触后通电，端面加工要求高，质量不易保证；闪光对焊的特点是接触前通电，端面要求低，质量较高，用于重要零件焊接。

2) 电阻焊的优点和缺点

电阻焊的优点是焊件热影响区及变形小，易获得优质接头；不需外加填充金属和焊剂，劳动条件好；易于获得形状复杂的零件；易实现机械化、自动化，生产率高。

电阻焊的缺点是接头质量不稳定，耗电量大，焊机复杂，造价较高。

点焊适用于板厚4mm以下的薄板冲压结构及钢筋的焊接；缝焊适用于板厚3mm以下、焊缝规则的密封结构的焊接；对焊适用于制造密闭形零件、轧制材料接长、异种材料制造。

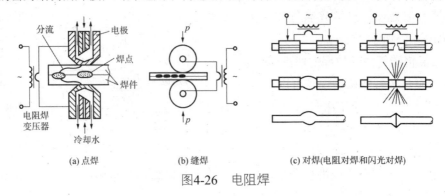

图4-26 电阻焊

6. 钎焊

钎焊是利用低熔点的钎料作为填充金属，加热熔化后渗入固态焊件的间隙内，将焊件连接起来的焊接方法。钎焊与熔化焊的区别是钎焊过程中主体金属不发生熔化，其牢固结合是依靠被焊金属和钎料之间的原子的相互扩散。

1) 钎焊的分类

根据钎料熔点的不同，钎焊可分为以下两类。

(1) 硬钎焊。钎料熔点大于450℃，适合于钎焊受力较大或工作温度较高的工件。这类焊料有铜基、银基及镍基等钎料。

(2) 软钎焊。钎料熔点小于等于450℃，又叫锡焊，用于钎焊受力不大或工作温度较低的工件。这类焊料主要为锡铅焊料。

2) 钎焊的特点

钎焊的特点是焊件变形小，工件尺寸精确；可焊接异种金属；生产率高；设备简单，生产投资费用少。它主要用于焊接精密、微型、复杂、多焊缝、异种材料的焊件。

7. 气焊

气焊是利用乙炔(C_2H_2)和氧气(O_2)混合燃烧时的高温火焰，将焊件和焊丝熔化并进行焊接的一种方法。气焊过程如图4-27所示。气焊的优点是设备简单，操作灵活，适应性强；缺点是火焰温度低，热量不集中，加热缓慢，焊件受热范围大，变形严重，火焰对熔池的保护性差，焊缝质量不高，生产率低。

气焊主要适用于厚度在3mm以下的薄钢板，铜、铝等非铁金属及其合金和铸铁的补焊等，特别适合在没有电源的野外作业中使用。

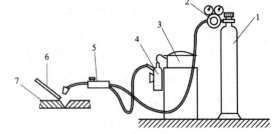

图4-27 气焊过程

1-氧气瓶 2-减压器 3-乙炔发生器 4-回火防止器
5-焊炬 6-焊丝 7-焊件

三、金属的焊接性

1. 金属焊接性的概念

金属焊接性是金属材料在一定的焊接工艺条件下,获得优质焊接接头的难易程度。它包括:工艺焊接性,即焊接接头产生工艺缺陷的敏感性,尤其是出现各种裂缝的可能性;使用焊接性,即焊接接头在使用过程中的可靠性,包括焊接接头的力学性能及其他特殊性能(如耐热、耐蚀性能等)。

2. 金属焊接性的评定

以碳当量(还可以用各种焊接试验)评定碳钢和普低钢的焊接性。

钢中的碳和合金元素对钢的焊接性的影响程度是不同的,碳的影响最大,其他合金元素可以折合成碳的影响来估算被焊材料的焊接性,折算后的总和称为碳当量。它是评定钢材焊接性的重要参数。

国际焊接学会推荐的碳素结构钢和低合金结构钢的碳当量经验公式为

$$C_E = C + \frac{Mn}{6} + \frac{Cr+Mo+V}{5} + \frac{Ni+Cu}{15}(\%)$$

式中:元素符号为钢中该元素含量的质量百分数,是其值取成分范围的上限。

当C_E<0.4%时,塑性良好,淬硬和冷裂倾向小,焊接性好,一般焊件不会产生裂纹;当C_E=0.4%~0.6%时,塑性下降,淬硬及冷裂倾向明显,焊接性较差,焊前适当预热,焊后缓慢冷却;当C_E>0.6%时,塑性较差,淬硬和冷裂倾向严重,焊接性很差,焊前需要高温预热,焊接时要采取降低焊接应力和防止裂纹的工艺措施,焊后需要进行适当热处理等。因此碳当量越大,焊接性越差。

3. 非合金钢(碳钢)的焊接

(1) 低碳钢的焊接。低碳钢在焊接时无淬硬倾向,也不易产生焊接裂纹,采用各种焊接方法都能获得优质的焊接接头,焊接性良好。

(2) 中碳钢的焊接。随着碳的质量分数的增加,钢材的淬硬倾向加大,焊接时产生热裂纹和冷裂纹的倾向也加大,焊接性逐渐变差。

(3) 高碳钢的焊接。由于碳的质量分数高,焊接性差,淬硬性强,焊缝与热影响区的裂纹敏感性强。

对于焊接性良好的低合金结构钢,一般采用焊条电弧焊与埋弧焊,不需要采取特殊的焊接工艺措施即可焊接;对于屈服强度≥450MPa、焊接性稍差的低合金结构钢,在焊接时,热影响区有较大的淬硬倾向,冷裂倾向加剧,需要采取焊前预热(≥150℃),调整焊接规范及焊后热处理等工艺措施。

4. 铝及铝合金的焊接

采用一般的焊接方法时,铝及铝合金的焊接性不好。铝极易被氧化,形成难熔的氧化铝薄膜，其熔点为2050℃，容易在焊缝中形成夹渣。铝焊缝中的气孔倾向大，主要是熔融态铝能溶解大量的氢。铝及铝合金焊接接头形成裂纹的倾向大，主要是铝焊缝的铸态组织晶粒大。另外，焊缝中若含有少量硅，还会导致在晶界处形成易熔共晶体。因此，常需要通过调整焊丝成分，以达到细化焊缝晶粒及抵消硅的有害影响的目的。

5. 铜及铜合金的焊接

采用一般的焊接方法时，铜及铜合金的焊接性不好。铜焊缝中的气孔倾向大，主要是熔融态铜也能溶解大量的氢。铜及铜合金焊接接头形成裂纹的倾向大，主要是氧化亚铜能与铜形成易熔共晶体，沿晶界分布易导致热裂纹。另外，残存的氢与氧化亚铜反应生成的水蒸气不溶于铜，并以很高的压力分布在显微空隙中，从而引起"氢脆"。

铜有良好的导热性，焊件厚度超过4mm时，就必须预热到300℃才能到达焊接温度。

四、胶接

1. 胶接及其应用

胶接是将胶接剂涂于被连接件之间经固化所形成的连接。这是很早就被采用的一种不可拆卸的连接方法，例如木工使用的聚酯酸乙烯乳液(乳胶)黏合木质构件。但在机械制造中采用胶接的方式连接金属构件，还是近50年来发展起来的新型工艺方法。胶接的机理涉及很多化学与物理因素，目前虽有多种理论，但都不能做出圆满的解释，所以也是目前各方面正在积极研究的课题之一。随着高分子化学，特别是石油化学工业的迅速发展，胶接的理论将日益完善。目前，胶接在机床、汽车、拖拉机、造船、化工、仪表、航空、航天等各个工业部门中的应用日渐广泛，如图4-28所示。

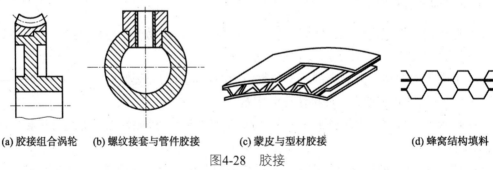

(a) 胶接组合涡轮　　(b) 螺纹接套与管件胶接　　(c) 蒙皮与型材胶接　　(d) 蜂窝结构填料

图4-28　胶接

2. 常用胶黏剂及其主要性能与选择原则

胶黏剂的品种繁多，可以从不同的角度划分为很多类别，现在我们仅按使用目的将其分为以下三类。

(1) 结构胶黏剂。这类胶黏剂在常温下的抗剪强度一般不低于8MPa，经受一般高、低温或化学作用不降低其性能，胶接件能承受较大的载荷。例如酚醛-缩醛-有机硅胶黏剂、环氧-酚醛树脂胶黏剂和环氧-有机硅胶黏剂等。

(2) 非结构胶黏剂。这类胶黏剂在正常使用时有一定的胶接强度，但在受到高温或重载时，性能会迅速下降。例如聚氨酯胶黏剂和酚醛-氯丁橡胶胶黏剂等。

(3) 其他胶黏剂，即具有特殊用途(如防锈、绝缘、导电、透明、超高温、超低温、耐酸、耐碱等)的胶黏剂。例如环氧导电胶黏剂和环氧超低温胶黏剂等。

在机械制造中，目前较为常用的是结构胶黏剂中的酚醛-缩醛-有机硅胶黏剂及环氧-酚醛胶黏剂等。

胶黏剂的主要性能是胶接强度(耐热性、耐介质性、耐老化性)、固化条件(温度、压力、保持时间)、工艺性能(涂布性、流动性、有效贮存期)以及其他特殊性能(如防锈等)。

胶黏剂的力学性能随着胶接件材料、环境温度、固化条件、胶层厚度、工作时间、工艺水平等的不同而不同。例如可用于胶接各种碳钢、合金钢、铝、镁、钛等合金以及各种玻璃钢的酚醛-缩醛-有机硅胶黏剂(牌号为204胶)胶接30CrMnSiA钢时，在常温下剪切强度大于22.8MPa；在200℃时，剪切强度大于15.8MPa；在300℃时，剪切强度大于4MPa。

胶黏剂的选用原则是针对胶接件的使用要求及环境条件，从胶接强度、工作温度、固化条件等方面选取胶黏剂的品种，兼顾产品的特殊性要求(如防锈等)及工艺上的方便。此外，对受一般冲击、振动的产品，宜选用弹性模量小的胶黏剂；在边缘应力条件下工作的胶接件，应选膨胀系数与零件材料的膨胀系数近似的胶黏剂等。

3. 金属零件胶接的基本工艺过程

(1) 胶接件胶接表面的制备。胶接表面一般需经过除油处理、机械处理及化学处理，以便清除表面油污及氧化层，改造表面粗糙度，使其达到最佳胶接表面状态。表面粗糙度一般应为3.2～1.6μm，过高或过低都会降低胶接强度。

(2) 胶黏剂配制。因大多数胶黏剂是"多组分"的，在使用前应按规定的程序及正确的配方比例妥善配置。

(3) 涂胶。采用适当的方法涂布胶黏剂(如喷涂、刷涂、滚涂、浸渍、贴膜等)，以保证厚薄合适、均匀无缺、无气泡等。

(4) 清理。在涂胶装配后，清除胶接件上多余的胶黏剂。

(5) 固化。根据胶接件的使用要求、接头形式、接头面积等，恰当选定固化条件(温度、压力及保持时间)，使胶接固化。

(6) 质量检验。对胶接产品进行X光、超声波探伤、放射性同位素或激光全息摄影等无损检验，以防止胶接接头存在严重缺陷。

4. 胶接接头的结构形式、受力状况及优缺点

胶接接头的典型结构如图4-29所示。

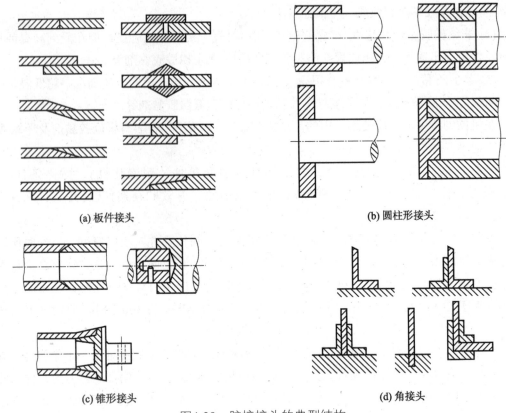

图4-29 胶接接头的典型结构

胶接接头的受力状况有拉伸、剪切、剥离与扯离等,如图4-30所示。实践证明,胶缝的抗拉伸及抗剪切能力强,而抗剥离及抗扯离的能力弱。

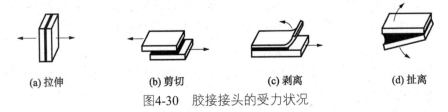

图4-30 胶接接头的受力状况

胶接的优点:①连接后的重量轻(一般比铆接、焊接小20%左右),材料的利用率较高;②不会改变胶缝附近的母体材料的金相组织,冷却时液体不会产生翘曲和变形;③因为是全部贴合面间的胶黏连接,应力分布比较均匀,故耐疲劳、抗蠕变性能好;④能使异型、复杂、微小和很薄的元件以及金属与非金属构件相互连接;⑤所需设备简单,操作方便,无噪声,劳动条件好,劳动生产率高,成本较低;⑥密封性可靠,如环氧胶黏剂可耐水压达2MPa;⑦工作温度在有特殊要求时可达-200℃~1000℃(一般为-60℃~400℃);⑧能满足防锈、绝缘、透明等特殊要求。

胶接的缺点:①工作温度过高时,胶接强度将随温度的增高而显著下降;②抗剥离、抗弯曲及抗冲击振动性能差;③耐老化、耐介质(如酸碱等)性能较差,且不稳定;④有的胶黏剂(如酚醛-缩醛-有机硅耐高温胶黏剂)所需的胶接工艺较为复杂;⑤胶接件的缺陷有时不易被发现，目前尚无可靠的无损检验方法。

任务实施

二氧化碳气体保护焊

1. 实训内容

(1) 焊接工艺参数的选择。

(2) 用直径为0.8mm或1.2mm的焊丝焊接4～5mm厚度的焊件。

2. 实训目的

(1) 熟悉二氧化碳气体保护焊的设备、工具。

(2) 了解二氧化碳气体保护焊的工艺流程。

(3) 掌握二氧化碳气体保护焊的方法。

3. 实训器材

气瓶、220V交流电源、送丝机、焊枪、面罩、皮手套、电缆线、焊台。

4. 基本操作技术

1) 注意事项

(1) 电源、气瓶、送丝机、焊枪等连接方式参阅说明书。

(2) 选择正确的持枪姿势。

① 身体与焊枪处于自然状态，手腕能灵活带动焊枪平移或转动。

② 焊接过程中软管电缆最小曲率半径应大于300mm，焊接时可任意拖动焊枪。

③ 焊接过程中能维持焊枪倾角不变，还能清楚方便地观察熔池。

④ 保持焊枪匀速向前移动，可根据电流的大小、熔池的形状、工件的熔合情况调整焊枪的前移速度，力争匀速前进。

2) 工艺参数

(1) 焊丝直径(mm)：0.8，1.2，1.6。

(2) 电弧电压(V)：18，19，20。

(3) 焊接电流(A)：100～110，120～135，140～180。

3) 基本操作

(1) 检查全部连接是否正确，水、电、气连接完毕后接通电源，调整焊接规范参数。

(2) 引弧：二氧化碳气体保护焊采用碰撞引弧，引弧时不必抬起焊枪，只要保证焊枪与工作面的距离即可。

① 引弧前先按遥控盒上的点动开关或焊枪上的控制开关将焊丝送出枪嘴，保持伸出长度为10～15mm。

② 将焊枪按要求放在引弧处，此时焊丝端部与工件未接触，枪嘴高度由焊接电流决定。

③ 按下焊枪上的控制开关，焊机自动提前送气，延时接通电源，保持高电压、慢送丝，当焊丝碰撞工件短路后自然引燃电弧。短路时，焊枪有自动顶起的倾向，故引弧时要稍用力下压焊枪，防止因焊枪抬起太高，电弧太长而熄灭。

4) 焊接

引燃电弧后，通常采用左焊法，焊接过程中要保持焊枪适当的倾斜和枪嘴的高度，使焊接尽可能地匀速移动。当坡口较宽时为保证两侧熔合得好，焊枪做横向摆动。焊接时，必须根据焊接的实际效果判断焊接工艺参数是否合适。根据熔池情况、电弧稳定性、飞溅大小及焊缝成形的好坏来修正焊接工艺参数，直至满意为止。

5) 收弧

焊接结束前必须收弧。若收弧不当容易产生弧坑并出现裂纹、气孔等缺陷。焊接结束前必须采取措施。

(1) 焊机有收弧坑控制电路。焊枪在收弧处停止前进，同时接通此电路，焊接电流与电弧电压自动减小，直至熔池填满。

(2) 若焊机没有弧坑控制电路或因电流小而没有使用弧坑控制电路，在收弧处焊枪停止前进，并在熔池未凝固时反复断弧、引弧，直至填满弧坑为止。操作要快，若熔池已凝固才引弧，则可能会产生未熔合和气孔等缺陷。

知识拓展

焊接劳动卫生与保护

焊接职业是对技术要求比较严格的职业，职业环境有毒有害，需要加强劳动保护。各种焊接方法都会产生某些有害物质，不同的焊接工艺，其有害物质亦不同，主要有光辐射、弧光辐射、烟尘、有毒气体、高频电磁场、射线、噪声等。

光辐射是能的传播方式，辐射波长与能量成反比，波长越短所携带的能量越大，对肌肉的作用亦越强。焊接过程中的光辐射由紫外线、可见光、红外线等组成，它们是由物体加热而产生的，属于热线谱。光辐射作用到人身上，被体内组织吸收，会引起组织的热作用、光化学作用或电离作用，致使人体组织发生急性或慢性损伤。适量的紫外线对人体健康是有益的，但焊接电弧产生的强烈紫外线的过度照射，对人体健康有一定的危害。紫外线对人体的作用是通过光化学反应，造成皮肤和眼睛的伤害及对纤维的破坏。等离子弧的紫外线强度最大，其次是氩弧焊和二氧化碳焊，手工焊最小。

弧光辐射是所有明弧焊共同的有害物质，由此引起的电光性眼病是明弧焊的一种特殊职业病。弧光辐射还会伤害皮肤，使焊工患皮炎、红斑和小水泡等皮肤疾病。此外，还会损坏棉织纤维。光辐射和弧光辐射的防护措施包括：使用防护面罩；各工位之间加装防护屏；室内装饰采用吸光物质；焊工必须穿好工作服，戴好手套，穿鞋罩，戴防目镜。

固体颗粒浮于气体中形成烟和尘，小的为烟，大的为尘。烟尘主要危害呼吸系统，长期工作在烟尘较多的地方，可能会造成一些呼吸系统病变。防护措施包括：加强现场整体及局部通风；现场进行降尘处理；戴口罩；使用带呼吸系统的面罩；改进工艺和焊接材料；提高自动化程度。

在焊接电弧的高温和紫外线的作用下，在弧区周围会形成多种有毒气体。其中，臭氧对人体的危害主要是对呼吸道及肺有强烈的刺激作用，同时易同橡胶、棉织物起化学反应，使其易老化。氮氧化物的危害主要是对肺有刺激作用。一氧化碳是一种窒息性气体，对人体的毒性作用是利用氧的功能发生障碍，造成组织和细胞缺氧的系列症状和体征。氟化氢的毒性作用主要是使呼吸道产生一些病变如支气管炎，还通过皮肤产生全身毒性作用等。防护措施包括：降低吸入体内的气体中的有毒气体浓度，如加强现场整体及局部通风，使用带呼吸系统的面罩等。

非熔化极氩弧焊及等离子焊为了迅速引燃电弧，需由高频振荡器来激发引弧，此时，振荡器要产生强烈的高频振荡，击穿钨极与工件之间的气体间隙，引燃电弧，其中有一部分能量以电磁波的形式在空间辐射，即形成高频电磁场。人体在高频电磁场的作用下，能吸收一定的辐射能量，产生生物学效应，此作用对人体健康有一定的影响，长期接触较强高频电磁场的工人，会引起头晕、头痛、疲乏无力、记忆减退和神经功能紊乱及血压波动等症状。防护措施包括：保证工件良好接地；在不影响使用的情况下，降低振荡器频率；减少高频作用时间；屏蔽把线及软线；降低作业现场的温度和湿度等。

焊接工艺过程中的放射性危害，主要是指氩弧焊与等离子焊的钍放射性污染和电子束焊接时的X射线，同时，钍及其蜕变产物均可放射出α、β、γ射线。放射性危害产生于人体小范围受到强烈照射时，会使小范围的肌体组织承受高度集中的辐射能而造成损伤。当人体受到的辐射剂量不超过容许值时，射线不会对人体造成危害。防护措施包括：加强作业地点通风；焊接地点应设单室，钍钨应存放在固定地点；应备有专用砂轮来磨尖钨棒，对砂轮安装除尘设备；手工焊接操作时，采用送风防护头盔或采取其他有效措施；选用合理的工艺参数，避免钍钨过量烧损；接触钍钨棒后应用流动水和肥皂水洗手；工作服及手套等应经常清洗。

在焊接过程中，极易产生噪声，使人听力受损。噪声的防护措施包括：采用降低噪声的工艺方法；采用小型消声器；戴耳塞；在房屋结构、设备等处采用吸声或隔音材料等。

了解不同工艺方法的危害，有助于采取有针对性的防护措施。此外，在工作中还应养成良好的习惯，注意细节。做到以上两点，有助于工作人员在焊接这个行业中保持身心健康，远离职业病困扰。

项目五

汽车常用机构

学习目标

1. 知识目标
(1) 了解机构的结构组成；
(2) 知道汽车常用机构的特性知识；
(3) 能对汽车内燃机凸轮机构进行分析。
2. 能力目标
(1) 掌握汽车常用机构的结构；
(2) 能正确分析常用汽车机构的类型；
(3) 了解汽车其他常用机构。

任务一 认识汽车常用机构

任务导入

驾驶员转动方向盘时车轮为什么也会随着旋转？为什么要使用手刹(驻车制动系统)才能将车锁住？汽车的气门是如何开启和闭合的呢？要回答这些问题，就要了解汽车常用机构。

相关知识

一、平面机构简介

机构是具有确定相对运动的构件的组合。组成机构的目的是使机构能按照预定的要求进行有规律的运动。平面机构是指组成机构的所有构件均在同一平面或相互平行的平面内运动的机构。常用的机构大多数为平面机构。空间机构至少有两个构件能在三维空间中相对运动。

二、运动副

两个构件直接接触并能产生一定相对运动的连接方式称为运动副。运动副按接触形式的不同可分为低副和高副。

1. 低副

两构件通过面接触而组成的运动副称为低副。低副按相对运动的不同可分为转动副和移动副。若组成运动副的两构件之间只能绕着同一轴线做相对转动则为转动副。如图5-1(a)所示，两个构件之间的平面接触而组成转动副。如内燃机的曲轴与连杆、曲轴与机架、连杆与活塞之间都能组成转动副。若组成运动副的两构件之间只能沿着某一轴线方向做相对移动则为移动副。如图5-1(b)所示，两个构件之间的平面接触而组成移动副。如内燃机中的活塞与气缸能组成移动副。

低副中两个构件之间是面接触,承受相同载荷时,压强较低,不易磨损。

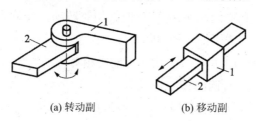

(a) 转动副　　(b) 移动副

图5-1　低副

2. 高副

两构件通过点接触或线接触而组成的运动副称为高副。如图5-2(a)和图5-2(b)中的构件2相对构件1绕接触点A转动,同时又可以沿接触点的切线$t—t$方向移动,只有沿公切线$n—n$方向的运动受到限制。高副中两构件之间是点或线接触,其接触部分的压强较高,故容易磨损,但设计时比低副容易。

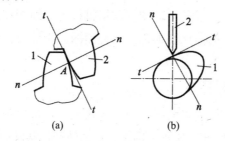

图5-2　高副

3. 自由度、约束与运动副

空间任意两个构件1与2,在它们尚未构成运动副之前,构件1相对于构件2共有6个相对运动的自由度(在空间做移动和转动)。当两构件以某种方式相连接而构成运动副时,则两者间的相对运动会受到一定的约束,运动副每加一个约束,构件便失去一个自由度,自由度和约束之和应为6。但运动副为活动连接,所以引入的约束数目最多为5个,而剩下的自由度最少为1个,如图5-3所示。

(1) 构件的自由度。构件可能出现的独立运动的数目称为自由度。所以,一个做平面运动的自由构件有3个自由度,平面机构在空间的位置需要3个独立的参数(x,y,θ)才能唯一确定。如图5-4所示,即沿x轴和y轴移动,以及在xOy平面内转动。

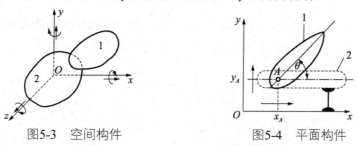

图5-3　空间构件　　图5-4　平面构件

(2) 约束。当一个构件与其他构件相互连接时,某些独立运动将受到限制,称为约束。构件每增加一个约束，便失去一个自由度。约束的多少及特点取决于运动副的形式。

(3) 运动副包括转动副、移动副、平面高副。

① 转动副。如图5-1(a)所示，两构件只能做相对转动，又称为铰链。自由度数为1，只能转动；约束数为2，失去了沿x、y方向的移动。

② 移动副。如图5-1(b)所示，两个构件只能做相对移动。自由度数为1，只能沿x方向移动；约束数为2，失去了y方向的移动和转动。

③ 平面高副。如图5-2所示的两构件以点或线接触而构成。自由度数为2，保持切线方向的移动和转动；约束数为1，失去法线方向的移动。

三、平面机构运动简图

1. 平面机构运动简图简介

实际构件的外形和结构往往很复杂，在研究机构运动时，为了突出与运动有关的因素，会将那些无关的因素删掉，保留与运动有关的外形。根据机构的运动尺寸，按一定的比例尺定出各运动副的位置，采用运动副及常用机构运动简图符号和构件的表示方法，将机构运动传递情况表示出来的简化图形称为机械简图。平面机构运动简图与原机构具有完全相同的运动特性。

2. 运动简图的一些规定符号

不管构件形状如何，均用简单的线条或小方块表示，带短剖面线的表示机架。

(1) 转动副的表示方法如图5-5所示。圆圈表示回转副，其圆心必须与回转轴线重合。

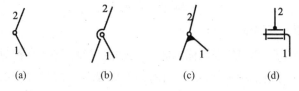

图5-5 转动副的表示方法

(2) 移动副的表示方法如图5-6所示，其导路必须与相对移动方向一致。

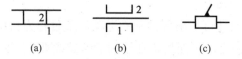

图5-6 移动副的表示方法

(3) 平面高副的表示方法如图5-7所示，简图中应画出两构件接触处的曲线轮廓。对于齿轮，要用点画线画出其节圆；对于凸轮、滚子，习惯画出其全部轮廓。

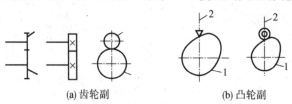

图5-7 平面高副的表示方法

机构运动简图的常用符号见表5-1。

表5-1 机构运动简图的常用符号

名称		简图符号	名称		简图符号
构件	杆、轴		机架	基本符号	
	三副构件			机架是转动副的一部分	
				机架是移动副的一部分	
	构件的固定连接		平面高副	齿轮副外啮合	
平面低副	转动副			齿轮副内啮合	
	移动副			凸轮副	

3. 绘制平面机构运动简图的步骤

(1) 观察机构的运动情况,找出机架(固定不动的构件)、原动件(运动规律已知的构件)和从动件(机构中其他活动构件)。

(2) 确定各个运动副的类型的关键在于观察各构件之间的相对运动关系。

(3) 选定绘制简图的平面原则:应平行于各构件的运动平面。

(4) 选定合适的比例尺,绘制机构简图。

若不需借助该图进行运动参数分析,可不按比例绘制。固定构件可分成几段表示。

⁂ 任务实施

绘制机构运动简图

以图5-8(a)为例,说明绘制简易冲床的机构运动简图的方法和步骤。

从运动的观点来看,机构是构件通过运动副的连接而组成的,机构的运动与机构的构件数目、构件所组成的运动副数目、特性及其相对位置有关。因此,在绘制机构运动简图时,可以抛开构件的形状和运动副的具体结构,采用一些简略的符号(见表5-1及机械设计手册中有关的规定)来代替构件和运动副,并按一定比例尺表示运动副的相对位置,以此来表明实际机构的运动特征。

(1) 当原动件(偏心轮)转动时,确定机构具有4个运动单元,即机架1、偏心轮2、连杆3和冲头4。

(2) 根据构件间的相互接触情况，全部运动副均是低副：偏心轮2相对机架1绕A点回转，组成转动副；连杆3相对偏心轮2绕B点回转，冲头4相对连杆3绕C点回转，均为转动副；冲头4相对机架1沿直线AC做直线移动，组成移动副。

(3) 该机构为平面机构，选择转动偏心轮2或连杆3中心线的垂直面为投影面。

(4) 选定比例尺，用运动副和构件的代表符号画出机构的运动简图，如图5-8(b)所示。

练习绘制如图5-9所示的单缸内燃机的机构运动简图，已知L_{AB}=75mm，L_{BC}=300mm。

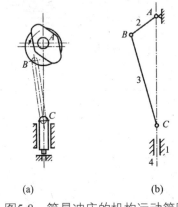

图5-8 简易冲床的机构运动简图

1-机架 2-偏心轮 3-连杆 4-冲头

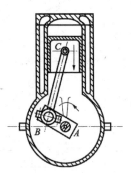

图5-9 单缸内燃机

任务二 汽车常用四杆机构

任务导入

汽车的转向机构是如何实现汽车的转向呢？车门的启闭机构是如何实现车门的启闭呢？

相关知识

一、铰链四杆机构

1. 铰链四杆机构的定义

平面连杆机构是由若干构件以低副(转动副和移动副)连接而成的。具有4个构件(含机架)的低副机构称为四杆机构，多于4个构件的低副机构统称为多杆机构。平面四杆机构可分为铰链四杆机构和滑块四杆机构。当平面四杆机构的运动副全部用转动副相连时称为铰链四杆机构。滑块四杆机构是由铰链四杆机构演化而来的。

2. 铰链四杆机构的类型

图5-10为铰链四杆机构中的平面四杆机构。机构中固定不动的构件4称为机架；机构中与机架相连的构件1、3称为连架杆。连架杆若能绕机架做整周转动则称为曲柄；连架杆只能绕机架在小于360°的范围内做往复摆动则称为摇杆；与连架杆相连的杆2称为连杆。

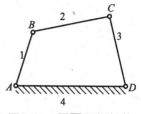

图5-10　平面四杆机构

铰链四杆机构的命名方法：由两个连架杆的运动规律来命名。

1) 曲柄摇杆机构

在两连架杆中，一个为曲柄，另一个为摇杆，形成了曲柄摇杆机构。一般曲柄主动，将连续转动转换为摇杆的摆动。如图5-11所示的汽车前窗雨刮器，当主动曲柄AB转动时，从动摇杆CD往复摆动，利用摇杆的延长部分实现刮水动作；也可摇杆主动，曲柄从动，如图5-12所示的缝纫机踏板机构。

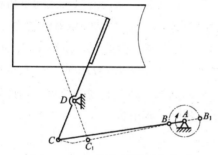 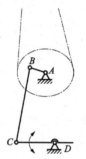

图5-11　汽车雨刮器摇杆机构　　　图5-12　缝纫机踏板摇杆机构

2) 双曲柄机构

在铰链四杆机构中，若两个架杆都是曲柄，则称为双曲柄机构。如图5-13所示，为惯性筛机构，其中ABCD为双曲柄机构。当曲柄1做等角速转动时，曲柄3做变角速转动，通过构件5使筛子6做变速往复直线运动，筛面上的物料由于惯性而来回抖动，从而实现筛选。

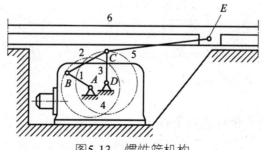

图5-13　惯性筛机构

在双曲柄机构中，若其相对两杆平行且相等，则称为平行四边形机构。如图5-14所示，机车齿轮机构是平行四边形机构，它使各车轮与主动轮具有相同的速度。双曲柄机构如果对边杆长度相等，但互不平行，称为反平行双曲柄机构。如图5-15所示是公共汽车车门启闭机构，它利用反平行双曲柄机构使两扇门朝相反方向转动，从而保证车门能同时开关。

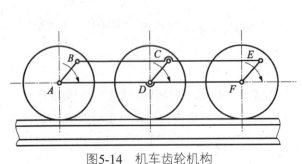

图5-14　机车齿轮机构　　　　图5-15　公共汽车车门启闭机构

3) 双摇杆机构

两个连杆架均为摇杆的机构称为双摇杆机构。如图5-16为港口塔式起重机机构，在双摇杆AB和CD的配合下，起重机能使起吊的重物沿水平方向移动，以省时省力。

如图5-17所示为铰链四杆机构，a、b、c、d分别表示构件AB、BC、CD、AD的长度，a最小。若AD为机架，AB为曲柄，在AB转动的过程中，AB与AD拉直共线和重叠共线有两个位置B'和B''，要使AB成为曲柄，它必须能顺利通过这两个共线的位置。由此可知，在四杆机构中，要使连架杆成为曲柄，必须同时具备以下两个条件。

(1) 连架杆与机架中必有一个是最短杆；
(2) 最短杆与最长杆的长度之和小于或等于其他两杆的长度之和。

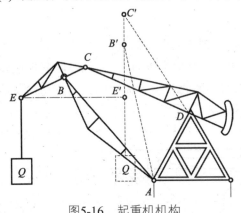 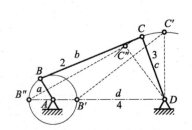

图5-16　起重机机构　　　　　　图5-17　铰链四杆机构

3. 铰链四杆机构中曲柄存在的条件

根据曲柄存在的条件，还可以得出如下推论：如果在铰链四杆机构中，最短杆与最长杆的长度之和小于或等于其他两杆的长度之和，则可有以下三种情况。

(1) 取与最短杆相邻的杆为机架时，此机构为曲柄摇杆机构，如图5-18(a)所示；

(2) 取最短杆为机架时，此机构为双曲柄机构，如图5-18(b)所示；

(3) 取与最短杆相对的杆为机架时，此机构为双摇杆机构，如图5-18(c)所示。

若在铰链四杆机构中，最短杆和最长杆长度之和大于其他两杆长度之和，则无论取哪一杆件为机架，均为双摇杆机构，如图5-18(d)所示。

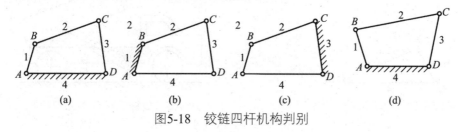

图5-18　铰链四杆机构判别

4. 铰链四杆机构的演化

除前文介绍的三种基本形式的铰链四杆机构以外，在实际中还广泛使用其他形式的四杆机构，都可看作从铰链四杆机构演化而来的。

1) 曲柄滑块机构

在曲柄摇杆机构中，当摇杆DC长度无限增加时，C点的运动轨迹便由弧线变成了直线，摇杆DC变成了滑块，原来的转动副变成了移动副，曲柄摇杆机构变成了曲柄滑块机构。如果铰链C的运动轨迹通过曲柄的旋转中心A，则称为对心曲柄滑块机构，如图5-19(a)所示；如果不通过曲柄的旋转中心，有偏心距e，则称为偏置曲柄滑块机构，如图5-19(b)所示。

曲柄滑块机构主要用来将曲柄的整周回转运动变换为滑块的往复直线运动，或将滑块的往复直线运动变换成曲柄的回转运动。这种机构广泛应用于机床、内燃机等许多机械。

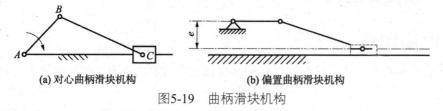

图5-19　曲柄滑块机构

2) 导杆机构

曲柄滑块机构中，取构件AB为机架，BC为主动件，这样，当BC回转时，AC将绕A点转动或摆动，滑块在构件AC上做相对滑动。由于构件AC对滑块起导路作用，AC称为导杆，所以这种机构称为导杆机构，如图5-20所示。

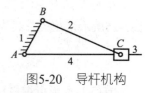

图5-20　导杆机构

在导杆机构中，取机件的长度$L_{BC}<L_{AB}$，则构件BC转动时，导杆AC只能做往复摆动，这种导杆机构称为摆动导杆机构，牛头刨床的主传动机构就是摆动导杆机构。

3) 曲柄摇块机构

如图5-21所示，杆件1的长度小于机架2，能绕机架整周转动，杆件4与滑块组成移动副，滑块与机架组成转动副而绕C点转动，如载货汽车自动卸料机构，如图5-22所示。

4) 移动滑杆机构

如图5-23所示，以滑块为机构，导杆相对滑块做往复移动，又称定块机构，如抽水唧筒机构，如图5-24所示。

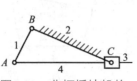

图5-21 曲柄摇块机构

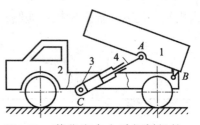

图5-22 载货汽车自动卸料机构

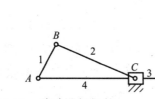

图5-23 移动滑杆机构

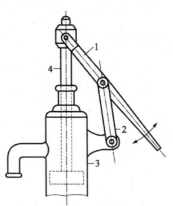

图5-24 抽水唧筒机构

二、平面四杆机构

1. 急回运动特性

平面连杆机构中，从动件空回行程的速度比工作行程的速度大的特性称为连杆机构的急回特性。

行程速比系数K表明急回运动的相对程度。当曲柄摇杆机构在运动中出现极位夹角时，机构就具有急回运动特性，且夹角越大，K越大，机构的急回运动性质就越显著，如图5-25所示，相关公式为

$$K=\frac{v_1}{v_2}=\frac{\Psi/t_2}{\Psi/t_1}=\frac{t_2}{t_1}=\frac{180°+\theta}{180°-\theta} \tag{5-1}$$

式(5-1)变形可得极位夹角的计算公式

$$\theta=180°\frac{K-1}{K+1} \tag{5-2}$$

机构急回的作用：节省空回时间，提高工作效率。

2. 压力角和传动角

在不计摩擦力、惯性力和重力的条件下，作用于从动件上的力与其作用点C的绝对速

度方向之间所夹的锐角α，称为压力角。压力角的余角γ称为传动角。如图5-26所示，1是主动件，2是连杆，3是从动件。力F分解为F_n和F_r，F_n只对摇杆CD产生径向压力，F_r则是推动摇杆运动的有效分力。α越小，γ越大，F_r就越大，对机构传动就越有利。为保持机构良好的传动性，设计时通常要限制最短压力角，对于一般机构$α_{max}≤50°$，对于高速重载机构$α_{max}≤40°$。

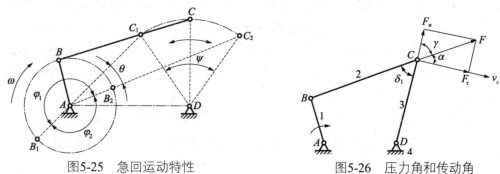

图5-25 急回运动特性　　　　　图5-26 压力角和传动角

3. 死点位置

如图5-27所示，在曲柄摇杆机构中，若摇杆CD为主动件，当摇杆处于两个极限位置时，连杆和曲柄共线，连杆传给曲柄的作用力通过曲柄的转动中心A点。此时，机构的传动角为零，不能推动曲柄AB转动，机构的这种位置称为死点位置。如图5-28所示，CD为缝纫机的脚踏板(主动件)，当连杆AC与曲柄AB共线时，对脚踏板CD用力时都不能推动曲柄AB转动，依靠惯性才能使曲柄继续旋转。

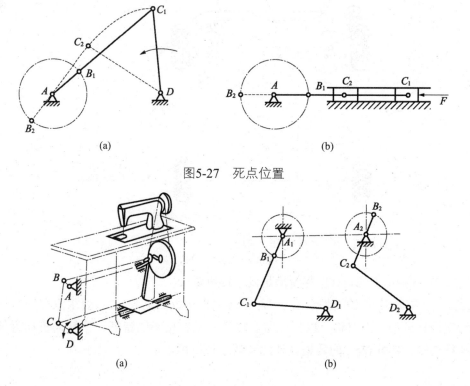

(a)　　　　　　　　　　(b)

图5-27 死点位置

(a)　　　　　　　　　　(b)

图5-28 缝纫机的死点位置

任务实施

汽车前轮转向机构

1. 分析汽车前轮转向机构

(1) 机构简介。汽车的前轮转向是通过等腰梯形机构 $ABCD$ 驱使前轮转动来实现的。其中，两前轮分别与两摇杆 AB、CD 相连，如图5-29所示。当汽车沿直线行驶时(转弯半径 $R=\infty$)，左右两轮轴线与机架 AD 成一条直线；当汽车转弯时，要求左右两轮(或摇杆 AB 和 CD)转过不同的角度 β 和 α。理论上希望前轮两轴延长线的交点 P 始终能落在后轮轴的延长线上，这样整个车身就能绕 P 点转动，使4个轮子都能与地面形成纯滚动，以减少轮胎的磨损。因此，根据不同的转弯半径 R(汽车转向行驶时，各车轮运行轨迹中最外侧车轮滚出的圆周半径)，就要求左右两轮轴线(AB、CD)分别转过不同的角度 β 和 α。

如图5-29所示，汽车右拐时，则有

$$\tan\alpha = \frac{L}{R-d-B} \quad \tan\beta = \frac{L}{R-d}$$

所以 α 和 β 的函数关系为

$$\operatorname{ctg}\beta - \operatorname{ctg}\alpha = \frac{B}{L}$$

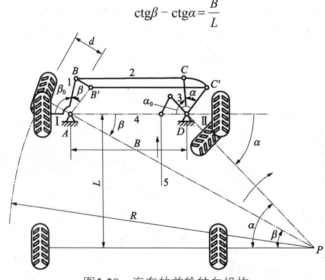

图5-29 汽车的前轮转向机构

同理，当汽车右拐时，由于对称性，则有

$$\tan\alpha - \tan\beta = -B/L$$

故转向机构 $ABCD$ 的设计应尽量满足以上转角要求。

(2) 汽车前轮转向机构数据。汽车前轮转向机构数据见表5-2。要求汽车沿直线行驶时，铰链四杆机构左右对称，以保证左右转弯时具有相同的特征。该转向机构为等腰梯形双摇杆机构，依据表5-2的数据设计此铰链四杆机构。

表5-2 汽车前轮转向机构数据

参数		轴距	轮距	最小转弯半径	销轴到车轮中心的距离
符号		L	B	R	d
单位		mm			
型号	途乐GRX	2900	1605	6100	400
	途乐GL	2900	1555	6100	400
	尼桑公爵	2800	1500	5500	500

2. 实训操作

(1) 在汽车实训场所,观察汽车前轮转向机构。

(2) 查阅汽车使用手册,查出轴距L、轮距B,算出汽车右转弯时左右两轮转过的角度的余切之差。

任务三 内燃机配气机构

▓ 任务导入

内燃机的配气机构是发动机的重要机构,工作时要求在一个工作循环内,气门迅速打开,随即迅速关闭,然后保持关闭不动。那么,配气机构是如何实现气门启闭的呢?

▓ 相关知识

一、汽车常用凸轮机构概述

汽车常用的凸轮机构,主要是汽车发动机的进排气门机构,即内燃机配气机构。如图5-30所示为内燃机配气机构。具有曲线外廓形状的构件1转动时,其轮廓将迫使气门杆2断续往复移动,控制气门有规律地开启和关闭(关闭是借弹簧的弹力作用),使可燃物质进入气缸或使废气排出。这里具有曲线外廓形状的构件1称为凸轮;与凸轮始终保持直接接触的气门杆2称为从动杆,或称为推杆。凸轮、从动件和机架组合在一起就称为凸轮机构。

可见,凸轮机构主要是由凸轮、从动件和机架三个构件所组成的高副机构,并且这种高副机构中至少有一个构件做往复移动(或摆动)。从动件的位移s、速度v和加速度a随时间(或凸轮转角)的变化而变化的规律(称为从动件的运动规律)是由凸轮轮廓的形状、凸轮的尺寸决定的。凸轮机构几乎可以实现从动件的无限多种运动规律。它主要用于转换运动形式,可以把凸轮的转动变换为从动件的连续的或间歇的往复移动或摆动;或者将凸轮的移动转变为从动件的移动或摆动。此外,凸轮机构还具有结构简单、紧凑、设计方便等优点,所以广泛应用于各种自动机械、仪表以及自动控制装置中。但由于凸轮机构中凸轮与从动件属于高副接触,压强大,易磨损,凸轮轮廓线的制造精度对动力的影响很敏感,凸轮机构只能用于传递功率不大、从动件行程不大的场合。

对于汽车发动机,要能正常工作,汽车发动机的进排气门必须按规定的运动规律准时地打开或关闭,气门杆(从动件)的运动规律是根据对汽车发动机性能等方面的要求选择的,最终是通过发动机凸轮轴上的凸轮轮廓的形状、凸轮的尺寸实现的。

二、凸轮机构的分类

凸轮机构常见的分类方法如表5-3所示。

(1) 按凸轮的形状分,有盘形凸轮、移动凸轮和圆柱凸轮等。

(2) 按从动件的形式分,有尖顶从动件、平底(或弧底)从动件、滚子从动件等。

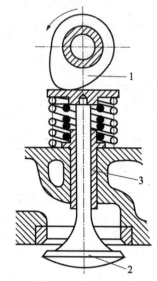

图5-30 内燃机配气机构
1-凸轮 2-从动件 3-机架

表 5-3 凸轮机构的分类

类型	名称	简图	
按凸轮形状分	盘形凸轮(平板凸轮)		
	移动凸轮		
	圆柱凸轮		

(续表)

类型	名称	简图			
按从动件形式分	尖顶从动件	移动从动件	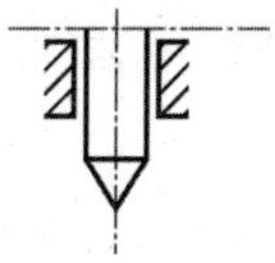	摆动从动件	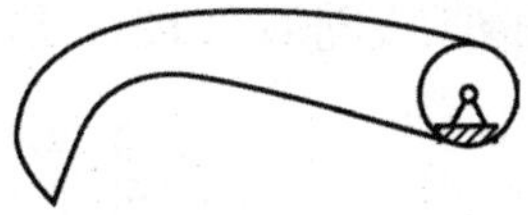
	平底(或弧底)从动件		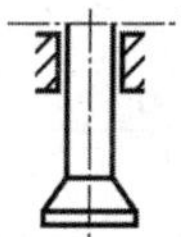 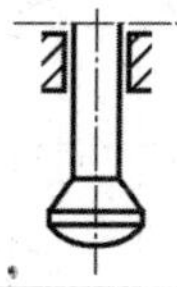		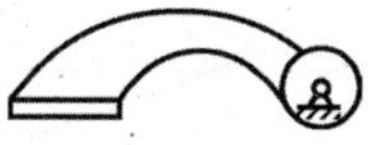 
	滚子从动件		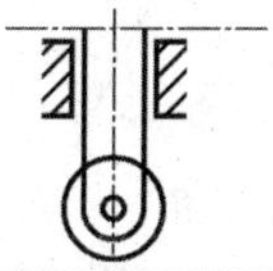		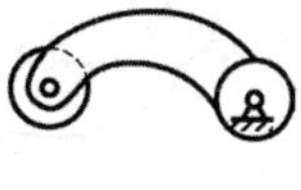

三、从动件的常用运动规律

1. 从动件的有关名词术语及运动过程

下面以如图5-31所示的尖顶移动从动件盘形凸轮机构为例,介绍从动件的有关名词术语及运动过程。

(1) 基圆。以凸轮轮廓曲线最小矢径r_0为半径所作的圆称为基圆,r_0称为基圆半径。图示位置为从动件开始上升的位置,也是从动件尖顶所处的最低点A。

(2) 推程及从动件的升程。现凸轮以等角速度ω逆时针转动,当矢径渐增的轮廓曲线段AB与尖底作用时,从动件以一定的运动规律被凸轮推向远方,待B转到B'时,从动件上升到距凸轮回转中心最远的位置。此过程中,从动件的位移(即为最大位移)称为推程,凸轮转过的角度$\phi=\angle B'OB$称为推程运动角。从动件运动的距离h称为从动件的升程。

(3) 远休止角。当凸轮继续回转而以O为中心的圆弧BC与尖底作用时,从动件在最远位置停留,此过程的凸轮转角$\phi_s=\angle BOC$称为远休止角。

(4) 回程。当凸轮渐减的轮廓曲线段CD与尖底作用时,从动件以一定的运动规律返回初始位置,这一过程称为回程,此过程凸轮转过的角度f'称为回程运动角。

(5) 近休止角。凸轮继续转过ϕ_s',当基圆上DA段圆弧与尖底作用时,从动件在距凸轮回转中心最近的位置停止不动,这时对应的凸轮转角ϕ_s'称为近休止角。当凸轮继续回转时,从动件又重复进行"升—停—降—停"的运动循环。

从动件位移s与凸轮转角ϕ之间的对应关系可用从动件位移线图来表示。由于大多数凸轮做等速转动,其转角与时间成正比,图中的横坐标也代表时间t。通过微分可以绘制从动件速度线图和加速度线图,它们统称为从动件运动线图。

通常,从动件的位移s、速度v和加速度a的变化规律可全面反映从动件的运动特性和动力特性的变化规律。凸轮机构从动件的运动规律,就是指从动件的位移、速度、加速度随时间(或凸轮转角)的变化(规律)情况。当把位移、速度、加速度作为纵坐标,把时间(或凸轮转角)作为横坐标,以曲线的形式来表达它们之间的关系时,就分别称为位移线图、速度线图和加速度线图。凸轮机构从动件的位移线图如图5-31所示。

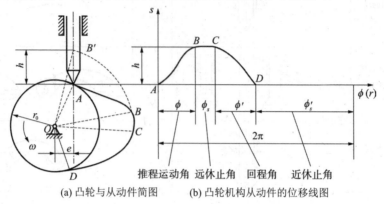

(a) 凸轮与从动件简图　　(b) 凸轮机构从动件的位移线图

图5-31　凸轮与从动件的关系

2. 等速运动规律

对于汽车发动机,不仅要求气门准时打开和关闭,还要求气门打开的时间尽量短,保持打开的时间尽量长,关闭要快。但是考虑到噪声问题,汽车发动机气门杆通常遵循等速运动规律。

当凸轮等速回转时,从动件推程或回程过程中的速度为常数,这种运动规律称为等速运动规律,运动线图如图5-32所示。回程时,从动件的运动方程与推程的区别,只是位移 s 由最大值 h 等速降至零,且速度为负值。在始点加速度 $a=+\infty$,在末点加速度 $a=-\infty$,即始末点的理论加速度值为无穷大,它所引起的惯性力亦应为无穷大,从而产生强烈的冲击,这种冲击称为刚性冲击或硬冲。这种运动规律只适用于低速轻载的凸轮机构。

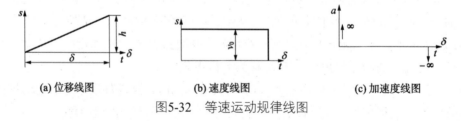

(a) 位移线图　　　　(b) 速度线图　　　　(c) 加速度线图

图5-32　等速运动规律线图

3. 等加速、等减速运动规律

从动件在推程(或回程)的前半段行程做等加速运动,后半段行程做等减速运动。通常,等加速段和等减速段时间相等,加速度的绝对值也相等。等加速、等减速运动规律的加速度等于常数。所谓等加速、等减速运动,即从动件在一个推程 h 中,先做等加速运动,后做等减速运动。从动件做等加速和做等减速运动所占的时间相等,各为 $T/2$;相应的凸轮转角也相等,各为 $\phi_0/2$;相应的行程也相等,各为 $h/2$。从动件位移、速度、加速度与凸轮转角的关系为

$$s=\frac{a}{2\omega^2}\delta^2 \tag{5-3}$$

$$v=\frac{a}{\omega}\delta \tag{5-4}$$

式中：a——加速度，常数；

ω——角速度；

δ——凸轮转角。

由图5-33可知，加速度曲线为水平直线，速度曲线为斜直线，而位移曲线为两段在$h/2$处光滑相连的抛物线。这种运动规律又称为抛物线运动规律。从这种运动规律的加速度曲线可以看出，加速度在从动件向上运动的开始，即线图上A点所对应的位置，以及B、C两点所对应的位置，加速度都有突变，尽管这种突变不是无穷大，但这种有限的突变也会产生一定的惯性力，从而引起一定的冲击，作用到凸轮机构上。这种有限的作用力所引起的冲击称为柔性冲击。由于这种凸轮机构存在柔性冲击，只能用于中速轻载的场合，不能用于高速场合。

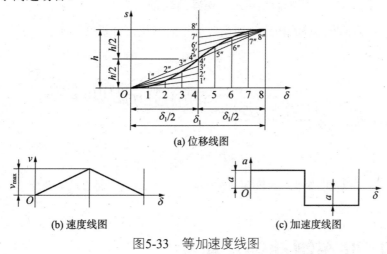

图5-33 等加速度线图

知识拓展

凸轮轴

1. 凸轮轴的概念

在发动机配气机构中，当凸轮尺寸大小接近轴径时，凸轮与轴成一体，称为凸轮轴，如图5-34所示。

2. 凸轮轴的作用

凸轮轴是发动机配气机构的一部分，专门负责驱动气门按时开启和关闭，作用是保证发动机在工作中定时为汽缸吸入新鲜的可燃混合气，并及时将燃烧后的废气排出汽缸。凸轮轴直接通过摇臂驱动气门，适用于高转速的轿车发动机。由于转速较高，而且需要承受很大的扭矩，设计中对凸轮轴在强度和支撑方面的要求很高，其材质一般是特种铸铁，偶尔也可采用锻件。气门运动规律关系到一台发动机的动力和运转特性,因此凸轮轴设计在发动机的设计过程中占据着十分重要的地位。

3. 凸轮轴的结构

凸轮轴的主体是一根与汽缸组长度相同的圆柱形棒体(轴),上面套有若干个凸轮,用于驱动气门。凸轮轴的一端是轴承支撑点,另一端与驱动轮相连接。

凸轮的侧面呈鸡蛋形,其设计目的在于保证汽缸充分进气和排气,具体来说就是在尽可能短的时间内完成气门的开闭动作。凸轮轴的轴颈一般都大于凸轮的轮廓,并从前向后依次减小,以便拆装。凸轮轴的前端装有正时齿轮或同步齿形带等。另外,考虑到发动机的耐久性和运转的平顺性,气门也不能因开闭动作中的加减速过程产生过多过大的冲击,否则就会造成气门严重磨损、噪声增加或其他严重后果。

任务实施

观察凸轮轴

结合图5-34观察凸轮轴的构造,观察各部分的形状,分析其作用。

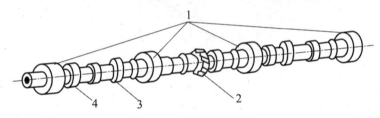

图5-34 凸轮轴的构造

1-轴颈　2-螺旋齿轮(驱动分电器)　3-偏心轮(驱动油泵)　4-凸轮

任务四 驻车制动锁止机构

任务导入

人们骑自行车时,通过链条带动后轮上的链轮,实现自行车的前进。当不再登动脚踏板时,自行车后轮可以继续转动。这是什么机构在发挥作用呢?它就是棘轮机构。汽车的驻车制动锁止机构就是棘轮机构。

相关知识

在机器工作时,当主动件做连续运动时,常需要从动件产生周期性的运动和停歇,实现这种运动的机构,称为间歇运动机构。常见的间歇运动机构有棘轮机构、槽轮机构、不完全齿轮机构和凸轮式间歇机构等,它们广泛用于自动机床的进给机构、送料机构、刀架的转位机构、精纺机的成形机构等,汽车制动锁止机构也是间歇运动机构。本任务中,我们重点介绍棘轮机构和槽轮机构。

一、棘轮机构

1. 棘轮机构的工作原理

如图5-35所示为齿式棘轮机构,它由摆杆、棘爪、棘轮、止回棘爪和机架组成。

通常以摆杆为主动件,以棘轮为从动件。在图5-35中,主动摆杆1空套在棘轮的中心支承轴上,当它向左摆动时,其上的棘爪2在自重或弹簧的作用下嵌入棘轮3的齿槽内,推动棘轮逆时针转过一定角度,而止回棘爪4在棘轮的齿背上滑过。当摆杆1向右摆动时,止回棘爪4借助弹簧嵌入棘轮3的齿槽内,阻止棘轮顺时针转动,同时棘爪2在棘轮3齿背上滑过,棘轮则静止不动。当摆杆做往复摆动时,棘轮做单向的间歇运动。摆杆的摆动可通过曲柄摇杆机构和凸轮机构来实现。

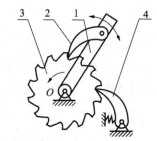

图5-35 齿式棘轮机构

1-摆杆 2-棘爪 3-棘轮 4-止回棘爪

2. 棘轮机构的其他类型

(1) 摩擦棘轮(无声棘轮)机构。如图5-36所示为摩擦棘轮机构,其外套筒1、内套筒3之间装有受压缩弹簧作用的滚子2,当外套筒沿顺时针转动,滚子楔紧,内套筒转动;当外套筒沿逆时针转动,滚子松开,内套筒不动。由于摩擦传动会出现打滑现象,所以不适于从动件转角要求精确的地方。

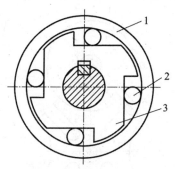

图5-36 摩擦棘轮机构

1-外套筒 2-滚子 3-内套筒

(2) 双向棘轮机构。如图5-37所示为双向棘轮机构,其棘爪1有两个对称的爪端,棘轮2的轮齿做成矩形。在图示实线位置,棘爪1推动棘轮2做逆时针方向的间歇转动;若将棘爪1翻转到图示虚线位置,则可推动棘轮2做顺时针方向的间歇转动。

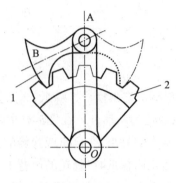

图5-37 双向棘轮机构

1—棘爪 2—棘轮 A—摆杆 B—棘轮

3. 棘轮机构的特点及应用

棘轮机构结构简单，制造容易，运动可靠，而且棘轮的转角在很大范围内可调。但工作时有较大的冲击与噪声，运动精度不高，所以常用于低速轻载的场合。棘轮机构还常用做防止机构逆转的停止器，这类停止器广泛应用于卷扬机、提升机以及运输机中。

二、槽轮机构

1. 槽轮机构的工作原理

槽轮机构又称为马乐他机构。常用的槽轮机构如图5-38所示，它由带有圆销A的拨盘1、具有径向槽的槽轮2及机架组成。拨盘1为原动件，槽轮2为从动件。当拨盘上的圆销A未进入槽轮的径向槽时，槽轮因其内凹的锁止弧被拨盘外凸的锁止弧锁住而静止；当圆销A开始进入径向槽时，两锁止弧脱开，槽轮在圆销的驱动下沿逆时针转动；当圆销开始脱离径向槽时，槽轮因另一锁止弧又被锁住而静止，从而实现从动槽轮的单向间歇转动。

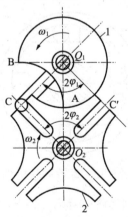

图5-38 槽轮机构

1—拨盘 2—槽轮 A—圆销 B—拨盘 C—槽轮

2. 槽轮机构的特点及应用

槽轮机构的特点是能准确控制转角，结构简单，制造容易，工作可靠，机械效率较高。与棘轮机构相比，工作平稳性较好，但其槽轮机构动程不可调节，转角不可太小，销轮和槽轮的主从动关系不能互换，起停有冲击，并随着转速的增加或槽轮槽数的减少而加剧，故不适用于高速。槽轮机构的结构要比棘轮机构复杂，加工精度要求较高，因此制造成本也较高。

如图5-39所示为电影放映机的槽轮机构。

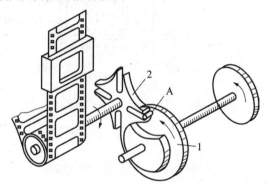

图5-39 电影放映机的槽轮机构

1-拨盘 2-槽轮 A-支架

任务实施

驻车制动器

1. 驻车制动器的工作原理

汽车驻车制动器又称手刹，其作用是使汽车停放可靠，便于在坡路上起步，并可在行车制动器失效后应急制动或配合行车制动器进行紧急制动，多数驻车制动器安装在变速器或分动器之后，也有少数汽车装在后驱动桥输入轴前端，还有的汽车以后轮制动器兼作驻车制动器。

如图5-40所示为解放CA1092型汽车驻车制动器及传动结构示意图，其工作过程如下所述。

制动时，驻车制动杆上端后扳，传动拉杆带动拉杆臂逆时针摆动，推动前制动蹄臂和制动蹄后移。同时，通过拉杆拉动后制动蹄臂，压缩定位弹簧，后制动蹄前移，两制动蹄即夹紧制动盘，产生制动作用。这时，棘爪将手制动杆锁止在制动位置。

解除制动时，按下制动杆上端的拉杆按钮，使下端棘爪脱出，然后将制动杆推向前端位置，前、后蹄在定位弹簧的作用下回位，制动解除。

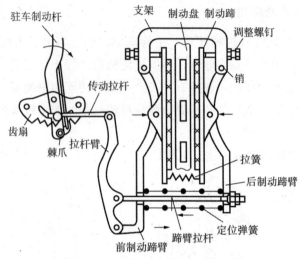

图5-40 驻车制动器及传动结构

2. 实训操作

在汽车实训场所观察汽车驻车制动器,分析其工作原理。

项目六

汽车常用机械传动

学习目标

1. 知识目标

(1) 了解带传动的特点、性能与方法；
(2) 知道链传动的结构工艺性能和维护保养知识；
(3) 掌握齿轮机构及齿轮传动知识。

2. 能力目标

(1) 能分析汽车带传动的受力情况、包角及带速对带传动的影响；
(2) 掌握V带在汽车上的应用；
(3) 熟悉链传动在汽车上的应用。

任务一 汽车带传动

任务导入

在汽车上，发电机、风扇、水泵等均由曲轴通过带传动进行驱动，因而掌握带传动的特点和工作原理等有利于理解带传动的工作情况。

相关知识

一、带传动概述

1. 带传动的组成及工作原理

如图6-1所示，安装时环形带被张紧在带轮上，产生的初拉力使得带与带轮之间产生压力。主动轮以n_1转动时，依靠摩擦力拖动从动轮以n_2一起同向旋转。

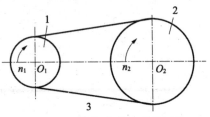

图6-1 带传动的工作原理
1-主动轮 2-从动轮 3-环形带

2. 带传动的主要类型

1) 按传动原理分类

(1) 摩擦带传动：靠传动带与带轮之间的摩擦力实现传动。
(2) 啮合带传动：靠带内侧凸齿与带轮外缘上的齿槽相啮合实现传动，如同步带传动。

2) 按用途分类

(1) 传动带：用于传动动力。
(2) 输送带：用于输送物品。

3) 按传动带的截面形状分类

(1) 平带：截面形状为矩形，内表面为工作面。

(2) V带：截面形状为梯形，两侧面为工作表面。主要类型有普通V带、窄V带、宽V带、联组V带等。普通V带是应用较广泛的一种传动带，其传动功率大，结构简单，价格便宜。由于带与带轮槽之间是V形槽面摩擦，可以产生比平带更大的有效拉力(约3倍)。汽车中广泛使用的是V带。

3. 带传动的特点和应用

1) 带传动的优点

(1) 适用于中心距较大的传动；

(2) 具有良好的挠性，可缓和冲击，吸收振动；

(3) 过载时带与带轮之间会出现打滑，避免其他零件的损坏；

(4) 结构简单，成本低廉。

2) 带传动的缺点

(1) 传动的外廓尺寸较大；

(2) 需要张紧装置；

(3) 由于带的滑动，不能保证固定不变的传动比；

(4) 带的寿命较短；

(5) 传动效率较低。

3) 带传动的应用

带传动广泛应用于两轴平行且同向转动的场合(称为开口传动)，中小功率电动机与工作机之间的动力传递。

二、普通V带

1. 普通V带的结构

V带由包布、顶胶、抗拉体和底胶4部分组成，如图6-2所示。V带包布为胶帆布，顶胶和底胶材料为橡胶。抗拉体是V带工作时的主要承载部分。

标准普通V带都制成无接头的环形，根据抗拉体结构，分为帘布芯V带和绳芯V带两类。帘布芯结构的V带抗拉强度高，制造方便，价格低廉。绳芯结构的V带柔韧性好，抗弯强度高，适用于转速较高、带轮直径较小的场合。现代生产中多采用绳芯结构的V带。

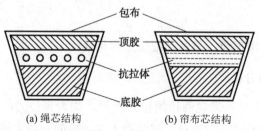

图6-2 普通V带的结构

2. 普通V带的参数

(1) 普通V带的截面形状。按截面尺寸可将V带分为Y、Z、A、B、C、D、E共7种型号(见表6-1)。其中，Y型的截面积最小，E型的截面积最大。V带的截面积越大，传递的功率也越大。

表6-1 普通V带各型号的截面尺寸

型号	节宽b_p/mm	顶宽b/mm	高度h/mm	楔角φ/°
Y	5.3	6	4	40
Z	8.5	10	6	
A	11	13	8	
B	14	17	11	
C	19	22	14	
D	27	32	19	
E	32	38	25	

(2) V带的节宽b_p。当V带弯曲时，在带中保持原长度不变(既不伸长也不压缩)的层面叫节面，节宽b_p就是节面的宽度，也保持不变。

(3) 带的基准长度L_d。V带在规定的张紧力下，位于节面上的周线长度称为带的基准长度L_d，它是设计和选用V带长度的依据，最短为200mm，最长可达16 000mm。

(4) V带带轮的基准宽度b_d。如图6-3所示，轮槽的基准宽度通常与所配用的V带的节宽处于同一位置，即轮槽的基准宽度等于V带的节宽，$b_d = b_p$。

(5) 带轮的基准直径d_d。d_d为轮槽的基准宽度b_d处带轮的直径。基准直径越小，传动时带在带轮上的弯曲变形越严重，弯曲应力越大。

(6) 相对高度。相对高度为V带高度h与节宽b_p之比，约为0.7。

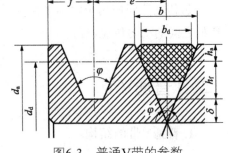

图6-3 普通V带的参数

3. V带传动的传动比计算

带传动的传动比是主动轮的转速n_1(r/min)与从动轮的转速n_2(r/min)的比值，也是主、从动轮基准直径d_b的反比，即

$$i_{12} = \frac{n_1}{n_2} = \frac{d_{b2}}{d_{b1}} \tag{6-1}$$

由于带传动存在打滑现象，不能保证恒定的传动比。

4. V带传动的受力分析

如图6-4所示，静止时，带轮两边的拉力相等，均为预拉力F_0。传动时，在摩擦力的作用下，主动轮带动传动带一起运动，这时卷入主动轮的一边先被拉紧，称为紧边，其拉力由F_0增大到F_1；卷出主动轮的一边则被放松，称为松边，拉力从F_0降到F_2。紧边拉力的

增加量等于松边拉力的减少量,即

$$F_1-F_0=F_0-F_2 \quad F_1+F_2=2F_0 \quad (6-2)$$

带与带轮间的总摩擦力为F_f,带传动的有效拉力为F_e,则有

$$F_f=F_e=F_1-F_2 \quad (6-3)$$

在F_0一定时,两边拉力为有限值,有效拉力有限,传递的功率也有限。带传动的功率$P(kW)$、有效拉力$F_e(N)$和带速$v(m/s)$之间的关系为

$$P=\frac{F_e v}{1000} \quad (6-4)$$

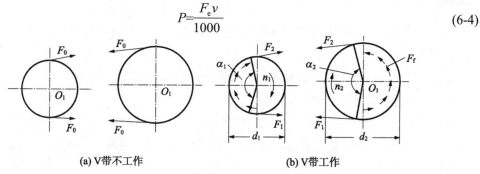

(a) V带不工作　　(b) V带工作

图6-4　V带传动受力分析

5. V带传动的弹性滑动和打滑

带传动在工作时,带在紧边和松边受到不同的拉力,紧边拉力大,相应的弹性伸长量也大。这种由于带的弹性变形而引起的带与带轮间的滑动称为带的弹性滑动。带绕过主动轮时,将逐渐缩短并沿轮面滑动,使带速落后于轮速。带经过从动轮时,将逐渐被拉长并沿轮面滑动,使带速超前于轮速。弹性滑动是带正常工作的固有特性,是不可避免的。若带的工作载荷进一步增大,有效拉力达到临界值F_{emax}后,则带与带轮间会发生显著的相对滑动,即产生打滑。打滑将使带的磨损加剧,从动轮转速急速降低,传动失效,这种情况应当避免,但可起过载保护的作用。

三、普通V带传动的选用要点

(1) 根据所需传递的功率和主动轮的转速n_1选择V带的型号。

(2) 选取带轮直径d_{d1}、d_{d2},并保证$d_{d1}>d_{dmin}$。带轮的直径过小,则带的弯曲应力大,寿命降低。

(3) 初定带的长度为L_0,确定基准长度为L_d。

(4) 验算小带轮的包角为α_1。包角是指带与带轮接触面的弧长所对的中心角,公式为

$$\alpha_1=180°-\frac{d_{d2}-d_{d1}}{\alpha_0}\times 57.3°$$

一般应使$\alpha_1 \geqslant 120°$。为了增大包角,要求带传动松边在上,紧边在下。当$\alpha_1<120°$时,可加大中心距α_0或增加张紧轮。

(5) 验算带速，公式为

$$v = \frac{\pi d_{d1} n_1}{60 \times 1000}$$

v过大，摩擦力下降，传动能力下降；v过小易打滑，一般限制在5～25m/s。

四、普通V带的正确使用

(1) 安装时，两带轮轴必须平行，两轮轮槽要对齐，否则将加剧带的摩擦，甚至使带从带轮上脱落。

(2) 胶带不宜与酸、碱或油接触，工作温度不应超过60℃。

(3) 带传动装置应加保护罩。

(4) 定期检查胶带，发现其中一根过度松弛或疲劳损坏时，应全部更换新带，不能新旧并用。如果旧胶带尚可使用，应测量长度，选长度相同的组合使用。

(5) V带的张紧程度要适当，不宜过松或过紧。V带安好后用大拇指能按下15mm左右，则张紧适度，如图6-5所示。

图6-5　V带的张紧程度

五、V带传动的张紧

V带由于安装制造误差或工作后的塑性变形而松弛，会影响正常工作，因此必须重新张紧，常用的方法有以下几种。

(1) 定期张紧装置。可采用改变中心距的方法来调节带的最初拉力。

(2) 自动张紧装置。将装有带轮的电动机安装在浮动的摆架上，利用电动机的自重，使带轮随电动机绕固定轴摆动，以自动保持张紧力，如图6-6所示。

(3) 采用张紧轮的装置。当中心距不能调节时，可采用张紧轮将带张紧。一般将张紧轮放在靠近大带轮松边的内侧，如图6-7所示。

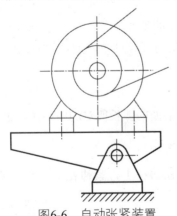

图6-6　自动张紧装置

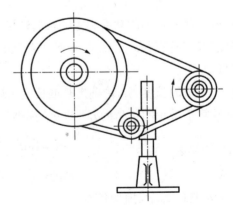

图6-7　采用张紧轮的装置

(4) 改变带长。对有接头的带，常采用定期截取带长的方法使带张紧。

🔳 任务实施

(1) 观察汽车实物，看哪些地方能用到V带。在有V带的地方，用大拇指向下按V带15mm左右，检查V带的张紧情况。如过松，看看如何调节使之张紧或换V带；如过紧，看看能否调松。

(2) 将发电机与曲轴之间的V带卸下，再装上。

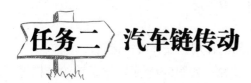

任务二 汽车链传动

🔳 任务导入

汽车配气机构通过正时链条驱动，保证进气门和排气门准时开启和闭合。链传动为什么有这样的作用呢？

🔳 相关知识

一、链传动概述

1. 链传动的组成和工作原理

如图6-8所示，链传动由装在平行轴上的链轮和跨绕在两链轮上的环形链条所组成，以链条作中间挠性件，靠链条与链轮轮齿的啮合来传递运动和动力。

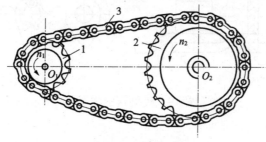

图6-8 链传动

1-主动链轮　2-从动链轮　3-链条

2. 链传动的传动比

设主、从动链轮的齿数分别是z_1、z_2，主、从动链轮的转数分别是n_1、n_2。主动齿轮每转过一个齿，会带动链条移动一个链节，从动链轮会被链条带动转过一个齿。单位时间内主动轮转过的齿数等于从动轮转过的齿数，即

$$z_1 n_1 = z_2 n_2 \qquad \frac{n_1}{n_2} = \frac{z_2}{z_1} \qquad (6\text{-}5)$$

链传动的传动比是主动链轮的转速n_1与从动链轮的转速n_2的比值,即

$$i_{12} = \frac{n_1}{n_2} = \frac{z_2}{z_1} \qquad (6\text{-}6)$$

3. 链传动的类型

链传动的常用种类包括以下几种。

(1) 传动链:在一般机械中传递运动和动力,应用最广泛。

(2) 输送链:用于输送工件、物品和材料等。

(3) 曳引起重链:主要传递力,起牵引、悬挂物品的作用,兼作缓慢运动。

传动链有滚子链、套筒链、弯板链和齿形链等多种,如图6-9所示。滚子链的结构简单,质量小,价格低,供应方便,应用广泛。套筒链无滑动,结构紧凑,传动效率高,承载能力高,可传递远距离传动。弯板链无弹性滑动和打滑现象,能保持准确的传动比,传动效率较高。齿形链比滚子链传动平稳,噪声较小,又称无声链,可用于较高速度或对运动精度要求较高的场合,但结构复杂,质量大,价格高。本任务重点介绍滚子链。

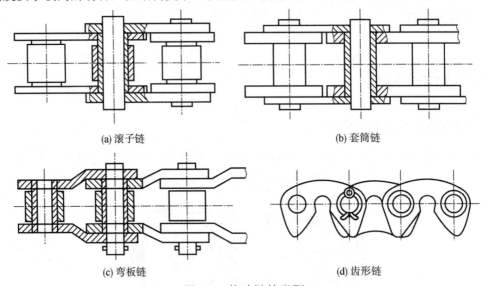

(a) 滚子链 (b) 套筒链

(c) 弯板链 (d) 齿形链

图6-9 传动链的类型

4. 链传动的特点

链传动具有以下几个特点。

(1) 能保证准确的平均传动比。

(2) 传递的功率大,且张紧力小。

(3) 传动的效率高,一般能达到95%~98%。

(4) 能在低速重载和高温条件及露天等不良环境中工作。

(5) 链条的铰链磨损后,使链条节距变大,链条易脱落。

(6) 仅能用于平轴间的传动,高速运转不如带传动平稳,也不适合载荷变化很大和急速反转的传动。

二、滚子链

1. 滚子链的结构

滚子链由内链板1、外链板2、销轴3、套筒4和滚子5所组成，如图6-10所示。节距P是指相邻两链节传动副理论中心之间的距离。

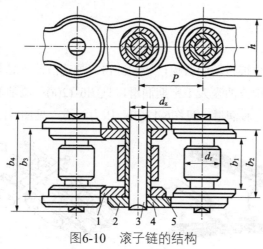

图6-10　滚子链的结构

1-内链板　2-外链板　3-销轴　4-套筒　5-滚子

2. 滚子链的接头形式

当链节数为偶数时，链的接头为一般的连接链节，常用开口销或弹簧卡片来固定；当链节数为奇数时，采用过渡链节，如图6-11所示。

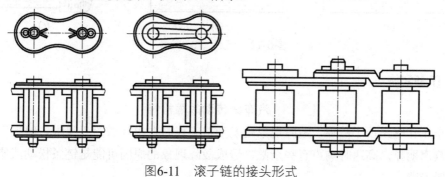

图6-11　滚子链的接头形式

三、链传动的布置、张紧和润滑

1. 链传动的布置

(1) 两轮轴线应布置在同一水平面内，或两轮中心线与水平面成45°以下的倾斜角。

(2) 应尽量避免垂直传动，如不得不垂直，应使上下链轮左右偏离一段距离。

(3) 紧边放在上面，应避免松边在上面，否则链条下垂会出现咬链现象。

2. 链传动的张紧

为防止链条垂度过大造成啮合不良和松边的颤动，需用张紧装置。如中心距可以调节，可通过调节中心距来控制张紧程度；如中心距不可调节，可用张紧轮。张紧轮应安装在链条松边靠近小链轮处，放在链条内外侧均可。张紧轮可以是链轮，也可以是无齿的滚轮，其直径可比小链轮略小些，还可以去除1~2个链节以恢复链条原有长度，达到链的张紧要求。

3. 链传动的润滑

良好的润滑可以减少链传动的磨损，缓和冲击，加速散热，延长使用寿命。链传动常采用的润滑方式有用油刷或油壶人工定期润滑，见图6-12(a)；滴油润滑，见图6-12(b)；油浴润滑，见图6-12(c)；飞溅润滑，见图6-12(d)；压力润滑，见图6-12(e)。

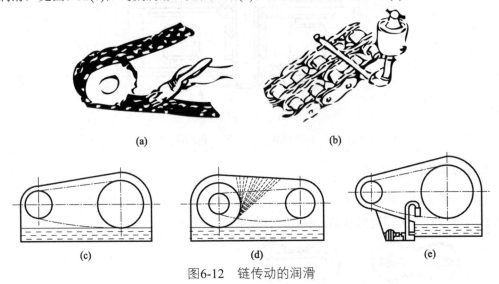

图6-12　链传动的润滑

❖ 任务实施

汽车链传动故障检修

汽车工作时出现了故障，故障现象是发动机工作时发出轻微的"嘎啦、嘎啦"响声，中速时响声明显，高速时响声有些杂乱，造成故障现象的原因可能是链条松动或错位、链条张紧器卡滞。

1. 故障检修方法

(1) 在发动机前面，当转速变化时响声较明显，若用金属棒抵触在链轮盖上试听，响声较明显，说明故障是由链条松动造成的，应该调整链条以消除响声。

(2) 调整紧链器或更换链条。正时传动带是小轿车、轻型汽车发动机配气机构的主要机件，应定期检查传动带的张力和技术状况，不要等传动带坏了或跳齿时再去修理。更换或调整齿形传动带时，应掌握以下两点：一是拆卸方法；二是齿形传动带松紧度的调整方法及具体要求。传动带松紧度必须调整得当，不能太紧，也不可太松。太紧了，不但发动机工作时会有异响，而且会影响传动带和传动机件的寿命；反之，同样会发出异响，有可能会因传动带与链轮啮合不紧而导致跳齿。

2. 操作方法

重新拧松张紧轮，安装螺栓和螺母。在弹力作用下，使传动带与张紧轮接触边也张紧，最后拧紧张紧轮的安装螺母。只要调节张紧轮的位置，即可调整传动带的松紧度，故障即可消除。

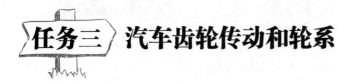

汽车齿轮传动和轮系

任务导入

汽车上有很多传动是通过齿轮传动来实现的，汽车上还采用许多轮系，下面我们就来了解汽车哪些部位和总成应用了齿轮传动和轮系。

相关知识

一、齿轮传动的特点

齿轮传动是利用两齿轮的轮齿相互啮合传递动力和运动的机械传动。齿轮传动是机械行业常见的基本传动，在各种机械设备、车辆、自动线和仪表的传动系统中应用得非常广泛。

齿轮传动具有以下几个特点。

(1) 适用的速度和功率范围广。最高速度可达300m/s，功率范围是几瓦至几万千瓦。

(2) 传动效率高，可达95%～99%。

(3) 传动平稳，瞬时传动比恒定。

(4) 寿命较长，可达15～30年。

(5) 齿轮的制造及安装精度要求高，价格较贵，不宜用于两轴间距离较大的场合。

二、齿轮传动的分类

1. 按齿轮轴与轴之间的相对位置关系分类

(1) 平行轴齿轮传动。平行轴齿轮传动可分为直齿轮圆柱齿轮传动、斜齿轮圆齿轮传动、人字齿轮传动、曲线圆柱齿轮传动。

直齿轮圆柱齿轮传动又可分为外啮合齿轮传动、内啮合齿轮传动、齿轮齿条传动，如

图6-13所示，(a)图中两齿轮转动方向相反，(b)图中两齿轮转动方向相同，(c)图中齿条的齿数趋于无穷大。

 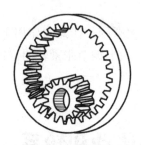 

(a) 外啮合齿轮传动　　(b) 内啮合齿轮传动　　(c) 齿轮齿条传动

图6-13　平行轴齿轮传动

斜齿轮圆齿轮传动如图6-14所示。这种齿轮的形成线和齿轮轴线有一个倾斜的角度，这个倾斜角叫螺旋角。

人字齿轮传动如图6-15所示。它是由螺旋角大小相等、旋转方向相反的两个斜齿轮拼合而成的。在实际制造中，整体制造或拼成均可。

曲线圆柱齿轮传动如图6-16所示，其齿轮沿轴向弯曲成一个弧面。

图6-14　斜齿轮圆齿轮传动　　图6-15　人字齿轮传动　　图6-16　曲线圆柱齿轮传动

(2) 交错轴齿轮传动。交错轴齿轮传动可分为轴斜圆柱齿轮传动和蜗杆传动。

轴斜圆柱齿轮传动如图6-17(a)所示，它传递两轴不平行且相错成任意角度的运动。

蜗杆传动如图6-17(b)所示，它传动两轴垂直且相错的运动。

 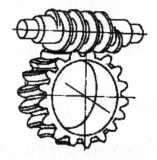

(a) 轴斜圆柱齿轮传动　　(b) 蜗杆传动

图6-17　交错轴齿轮传动

(3) 相交轴齿轮传动。相交轴齿轮传动可分为直齿锥齿轮传动、斜齿锥齿轮传动、曲线齿锥齿轮传动，如图6-18所示。它用于两相交轴之间的动力传动。

(a) 直齿　　　(b) 斜齿　　　(c) 曲线齿

图6-18　相交轴齿轮传动

2. 按齿轮的工作条件分类

(1) 开式齿轮传动。齿轮暴露在外，不能保证良好的润滑。

(2) 半开式齿轮传动。齿轮浸入油池，有护罩，但不封闭。

(3) 闭式齿轮传动。齿轮、轴和轴承等都装在封闭箱体内，润滑条件良好，灰沙不易进入，安装精确。

3. 按轮齿的齿廓曲线分类

按轮齿的齿廓曲线可分为渐开线齿轮传动、摆线齿轮传动和圆弧齿轮传动等。在这里，我们重点介绍渐开线齿轮传动。

渐开线齿轮满足传动比的要求，易于设计、计算和加工，强度好，磨损少，效率高，寿命长，制造安装方便，易于互换。因此，渐开线齿轮在工程中应用广泛。

1) 渐开线的形成

如图6-19所示，以r_b为半径画一个圆，这个圆称为基圆。当直线BK沿基圆圆周做纯滚动时，该直线上任一点K的轨迹AK，就称为该基圆的渐开线，直线BK称为发生线。

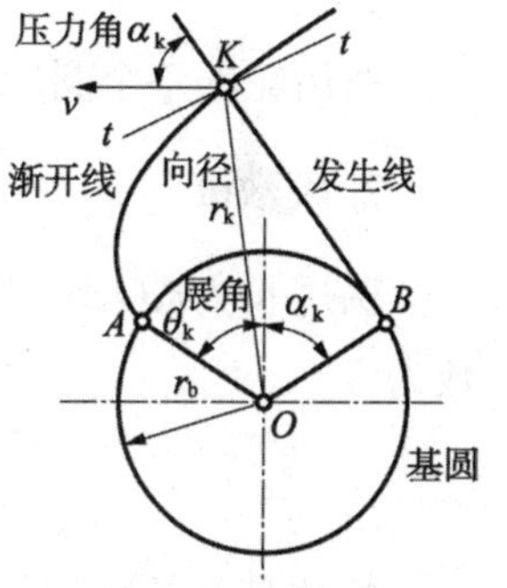

2) 渐开线的特性

图6-19　渐开线

(1) 发生线在基圆上滚过的一段长度等于基圆上相应被滚过的一段弧长，即$\overline{BK}=\overset{\frown}{AB}$。

(2) 渐开线上任一点的法线必与基圆相切。

(3) 渐开线上任何一点B的曲率半径$\overline{BK}$不相等(离基圆越远，曲率半径越大)。

(4) 渐开线的形状取决于基圆的大小。

(5) 渐开线是从基圆开始向外逐渐展开的，故基圆以内无渐开线。

3) 渐开线齿轮啮合的特点

(1) 由渐开线做齿廓的两齿轮的传动比定为常数。

(2) 渐开线齿轮传动的啮合线是一条直线。

(3) 渐开线齿轮的可分性，即当中心距稍有变化时其传动比不变的特性。

(4) 传动平稳，即外力沿固定方向传递，运动平稳。

三、齿轮各部分的名称

齿轮各部分的名称如图6-20所示。

(1) 齿顶圆、齿根圆,即经过所有齿顶、齿根的圆周。

(2) 基圆,即齿廓渐开线的基圆,其半径用r_b表示。

(3) 分度圆。为度量齿轮的几何尺寸,而在齿轮的齿顶圆和齿根圆之间人为选定的一个基准圆,称为分度圆,其半径用r表示,直径用d表示。

(4) 齿顶高、齿根高。齿轮轮齿在齿顶圆和分度圆之间、分度圆和齿根圆之间的部分分别称为齿顶、齿根,其径向高度称为齿顶高、齿根高。

(5) 齿厚、齿槽宽和齿距。齿轮的齿厚、齿槽宽指分度圆上的齿厚、齿槽宽,用s和e表示。齿距是指齿厚与齿间宽之和,也称为周节,用p表示。

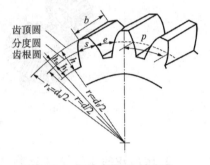

图6-20 齿轮各部分的名称

四、齿轮主要参数

1. 齿数z

在齿轮的整个圆周上均匀分布的轮齿总数称为齿数,其大小取决于传动比的需要。

2. 模数m

圆周长为$\pi d=zp$,即$d=z(p/\pi)$,令$m=p/\pi$,称为模数m,故有分度圆的直径$d=zm$,即模数为

$$m=\frac{p}{\pi}=\frac{d}{z} \tag{6-7}$$

模数具有长度的量纲,单位为mm。相同齿数的齿轮,模数越大,其尺寸也越大,承载能力也越强。

国家标准对模数值规定了标准模数系列,见表6-2。

表6-2 标准模数系列(GB/T 1357—2008)

第一系列	1	1.25	1.5	2	2.5	3	4	5	6	8
	10	12	16	20	25	32	40	50	—	—
第二系列	—	—	—	1.75	2.25	2.75	(3.25)	3.5	(3.75)	4.5
	5.5	(6.5)	7	9	(11)	14	18	22	28	—
	36	45	—	—	—	—	—	—	—	—

注:选用模数时应优先采用第一系列,其次是第二系列,括号内的模数尽可能不用。

3. 压力角

渐开线上任一点法向压力的方向线(即渐开线在该点的法线)和该点速度方向之间的夹角称为该点的压力角。

由图6-21可知

$$\cos\alpha_k = \frac{r_b}{r_k} \tag{6-8}$$

式中：α_k——渐开线上某点的压力角，通常所指的压力角为20°、25°，指的是齿轮分度圆与渐开线交点处的压力角。

4. 齿顶高系数 h_a^*

$$h_a = h_a^* m \tag{6-9}$$

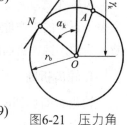

图6-21 压力角

式中：h_a^*——齿顶高系数，已标准化，其值见表6-3。

表6-3 齿顶高系数和顶隙系数　　　　　　　　　　单位：mm

系　数	正常齿		短　齿
	$m \geq 1$	$m < 1$	
h_a^*	1	1	0.8
c^*	0.25	0.35	0.3

5. 顶隙系数 c^*

一对齿轮啮合时，为避免一轮的齿顶与另一轮的齿槽底相抵触，并留有一些空隙储存润滑油以便润滑，应使一齿轮齿顶圆与另一齿轮齿根圆之间留有一定的间隙，此间隙沿径向度量，称为径向间隙或顶隙，用 c^* 表示，标准顶隙为

$$c = c^* m \tag{6-10}$$

式中：c^* 已标准化，其值见表6-3。

五、齿轮的主要几何参数

下面以标准直齿圆柱齿轮为例，介绍其主要几何尺寸和计算公式，见表6-4。

表6-4 标准直齿圆柱齿轮的主要几何尺寸和计算公式

名称	符号	计算公式
分度圆直径	d	$d_1 = mz_1$　　　　$d_2 = mz_2$
齿顶高	h_a	$h_a = h_a^* m$
齿根高	h_f	$h_f = (h_a^* + c^*) m$
全齿高	h	$h = h_a + h_f = (2h_a^* + c^*) m$
齿顶圆直径	d_a	$d_{a1} = d_1 \pm 2h_a = (z_1 \pm 2h_a^*)m$　　$d_{a2} = d_2 \pm 2h_a = (z_2 \pm 2h_a^*)m$
齿根圆直径	d_f	$d_{f1} = d_1 \mp 2h_f = (z_1 \mp 2h_a^* \mp 2c^*)m$　　$d_{f2} = d_2 \mp 2h_f = (z_2 \mp 2h_a^* \mp 2c^*)m$
基圆直径	d_b	$d_{b1} = d_1 \cos\alpha = mz_1 \cos\alpha$　　$d_{b2} = d_2 \cos\alpha = mz_2 \cos\alpha$
齿距	p	$p = \pi m$
齿厚	s	$s = \pi m / 2$
齿槽宽	e	$e = \pi m / 2$
中心距	a	$a = \frac{1}{2}(d_2 \pm d_1) = \frac{m}{2}(z_2 \pm z_1)$
顶隙	c	$c = c^* m$
基圆齿距	p_b	$p = \pi m \cos\alpha$

注：凡含"±"或"∓"的公式，上面符号用于外啮合，下面符号用于内啮合。

六、轮齿的失效形式

齿轮在传动过程中，在载荷的作用下，如果发生折断、齿面损坏等现象，则齿轮就失去了正常的工作能力，这种现象称为失效。齿轮在传动过程中的常见失效形式有轮齿折断、齿面点蚀、齿面胶合、齿面磨损、齿面塑性变形5种。

1. 轮齿折断

轮齿折断如图6-22所示，其成因有两种：一种是在交变载荷的作用下，齿根弯曲应力超过允许限度时，齿根处产生微小的裂纹，随后裂纹不断扩展，最终导致齿轮疲劳而折断；另一种是短时间过载或受冲击载荷发生突然而折断。

危害：传动中断。

防止轮齿折断的措施：防止过载，减少冲击；限制齿根部的弯曲应力；增大齿根过渡圆角半径；消除加工刀痕，减少齿根应力集中等。

2. 齿面点蚀

齿面接触应力按脉动循环变化，当超过疲劳极限时，表面会产生微裂纹，高压油挤压使裂纹扩展、微粒剥落，从而形成点蚀，如图6-23所示。

危害：破坏齿形，增大噪声、冲击，降低平稳性。

防止齿面点蚀的措施：保证齿面硬度，提高接触强度；保证齿面接触应力；降低表面粗糙度，提高接触精度；增大润滑油黏度等。

3. 齿面胶合

高速重载传动及低速重载时，由于不易形成油膜，导致两齿轮的齿面的金属直接接触而粘在一起，如继续运动会使齿面上的金属被撕下，在轮齿的工作表面形成与润滑方向一致的沟纹，这种现象称为齿面胶合，如图6-24所示。齿轮胶合多发生在高温、高压、重载的情况下。

危害：平稳性下降，接触应力上升。

防止齿面胶合的措施：提高齿面硬度；减小齿面粗糙度；增加润滑油黏度；加抗胶合添加剂等。

图6-22　轮齿折断

图6-23　齿面点蚀

图6-24　齿面胶合

4. 齿面磨损

开式齿轮传动中，轮齿磨损是主要的失效形式，特别是在粉尘浓度较大的场合，如

图6-25所示。

危害：齿廓变形，侧隙增大，齿厚减薄，平稳性下降。

防止齿面磨损的措施：减小齿面粗糙度；改善润滑条件，清洁环境；采用闭式传动；提高齿面硬度。

5. 齿面塑性变形

轮齿在低速重载传动中，若轮齿齿面硬度较低，当齿面间作用力过大时，啮合中的齿面表层材料就会沿着摩擦力的方向产生塑性流动，这种现象称为塑性变形，如图6-26所示。

危害：破坏渐开线齿廓形状。

防止齿面塑性变形的措施：采用屈服极限较高的材料。

图6-25 齿面磨损

(a) 齿面凸出

(b) 齿面凹陷

图6-26 齿面塑性变形

七、轮系

1. 轮系的定义

在现代机械中，为了满足不同的工作要求，通常需要采用一系列相互啮合的齿轮组成的齿轮传动装置将主动轴的运动传给从动轴，该传动装置称为轮系。

2. 轮系的类型

轮系分为定轴轮系、周转轮系和复合轮系三类。每个齿轮的几何轴线都是固定的轮系，为定轴轮系(见图6-27)。至少有一个齿轮的几何轴线是绕另一个齿轮的几何轴线转动的轮系，为周转轮系(见图6-28)。复合轮系是由定轴轮系和周转轮系组成的(见图6-29)。下面重点介绍前两种轮系。

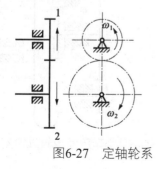

图6-27 定轴轮系

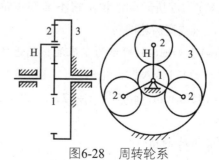

图6-28 周转轮系

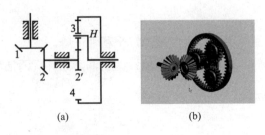

图6-29 复合轮系

1) 定轴轮系

(1) 一对定轴齿轮的传动比。如图6-27所示，若主动轮为1，从动轮为2，则其传动比 i_{12} 为

$$i_{12} = \frac{n_1}{n_2} = \frac{\omega_1}{\omega_2} = \pm \frac{z_2}{z_1} \tag{6-11}$$

式中："+"表示内啮合两轮转向相同，"-"表示外啮合两轮转向相反。

(2) 定轴轮系传动比的计算。如图6-30所示，定轴轮系各齿轮的传动比为

$$i_{12} = \frac{n_1}{n_2} = -\frac{z_2}{z_1} \qquad i_{23} = \frac{n_2}{n_3} = \frac{z_3}{z_{2'}}$$

$$i_{34} = \frac{n_3}{n_4} = -\frac{z_4}{z_{3'}} \qquad i_{45} = \frac{n_4}{n_5} = -\frac{z_5}{z_4}$$

将各传动比相乘，得

$$i_{12} i_{23} i_{34} i_{45} = \frac{n_1}{n_5} = i_{15}$$

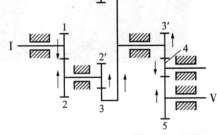

图6-30 定轴轮系传动比的计算

故该轮系的传动比为

$$i_{15} = \frac{n_1}{n_5} = \left(-\frac{z_2}{z_1}\right)\left(\frac{z_3}{z_{2'}}\right)\left(-\frac{z_4}{z_{3'}}\right)\left(-\frac{z_5}{z_4}\right)$$

所以定轴轮系传动比的计算公式为

$$i_{1N} = \frac{n_1}{n_N} = (-1)^m \frac{\text{各对齿数中从动轮齿数乘积}}{\text{各对齿数中主动轮齿数乘积}} \tag{6-12}$$

式中：m——外啮合的对数。

在图6-30中，轮4同时与两个齿轮(轮3与轮5)啮合，则轮4称为过桥轮或惰轮。它不影响齿轮系传动比的大小，只改变齿轮的转向。

【例6-1】如图6-31所示为车床溜板箱进给刻度盘轮系，运动由轮1传入，由轮5传出，1轮转数和各轮齿数为 $n_1=1450$ r/min，$z_1=18$，$z_2=87$，$z_3=28$，$z_4=20$，$z_5=84$。

求：i_{15} 和 n_5 的值。

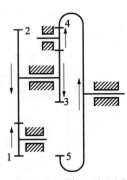

图6-31 车床溜板箱进给刻度盘轮系

解：$i_{15}=\dfrac{n_1}{n_5}=(-1)^2\dfrac{z_2z_4z_5}{z_1z_3z_4}=14.5$

$n_5=\dfrac{n_1}{i_{15}}=\dfrac{1450}{14.5}=100\text{r/min}$

因传动比为正号，所以 n_5 与 n_1 转向相同。

2) 周转轮系

周转轮系是由中心轮、行星轮和行星架组成的，如图6-32所示。其中，行星轮的运动是兼有自转和公转的复杂运动，因此不能直接运用求定轴轮系传动比的方法来求周转轮系的传动比，一般用转化机构法来求其传动比。

将周转轮系转换为假想的定轴轮系，然后利用定轴轮系传动比的计算公式计算周转轮系传动比。具体来说，可对整个周转轮系加上一个与转臂的转速大小相等而方向相反的公共转速($-n_H$)后，转臂变为固定不动，行星齿轮也随之固定，原轮系转换为定轴轮系。

转换轮系如图6-33所示。转化机构中各构件的转速见表6-5。

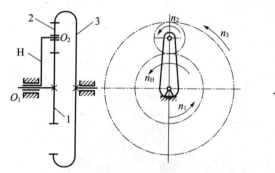

图6-32 周转轮系

1、3—中心轮 2—行星轮 H—行星架

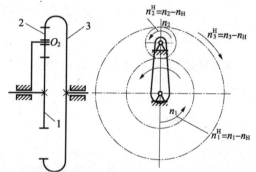

图6-33 转化轮系

1、3—太阳轮 2—行星轮

表6-5 转换机构中各构件的转速

构件	周转轮系转速(原转速)	转换机构转速(相对于行星架的转速)
1	n_1	$n_{1H}=n_1-n_H$
2	n_2	$n_{2H}=n_2-n_H$
3	n_3	$n_{3H}=n_3-n_H$
H	n_H	$n_{NH}=n_N-n_H$

转化机构的传动比为

$$i_{13}^H=\dfrac{n_1^H}{n_3^H}=\dfrac{n_1-n_H}{n_3-n_H}=(-1)^1\left(\dfrac{z_2}{z_1}\right)\left(\dfrac{z_3}{z_2}\right)=-\dfrac{z_3}{z_1}$$

在齿数已知的前提下，可由 n_1、n_3 和 n_H 求得周转轮系的传动比，将此式推广即得周转轮系转化机构传动比的计算公式为

$$i_{1N}^H=\dfrac{n_1-n_H}{n_N-n_H}=(-1)^m\times\dfrac{\text{齿数1与}N\text{间从动轮齿数乘积}}{\text{齿数1与}N\text{间主动轮齿数乘积}} \tag{6-13}$$

【例6-2】如图6-34所示的行星轮系中，$z_1=27$，$z_2=17$，$z_3=61$，已知 $n_1=6000\text{r/min}$，试

求传动比i_{1H}和行星架H的转速n_H。

解：

$$i_{13}^{H} = \frac{n_1^H}{n_3^H} = \frac{n_1 - n_H}{n_3 - n_H} = -\frac{z_3}{z_1}$$

$$i_{13}^{H} = \frac{n_1^H}{n_3^H} = \frac{n_1 - n_H}{0 - n_H} = -\frac{61}{27}$$

$$i_{1H} = \frac{n_1}{n_H} = 1 + \frac{61}{27} \approx 3.26$$

$$n_H = \frac{n_1}{i_{1H}} = \frac{6000}{3.26} \approx 1840 / \min$$

设n_1转向为正，则n_H的转向与n_1的转向相同。

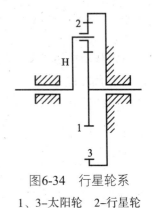

图6-34 行星轮系
1、3–太阳轮 2–行星轮
H–系杆

任务实施

差速器的拆装

1. 实训内容

掌握差速器的拆装顺序。以EQ1091型汽车差速器为例，其结构见图6-35。

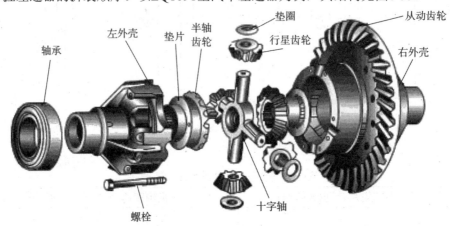

图6-35 EQ1091型汽车差速器

2. 实训目的

(1) 通过差速器的拆装了解其工作原理。

(2) 通过差速器的拆装熟悉其结构及齿轮啮合传动关系。

(3) 通过差速器的拆装掌握拆装方法。

(4) 通过差速器的拆装学会分析故障原因。

3. 实训器材

齿轮差速器；扳手、套筒、梅花扳手各一套；十字螺钉旋具、一字螺钉旋具、平口钳子、尖口钳子各一件。

4. 实训步骤

(1) 拆下从动齿轮上的螺栓，用冲头把从动齿轮从差速器壳体上敲下来。

(2) 敲出行星小齿轮轴。

(3) 拆下螺纹块。

(4) 拆下差速器壳体上的3个行星小齿轮。

(5) 拆下输出轴上的传动法兰卡环。

(6) 拆下第4个行星小齿轮和输出轴。

(7) 取出单片止推垫圈。

(8) 按拆下的相反顺序装上差速器。

任务四 汽车螺纹传动与连接

任务导入

通过对汽车进行观察，可以发现大部分的零部件都是通过螺纹连接到一起的。例如，汽车发动机缸盖和缸体的连接，车轮和轮毂的连接等，而且螺纹不仅能连接还能传动。那么螺纹连接有哪些类型？汽车上哪里采用了螺纹传动？

相关知识

一、螺纹概述

1. 螺纹的形成

如图6-36所示，将一个直角三角形(底边ab长为πd)绕在直径为d的圆柱体上，同时使底边ab与圆柱体端面周围的线重合，则此直角三角形的斜边在圆柱体的表面上形成一条螺旋线，这就是螺纹。

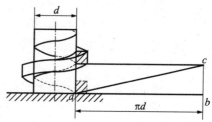

图6-36 螺纹的形成

2. 螺纹的类型

(1) 按螺纹的轴向剖面形状，分为矩形螺纹、三角形螺纹、梯形螺纹及锯齿形螺纹，如图6-37所示。

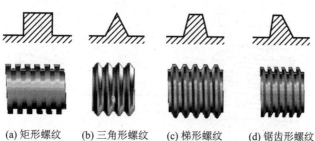

(a) 矩形螺纹　　(b) 三角形螺纹　　(c) 梯形螺纹　　(d) 锯齿形螺纹

图6-37 按轴向剖面形状分类

(2) 按螺纹旋线绕行的方向，分为右旋螺纹和左旋螺纹，如图6-38所示。轴线垂直放置，螺旋线向左上升为左旋螺纹，螺旋线向右上升为右旋螺纹。只有在特殊需要时，才采用左旋螺纹，比如汽车轮毂和自行车左边踏板使用的螺纹。

(3) 按螺纹的线数，分为单线螺纹和多线螺纹。

沿一条螺旋线所形成的螺纹为单线螺纹。单线螺纹自锁性好，主要用于连接。

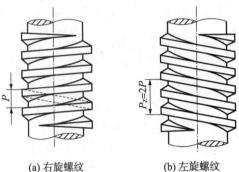

(a) 右旋螺纹　　(b) 左旋螺纹

图6-38　按螺纹旋线绕行方向分类

沿两条或两条以上在轴向等距分布的螺旋线所形成的螺纹为多线螺纹。多线螺纹传动效率较高，主要用于传动。由于加工制造的原因，多线螺纹线数一般不超过4条。

二、螺纹的主要参数

螺纹的主要参数如图6-39所示。

(1) 外径(大径)$d(D)$：与外螺纹牙顶相重合的假想圆柱面直径，亦称为公称直径。

(2) 内径(小径)$d_1(D_1)$：与外螺纹牙底相重合的假想圆柱面直径，亦称为危险剖面直径。

(3) 中径d_2：在轴向剖面内牙厚与牙间宽相等处的假想圆柱面的直径，计算公式为

$$d_2 \approx 0.5(d+d_1)$$

(4) 螺距P：相邻两牙在中径圆柱面的母线上对应两点间的轴向距离。

(5) 导程s：同一螺旋线上相邻两牙在中径圆柱面母线上的对应两点间的轴向距离。

(6) 线数n：螺纹螺旋线数目，一般为便于制造，$n \leq 4$。螺距、导程、线数之间的关系为

$$s = nP$$

(7) 螺旋升角λ：中径圆柱面上螺旋线的切线与垂直于螺旋线轴线的平面的夹角，即

$$\tan\lambda = \frac{s}{\pi d_2} = \frac{nP}{\pi d_2} \tag{6-14}$$

(8) 牙型角α：螺纹轴向平面内螺纹牙型两侧边的夹角。

(9) 牙型斜角：螺纹牙的侧边与螺纹轴线垂直平面的夹角。

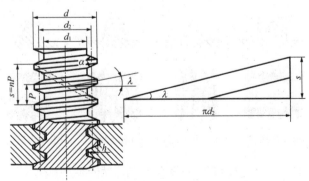

图6-39　螺纹的主要参数

三、螺纹连接的基本类型

螺纹连接的基本类型有螺栓连接、双头螺栓连接、螺钉连接、紧定螺钉连接。

1. 螺栓连接

螺栓连接分为以下两种。

(1) 普通螺栓连接如图6-40(a)所示。被连接件不太厚，螺杆带钉头，通孔不带螺纹，螺杆穿过通孔与螺母配合使用。装配后孔与杆有间隙，且不允许在工作中消失。普通螺栓连接结构简单，装拆方便，可多个装拆，应用较广。

(2) 铰制孔用螺栓连接如图6-40(b)所示。装配后无间隙，主要承受横向载荷，也可用于定位，采用基孔制配合铰制孔螺栓连接。

2. 双头螺栓连接

双头螺栓连接如图6-41所示。螺杆两端无钉头，但均有螺纹，装配时一端旋入被连接件，另一端配以螺母，适用于常拆卸且被连接件之一较厚时。拆装时只需拆螺母，而不将双头螺栓从被连接件中拧出。

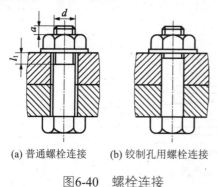

(a) 普通螺栓连接　　(b) 铰制孔用螺栓连接

图6-40　螺栓连接

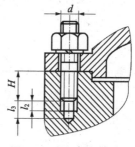

图6-41　双头螺栓连接

3. 螺钉连接

螺钉连接如图6-42所示，吊环螺钉如图6-43所示。螺钉连接适用于被连接件之一较厚(上带螺纹孔)、不需经常装拆、一端有螺钉头、不需螺母、受载较小的情况。

4. 紧定螺钉连接

紧定螺钉连接如图6-44所示。拧入后，利用杆末端顶住另一零件表面或旋入零件相应的缺口中，以固定零件的相对位置，可传递不大的轴向力或扭矩。

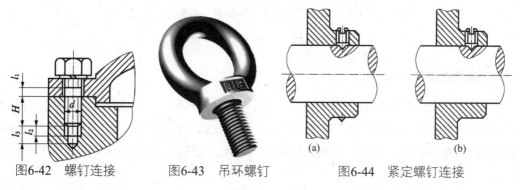

图6-42　螺钉连接　　图6-43　吊环螺钉　　图6-44　紧定螺钉连接

四、螺纹连接的预紧和防松

1. 螺纹连接的预紧

螺纹连接分两种情况：在装配时不拧紧，只受外载时才受到力的作用为松连接。在装配时需拧紧，即在承载时，螺栓已预先受力为紧连接。预紧的目的是增加连接的可靠性与紧密性，防止受载后被连接件间出现缝隙与相对滑移，以保持正常工作。

预紧过紧就是预紧力F_0过大，螺杆静载荷增大，可降低本身强度；预紧过松就是预紧力F_0过小，工作不可靠。预紧力的大小取决于螺母的拧紧程度，即所施加的扳手力矩的大小。

预紧力矩(T)的简化公式为

$$T \approx 0.2 F_0 d \tag{6-15}$$

式中：d——螺纹大径，mm。

通常预紧力矩由操作者的手感决定，不易控制，可能将直径小的螺栓拧断，故承载螺栓的直径不宜小于M12。对于重要的连接，需要按式(6-15)计算预紧力矩，并由测力矩扳手或定力矩扳手来控制其大小，如图6-45所示。

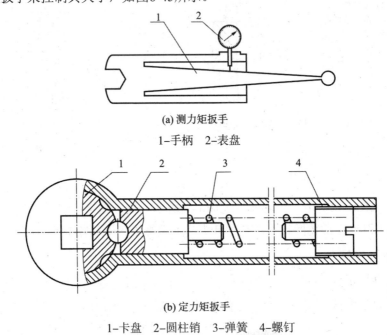

(a) 测力矩扳手
1-手柄　2-表盘

(b) 定力矩扳手
1-卡盘　2-圆柱销　3-弹簧　4-螺钉

图6-45　预紧力控制方法

2. 螺纹连接的防松

实际工作中，外载荷有振动、变化、材料高温蠕变等，会造成摩擦力减小，导致螺纹副的正压力在某一瞬间消失，摩擦力为零，从而使螺纹连接松动，如经反复作用，螺纹连接就会松弛而失效。因此，必须进行防松，否则会影响正常工作，造成事故。消除(或限制)螺纹副之间的相对运动,或增大相对运动的难度,就能防止螺纹松动。螺纹防松的方法有以下几种。

1) 摩擦防松

采用各种结构措施增大螺纹连接件之间的摩擦,使螺旋副的摩擦力不随连接的外载荷的波动而变化。

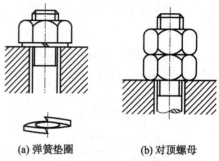

图6-46 摩擦防松

如图6-46(a)所示,可利用弹簧垫圈的弹性力增大摩擦力。如图6-46(b)所示可拧紧双螺母增大正压力从而增大摩擦力。螺母一端做成非圆形收口或开峰后径面收口,螺母拧紧后收口张开,利用收口的弹力使旋合螺纹间压紧的弹性力增大,从而增加摩擦力。

2) 机械防松

利用附件加零件的形状或改变螺纹连接形状,使被连接件不能相对运动。

(1) 开口销与槽形螺母。槽形螺母被拧紧后,用开口销穿过螺母上的槽和螺栓端部的销控,使螺母和螺栓不能相对转动,如图6-47(a)所示。

(2) 止动垫圈。如图6-47(b)所示,将垫片折边,以固定螺母和被连接件的相对位置。

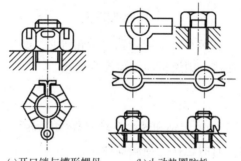

图6-47 机械防松

(3) 串联钢丝。如图6-48所示,用低碳钢丝穿入各螺钉头部,将各螺钉串联起来,使其互相制动。使用时必须注意钢丝的穿入方向。

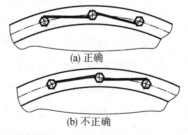

图6-48 串联钢丝

3) 破坏螺纹副防松

(1) 焊接法。如图6-49(a)所示,螺母拧紧后,将螺栓末端与螺母焊牢。该方法连接可靠,但扯卸后连接件被破坏。

(2) 冲点法。如图6-49(b)所示，螺母拧紧后，用冲头在螺母末端与螺母的旋合缝处打冲2～3个冲点。该方法放松可靠，适合不需要拆卸的特殊连接。

(3) 粘接法。如图6-49(c)所示，螺母拧紧后，将螺栓末端与螺母粘接。该方法防松可靠，但扯卸后连接件被破坏。

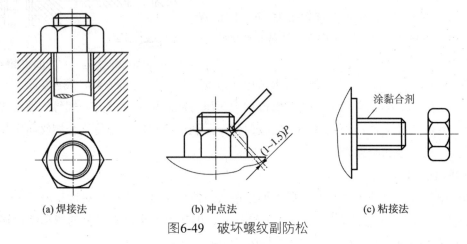

(a) 焊接法　　(b) 冲点法　　(c) 粘接法

图6-49　破坏螺纹副防松

知识拓展

轴毂连接

为了传递运动和转矩，安装在轴上的齿轮、带轮等必须和轴连接在一起。轴毂连接常用的方法有键连接、花键连接、销连接和过盈配合连接。

1. 键连接

键是标准件。键连接主要用于轴和轴上旋转零件(如齿轮、链轮、带轮、蜗轮等)之间的轴向固定的可拆性连接，有时也作为导向零件。

根据键连接的结构和形状的不同，可将其分为平键、半圆键、楔键、切向键4类。

1) 平键连接

平键的上下表面和两侧面各相互平行，横截面为正方形或矩形，键的两侧面是工作面。工作时，靠轮毂和轴上键槽与键侧面的相互挤压来传递转矩，键的上表面与轮毂槽底留有间隙。平键连接的优点主要是定心好，装拆方便。

平键连接按用途可分为普通平键、导向平键。

(1) 普通平键连接。普通平键用于静连接，按键的端部形状，分为圆头(A型)、方头(B型)和单圆头(C型)三种。如图6-50(b)所示为A型键，它在键槽中固定良好，但轴上键槽引起的应力集中较大。如图6-50(c)所示为B型键，它克服了A型键的缺点，当键尺寸较大时，宜用紧定螺钉将键固定在键槽中，以防松动。如图6-50(d)所示为C型键，它主要用于轴端与轮毂的连接。

(2) 导向平键。如图6-51所示为导向平键。该键比普通平键长，其端部形状有A型和B型两种。键用螺钉固定在键槽中，键与轮毂之间的间隙配合，轴上零件可在沿轴向移动时使用。

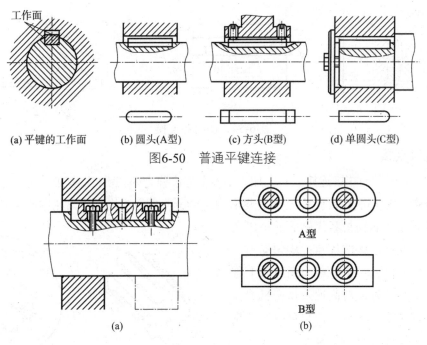

图6-50 普通平键连接

图6-51 导向平键

2) 半圆键连接

如图6-52所示为半圆键连接。它的两侧面为工作面,用来传递转矩。它的侧面为半圆形,因而半圆键能在轴槽中摆动以适应毂槽底面的倾斜,装配方便,定心性好;键槽较深,对轴的消弱作用较大,所以只适合用轻载连接。

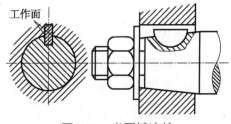

图6-52 半圆键连接

3) 楔键连接

如图6-53所示为楔键连接。它的两侧面互相平行,上下两面是工作面,键的上面和轮毂的底面各有1∶100的斜度。装配时将键楔紧在轴与轮毂之间,楔紧后上下工作面会产生很大的预紧力,工作时主要靠此预紧力产生的摩擦力传递转矩,并能单方向承受轴向力和轴向固定零件。楔键分为普通楔键和钩头楔键两种。

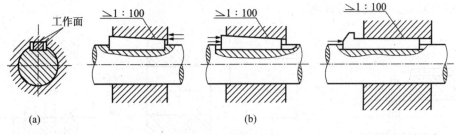

图6-53 楔键连接

4) 切向键连接

如图6-54所示为切向键。切向键是由两个斜度为1∶100的单边楔键组成的,装配后将两者楔紧在轴和轮毂之间,其上下两面是工作面,一对切向键只能传递单向转矩。

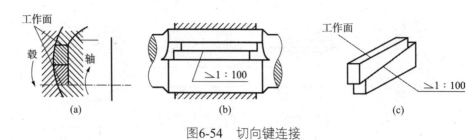

图6-54 切向键连接

2. 花键连接

如图6-55所示为花键连接。轴上加工出多个键齿称为外花键(花键轴)，轮毂孔上加工出多个键槽称为内花键(花键孔)。由外花键和内花键所构成的连接，称为花键连接。花键的侧面是工作表面，靠轴与毂齿侧面的挤压来传递转矩。花键连接的优点：均匀受力；对轴的削弱程度低；承载能力高，轴上零件与轴的对中性好；对高速及精密机器很重要，导向性好。缺点：齿根仍有应力集中；需专用设备制造，成本高。

花键连接主要有矩形花键和渐开线花键两类。

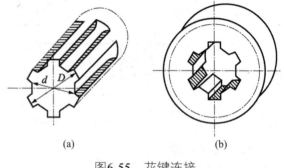

图6-55 花键连接

3. 销连接

如图6-56所示为销连接。它的作用是固定零件之间的相对位置，并可传递不大的载荷。销按形状分圆柱销、圆锥销等。

4. 过盈配合连接

如图6-57所示为过盈配合连接。它是利用材料的弹性变形，把具有一定配合过盈量的轴和孔套装起来的连接，在配合面间产生很大的压力，工作时靠压力产生的摩擦力来传递转矩或轴向力。

过盈配合连接结构简单，定向性好，承载能力较强并能承受振动和冲击，又可避免键槽对连接件的削弱作用。但由于连接的承载能力直接取决于过盈量的大小，故对配合面加工精度要求较高，拆装也较困难。

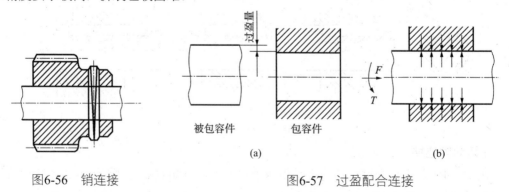

图6-56 销连接   图6-57 过盈配合连接

项目七

汽车轴系零部件

学习目标

1. 知识目标

(1) 了解轴的功能和分类,熟悉轴的结构设计;
(2) 了解滚动轴承、滑动轴承的类型、特点和结构;
(3) 知道联轴器的类型和工作原理;
(4) 掌握离合器的功用和工作原理。

2. 能力目标

(1) 能正确使用各种轴承;
(2) 掌握转动轴的结构和分类;
(3) 能正确选用联轴器和离合器。

任务一 手动变速器输出轴

任务导入

汽车手动变速器中有很多轴类零件,其中有输入轴、输出轴、倒挡轴等。轴是机械中不可缺少的重要零件。汽车的传动轴为什么做成同一直径?变速箱上的轴为什么做成阶梯形?

相关知识

一、轴概述

1. 轴的功能

轴是机械中的重要零件,如图7-1所示,轴做回转运动的传动零件,减速器中的齿轮、联轴器等,都是安装在轴上,并通过轴实现传动的。因此,轴的主要功用就是支承零件并传递运动和动力。

2. 轴的分类

(1) 按照承受载荷的不同,轴可分为以下几类。

① 传动轴:只承受扭矩的轴,如汽车的传动轴,如图7-2所示。图7-1中只承受转矩

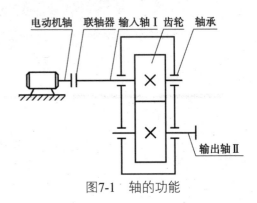

图7-1 轴的功能

图7-2 汽车的传动轴

1-端接变速器 2-传动轴 3-端接后桥齿轮系

作用的轴称为传动轴,如电动机轴。

② 心轴:只承受弯矩的轴。心轴可以是转动的,如图7-3所示的火车车轮轴;还可以是固定的,如图7-4所示的自行车前轮中轴。

③ 转轴:同时承受弯矩和扭矩的轴,图7-1中同时承受弯矩和转矩作用的轴称为转轴,如输入轴Ⅰ和输出轴Ⅱ。

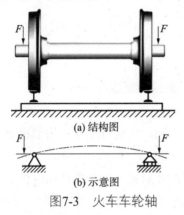

图7-3 火车车轮轴

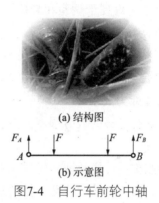

图7-4 自行车前轮中轴

(2) 按轴线形状的不同,轴可分为以下几类。

① 直轴:各轴段轴线为同一直线,按外形的不同又可分为以下两类。

a. 光轴:形状简单,应力集中少,易加工,但轴上零件不易装配和定位,常用于心轴和传动轴,如图7-5所示。

b. 阶梯轴:各段截面直径不同,便于轴上零件的拆装和定位,其特点与光轴相反,常用于转轴,如图7-6所示。

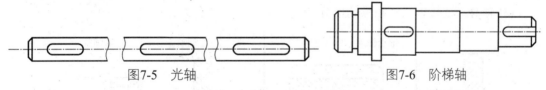

图7-5 光轴　　　　　　　　　图7-6 阶梯轴

② 曲轴:轴线不在一条直线上,属于专用零件,多用于往复式机械中,如汽车发动机,如图7-7所示。

③ 挠性轴(软轴):由多组钢丝分层卷绕而成,用于两个传动件轴线不在同一直线或工作时彼此有相对运动的空间传动,还可用于受连续振动的场合,以缓和冲击,如图7-8所示。

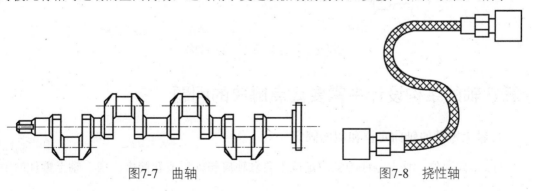

图7-7 曲轴　　　　　　　　　图7-8 挠性轴

二、轴的结构设计

1. 轴的设计要求

1) 结构设计要求

(1) 轴和轴上的零件有准确定位和固定。
(2) 轴上零件便于调整和装拆,同时使轴加工方便,成本低。
(3) 有良好的制造工艺性。
(4) 形状、尺寸应合理,尽量减小应力集中。
(5) 综合考虑等强度、加工工艺和装配工艺的结果将轴制成阶梯轴。

2) 工作能力要求

轴应具有足够的疲劳强度,对于某些特殊用途的轴,还应有刚度、振动稳定性等方面的要求。

轴的结构设计主要取决于轴在机器中的安装位置及形式,轴上零件的定位、固定以及连接方法,轴所承受的载荷,轴的加工工艺以及装配工艺要求等。如果轴的结构设计不合理,可能会影响到轴的工作能力,增加轴的制造成本或轴上零件装配的困难。

综上,轴的结构设计是轴设计中的重要内容。

2. 轴各部分的名称

以阶梯轴为例,轴各部分的名称如图7-9所示。

(1) 轴颈:被支撑部分,一般指安装轴承处(尺寸根据轴承确定)。
(2) 轴头:安装轮毂部分(尺寸考虑轮毂)。
(3) 轴身:连接轴头和轴颈的部分。

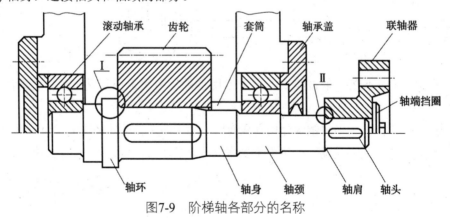

图7-9 阶梯轴各部分的名称

三、轴的结构设计中需要重点解决的问题

1. 轴上零件的轴向定位和周向固定

(1) 轴向定位。轴上零件的轴向定位主要靠轴肩和轴环或套筒来完成。轴上零件的轴

向定位就是不允许轴上零件沿轴向窜动。为了保证轴上零件靠紧定位面,轴肩处的圆角半径必须小于零件内孔的圆角或倒角。为了拆装方便,轴肩和轴环高度必须低于轴承内端面的高度。

常用的轴上零件的轴向定位及固定方式有轴肩、轴环、套筒、圆螺母和垫圈、弹性挡圈、轴端挡圈、紧定螺钉等,具体见表7-1。

表7-1 轴上零件的轴向定位和固定方法

固定方式	结构图形	应用说明
轴肩或轴环结构		固定可靠,承受轴向力大,轴肩、轴环高度h应大于轴的圆角半径R和倒角高度c,一般取$h_{min} \geq (0.07 \sim 0.1)d$,但安装滚动轴承的轴肩、轴环高度$h$必须小于轴承内圈高度$h_1$(由轴承标准查取),以便于轴承拆卸。轴环宽度$b \approx 1.4h$
套筒结构		同上,多用于两个相距不远的零件之间
圆螺母和垫圈结构	双圆螺母　　圆螺母与止动垫圈	常用于轴承之间距离较大且轴上允许车制螺纹的场合
弹性挡圈结构		承受轴向力小或不承受轴向力的场合,常用于滚动轴承的轴向固定
轴端挡圈结构		用于轴端要求固定可靠或承受较大轴向力的场合
紧定螺钉结构	锁紧挡圈	用于承受轴向力小或不承受轴向力的场合

(2) 周向固定，如图7-10所示。为了传递运动和转矩，防止轴上零件与轴做相对转动，轴上零件的周向固定必须可靠。常用的周向固定方法有键、花键、销和过盈配合等连接。

2. 轴的结构工艺性

(1) 轴的形状力求简单，阶梯轴的级数应尽可能少。当轴上有多处键槽时，应使各键槽位于轴的同一母线上。

(2) 轴上需磨削的轴段应设计出砂轮越程槽，需车制螺纹的轴段应有退刀槽，如图7-11所示。

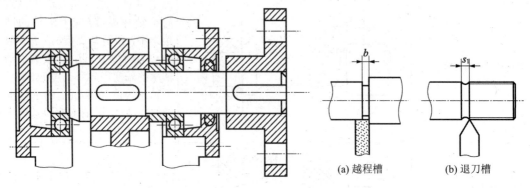

图7-10　周向固定　　　　图7-11　越程槽和退刀槽

① 越程槽：保证砂轮能磨削到轴肩，保证轴肩的垂直度。
② 退刀槽：加工螺纹时，退刀槽可以保证刀具退出。

(3) 轴的两端加工倒角，便于零件导入，不易伤人。
(4) 对于阶梯轴常设计成两端小、中间大的形状，以便于零件从两端装拆。
(5) 轴肩高度不能妨碍零件的拆卸。

3. 标准尺寸要求

轴上的零件多数都是标准零件，如滚动轴承、联轴器、圆螺母等，因此与标准零件配合处的轴段尺寸必须符合标准零件的标准尺寸系列。

4. 提高轴强度和刚度的措施

(1) 改进轴的结构，降低应力集中。应力集中多产生在轴截面尺寸发生急剧变化的地方，要降低应力集中，就要尽量减缓截面尺寸的变化。直径变化处应平滑过渡，制成半径尽可能大的圆角；轴上尽可能不开槽、孔及制螺纹，以免削弱轴的强度；为了减小过盈配合处的应力集中，可采用卸荷槽，如图7-12所示。

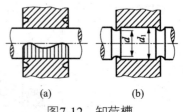

图7-12　卸荷槽

(2) 提高轴的表面质量。因疲劳裂纹常发生在轴表面质量差的地方，故提高轴的表面质量有利于提高轴的强度。除控制轴的表面粗糙度外，还可采用表面强化处理，如渗碳、碾压、喷丸等方法。

(3) 改变轴上零件的位置，减小载荷。如图7-13所示，轴上转矩需由两轮输出，输入轮1宜置于输出轮2和输出轮3中间，此时轴的最大扭矩为T_2和T_3中较大的一个。在图7-13(a)中，轴的最大扭矩为T_2+T_3。

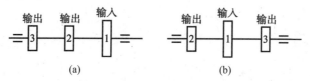

图7-13　轴上零件的合理布置

任务实施

认识汽车变速器的结构

如图7-14所示，丰田皇冠轿车W55型变速器有5个不同传动比的前进挡和一个倒挡，变速器有互相平行的第一轴、第二轴、中间轴和倒挡轴，有数对相互啮合的齿轮和两个同步器，其中第一轴和第二轴的轴线互相重合。认清此结构图，结合此图参观汽车实训场所，通过实物了解汽车变速器的结构。

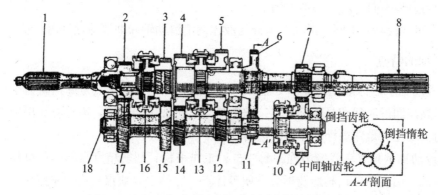

图7-14　丰田皇冠轿车W55型变速器结构示意图

1-第一轴　2-第一轴啮合齿轮　3-第二轴三挡齿轮　4-第二轴二挡齿轮　5-第二轴一挡齿轮
6-第二轴倒挡齿轮　7-第二轴五挡齿轮　8-第二轴　9-中间轴五挡齿轮　10、13、16-结合套
11-中间轴倒挡齿轮　12-中间轴一挡齿轮　14-中间轴二挡齿轮　15-中间轴三挡齿轮
17-中间轴常啮合齿轮　18-中间轴

汽车轴承

任务导入

汽车发动机曲轴在汽车的运行过程中高速运转，承受着很大的冲击载荷。曲轴轴承结构是怎样的？有什么作用呢？汽车变速器工作时一直在不停地转，支承变速器轴的轴承又

是怎样的呢?

相关知识

一、轴承概述

1. 轴承的定义

轴承是支承轴及轴上零件,保持轴的旋转精度,减少转轴与支承之间的摩擦和磨损,并承受载荷的零部件。

2. 轴承的分类

(1) 根据摩擦性质,轴承分为滑动摩擦轴承和滚动摩擦轴承,分别简称为滑动轴承和滚动轴承。

(2) 按受载方向的不同可分为承受径向力的向心轴承、承受轴向力的推力轴承以及同时承受径向力和轴向力的向心推力轴承。

(3) 按润滑状态的不同,滑动轴承分为液体润滑滑动轴和非液体润滑滑动轴。

3. 轴承的特点

(1) 滚动轴承已标准化,并由专业工厂大批量生产。它的优点是摩擦阻力小,启动灵敏,效率高,润滑简便和易于互换等;它的缺点是抗冲击能力差,高速时会出现噪声。设计人员的主要任务是熟悉标准,正确选用轴承。

(2) 滑动轴承具有承载能力强、耐冲击、工作平稳、回转精度高、运行可靠、吸振性好、噪声低、结构简单、制造及拆装方便等优点;它的主要缺点是启动摩擦力大,轴瓦磨损较快。

两类轴承依其各自的结构和承载特点,可适用不同的工作条件。在一般机器中,如无特殊使用要求,应优先使用滚动轴承。在高速、高精度、重载、结构上要求剖分等场合多采用滑动轴承,如汽轮发电机、水轮发电机、机床等使用滑动轴承。在极微型、极简单、低速而有冲击力的机器中也常使用滑动轴承,如自动化办公设备、水泥搅拌机、轧钢机等都采用滑动轴承。

二、滚动轴承

1. 滚动轴承的构造

滚动轴承的结构如图7-15所示,通常由外圈1、内圈2、滚动体3和保持架4组成。内圈装在轴颈上,外圈装在轴承座孔内,多数情况下内圈与轴一起转动,外圈保持不动。工作时,滚动体在内外圈间滚动,保持架将滚动体均匀地隔开,以减少滚动体之间的摩擦和磨损。滚动体有球、圆锥滚子、圆柱滚子、鼓形滚子和滚针等几种形状，如图7-16所示。

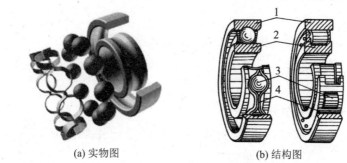

(a) 实物图　　　　　　　　(b) 结构图

图7-15　滚动轴承的结构

1-外圈　2-内圈　3-滚动体　4-保持架

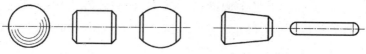

图7-16　滚动体的形状

2. 滚动轴承的结构特性

(1) 接触角。如图7-17所示，滚动体与外圈接触处的法线与垂直于轴承轴心线的平面的夹角α称为接触角。α越大，轴承承受轴向载荷的能力越强。

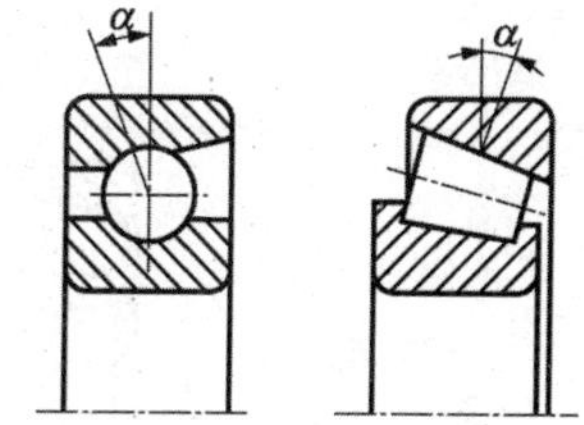

(2) 游隙。滚动轴承中滚动体与内外圈滚道之间的最大间隙即为游隙，如图7-18所示。将一套圈固定，另一套圈沿径向的最大移动量称为径向游隙，沿轴向的最大移动量称为轴向游隙。游隙的大小对轴承的运转精度、寿命、噪声、温升等有比较大的影响，应按使用要求进行选择或调整。

图7-17　滚动轴承的接触角

(3) 偏移角。如图7-19所示，轴承内外圈轴线相对倾斜时所夹锐角称为偏移角。能自动适应角偏移的轴承，称为调心轴承。

(4) 极限转速。滚动轴承在一定载荷和润滑的条件下，允许的最高转速称为极限转速，其具体数值可查阅相关资料。

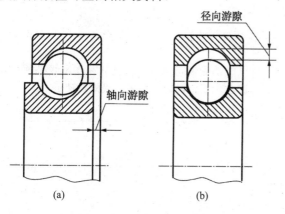

图7-18　滚动轴承的游隙

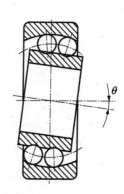

图7-19　滚动轴承的偏移角

3. 滚动轴承的基本类型

1) 按滚动体分类

按滚动体的种类可将滚动轴承分为球轴承和滚子轴承。

在外廓尺寸相同的条件下，滚子轴承比球轴承的承载能力和耐冲击能力更强，但球轴承摩擦小，高速性能好。

2) 按滚动轴承承载方向分类

(1) 向心轴承主要承受或只承受径向载荷，径向接触轴承 $\alpha=0°$，主要承受径向载荷，也可承受较小的轴向载荷，如深沟球、调心轴承等。它的接触角 α 的范围为 $0°<\alpha\leqslant45°$，称为角接触向心轴承，如角接触球轴承、圆锥滚子轴承等。接触角越大，承受轴向载荷的能力越强。

(2) 轴向推力轴承只能承受轴向载荷，轴向推力轴承 $\alpha=90°$，其接触角 α 的范围为 $45°<\alpha\leqslant90°$，称为角接触推力轴承。接触角越大，承受轴向载荷的能力越强。

滚动轴承的基本类型及特性如表7-2所示。

表7-2 滚动轴承的基本类型及特性

类型及代号	结构简图	承载方向	主要性能及应用
调心球轴承 (1)		↕	外圈的内表面是球面，内外圈轴线间允许的角偏移为2°～3°，极限转速低于深沟球轴承，可承受径向载荷及较小的双向轴向载荷，用于轴变形较大及不能精确对中的支承处
调心滚子轴承 (2)		↕	轴承外圈滚道是球面，主要承受径向载荷及一定的双向轴向载荷，但不能承受纯轴向载荷，允许角偏移0.5°～2°，常用在长轴或受载荷作用后轴有较大变形及多支点的轴上
圆锥滚子轴承 (3)		↥	可同时承受较大的径向及轴向载荷，承载能力大于"7"类轴承。外圈可分离，装拆方便，成对使用
推力球轴承 (4)		↓	只能承受轴向载荷，而且载荷作用线必须与轴线相重合，不允许有角偏差，极限转速低
双向推力轴承 (5)		↕	能承受双向轴向载荷，其余与推力轴承相同

(续表)

类型及代号	结构简图	承载方向	主要性能及应用
深沟球轴承 (6)		↑↓	可承受径向载荷及一定的双向轴向载荷,内外圈轴线间允许的角偏移为8′~16′
角接触球轴承 (7)	7000C型(α=15°) 7000AC型(α=25°) 7000B型(α=40°)	↑→	可同时承受径向及轴向载荷,极限转速较高。承受轴向载荷的能力由接触角α的大小决定,α越大,承受轴向载荷的能力越强。由于存在接触角α,承受纯径向载荷时,会产生内部轴向力,使内外圈有分离的趋势,因此这类轴承要成对使用
推力滚子轴承 (8)	GB/T 4663—93	↓	能承受较大的单向轴向载荷,极限转速低
圆柱滚子轴承 (N)		↑	能承受较大的径向载荷,不能承受轴向载荷,极限转速也较高,但允许的角偏移很小,为2′~4′。设计时,要求轴的刚度大,对中性好
滚针轴承 (NA)		↑	不能承受轴向载荷,不允许有角度偏斜,极限转速较低。结构紧凑,在内径相同的条件下,与其他轴承相比,其外径最小,适用于径向尺寸受限制的部件中

4. 滚动轴承的代号

《滚动轴承代号方法》(GB/T 272—2017)规定了滚动轴承的代号方法,轴承的代号用字母和数字表示,一般刻在或印在轴承套圈的端面上。

滚动轴承的代号由前置代号、基本代号和后置代号组成,见表7-3。

表7-3 滚动轴承的代号

前置代号	基本代号				后置代号
□ 成套轴承分部件代号	≅ (□) 类型代号	≅ 尺寸系列代号		≅ 内径代号	□或≅ 内部结构改变、公差等级及其他
		宽(高)度系列代号	直径系列代号		

注:□——字母;≅——数字。

基本代号表示轴承的类型、结构和尺寸,是轴承代号的基础,其类型代号见表7-4。

表7-4 轴承类型代号

轴承类型	代号	轴承类型	代号
双列角接触球轴承	0	角接触球轴承	7
调心球轴承	1	推力滚子轴承	8
调心滚子轴承	2	推力圆锥滚子轴承	9
推力调心滚子轴承	29	圆柱滚子轴承	N
圆锥滚子轴承	3	滚针轴承	NA
双列深沟球轴承	4	外球面球轴承	U
推力球轴承	5	四点接触球轴承	QJ
深沟球轴承	6	—	—

尺寸系列代号由轴承的宽度(推力轴承指高度)系列代号和直径系列代号组成,各用一位数字表示。轴承宽度系列代号有8、0、1、2、3、4、5、6,宽度尺寸依次递增。推力轴承的高度有7、9、1、2,高度尺寸依次递增。

内径代号表示轴承内径,见表7-5。

表7-5 滚动轴承的内径代号(内径≥10mm)

内径d的尺寸	10~17mm				20~480mm(22.28和32mm除外)	500mm以上(含22.28和32mm)
	10mm	12mm	15mm	17mm		
内径代号	00	01	02	03	内径/5的商	00000/内径
举例	中(3)窄系列深沟球轴承303是指内径为17mm				重(4)窄系列深沟球轴承407是指内径为35mm	轻(2)窄系列深沟球轴承2/32是指内径为32mm特轻(1)系列推力圆柱滚子轴承;91/800是指内径为800mm

后置代号见表7-6。

表7-6 后置代号

后置代号(组)	1	2	3	4	5	6	7	8
含义	内部结构	密封与防尘,套圈变形	保持架及其材料	轴承材料	公差等级	游隙	配置	其他

内部结构代号见表7-7。

表7-7 内部结构代号

轴承类型	代号	含义	示例
角接触球轴承	B	$α=40°$	7210B
	C	$α=15°$	7005C
	AC	$α=25°$	7210AC
圆锥滚子轴承	B	接触角$α$加大	32310B
圆柱滚子轴承	E	加强型	N207E

公差等级代号见表7-8。

表7-8 公差等级代号

代 号	省略	/P6	/P6x	/P5	/P4	/P2
公差等级符合标准规定	0级	6级	6x级	5级	4级	2级
示 例	6203	6203/P6	30210/P6x	6203/P5	6203/P4	6203/P2

例：说明6208、71210B、N312/P5这三个轴承代号的含义。

解：6208为深沟球轴承，尺寸系列(0)2(宽度系列0，直径系列2)，内径40mm，精度P0级；71210B为角接触球轴承，尺寸系列12(宽度系列1，直径系列2)，内径50mm，接触角$\alpha=40°$，精度P0级；N312/P5为圆柱滚子轴承，尺寸系列(0)3(宽度系列0，直径系列3)，内径60mm，精度P5级。

5. 滚动轴承的选择

选择滚动轴承应注意以下几个方面。

(1) 轴承工作载荷的大小、方向及性质。当载荷较小而平稳、转速较高时，可选用球轴承；反之，宜选用滚子轴承。

当轴承同时承受径向及轴向载荷，若以径向载荷为主时，可选用深沟球轴承；轴向载荷比径向载荷大很多时，可选用推力轴承与向心轴承的组合结构；径向载荷和轴向载荷均较大时，可选用圆锥滚子轴承或角接触球轴承。

(2) 对轴承的特殊要求。跨距较大或难以保证两轴承孔同轴度的轴及多支点轴，宜选用调心轴承。

为便于安装、拆卸和调整轴承游隙，宜选用内外圈可分离的圆锥滚子轴承。

(3) 经济性。一般球轴承比滚子轴承价廉，有特殊结构的轴承比普通结构的轴承贵。同型号的轴承，精度越高，价格也越高，一般机械传动宜选用普通级(P0)精度。

6. 滚动轴承的受载情况和失效形式

(1) 一般转速时，若轴承只承受径向载荷F_r作用，由于各元件的弹性变形，轴承上半圈的滚动体将不受力，而下半圈各滚动体受力的大小则与其所处的位置有关，故轴承运转时，轴承套圈滚道和滚动体受变应力的作用(见图7-20)。滚动轴承的主要失效形式是疲劳点蚀，为防止疲劳点蚀现象的发生，滚动轴承应按额定动载荷计算寿命。

(2) 转速较低的滚动轴承，可能因过大的静载荷或冲击载荷，使套圈滚道与滚动体接触处产生过大的塑性变形。因此，低速重载的滚动轴承应进行静强度计算。

(3) 高速转动的轴承，可能会因润滑不良等原因引起磨损甚至胶合。

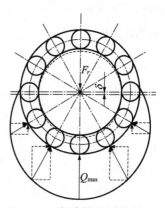

图7-20 滚动轴承受载情况

7. 滚动轴承的寿命计算

(1) 轴承寿。轴承中任一滚动体或内外圈滚道上出现疲劳点蚀的总转数或在一定转速下的工作时数，称为轴承寿命。

一批相同型号、尺寸的轴承，因材料、热处理、加工工艺等的差异，即使在完全相同的条件下运转，其寿命的差异也很大，最长寿命和最短寿命可能相差几倍。滚动轴承的疲劳寿命是相当离散的。因此，计算轴承寿命时应与一定的破坏率(可靠度)相联系。一般用10%破坏率的轴承寿命作为轴承的基本额定寿命，用 L 表示，单位为 10^6 r(10^6 转)。

(2) 轴承寿命计算。滚动轴承的基本额定寿命 L 与承受的载荷 P 有关，载荷越大，轴承中产生的接触应力也越大，因而发生疲劳点蚀破坏前所能经受的应力变化次数也就越少，即轴承的寿命越短。如图7-21所示为试验得出的载荷 P 与寿命 L 的关系曲线，也称为轴承的疲劳曲线。该曲线可用方程"$P^\varepsilon L=$ 常数"表示。

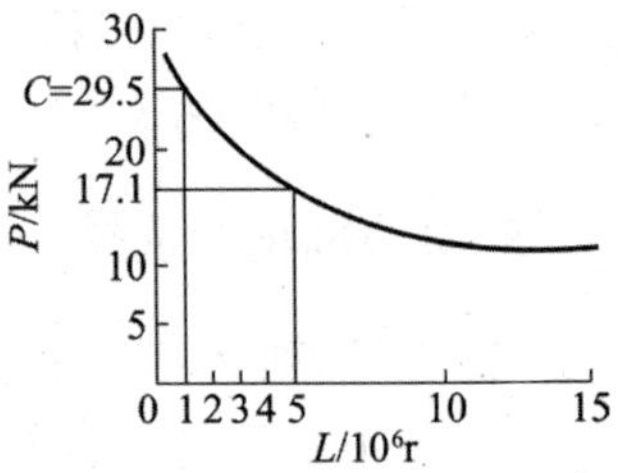

图7-21 滚动轴承的 P—L 曲线

标准规定，基本额定寿命 $L=1(10^6\text{r})$ 时，轴承所能承受的载荷称为基本额定动载荷，用 C 表示，单位为N。C 值可在轴承标准中查出，于是有 $P^\varepsilon L=C^\varepsilon \times 1=$ 常数，即

$$L=(C/P)^\varepsilon (10^6 \text{ r}) \tag{7-1}$$

实际计算时常用小时(h)表示寿命(L_h)，将上式整理后可得

$$L_h=\frac{10^6}{60n}\left(\frac{C}{P}\right)^\varepsilon = \frac{16667}{n}\left(\frac{C}{P}\right)^\varepsilon \text{ (h)} \tag{7-2}$$

式中：P——当量动载荷(N)；

ε——寿命指数，球轴承 $\varepsilon=3$，滚子轴承 $\varepsilon=10/3$；

n——轴承转速(r/min)。

若已知当量动载荷 P 和转速 n，工作使用寿命为 L_h'，则由式(7-2)可求出待选轴承所需的额定动载荷 C'，从而选择轴承并使轴承的额定动载荷 $C\geqslant C'$。滚动轴承工作寿命推荐值见表7-9。

表7-9 滚动轴承工作寿命推荐值

机器种类		预期寿命/h
不常使用的仪器和设备		500
航空发动机		500～2000
间断使用的机器	中断使用不致引起严重后果，如手动机械、农业机械等	4000～8000
	中断使用会引起严重后果，如升降机、运输机、吊车等	8000～12 000
每天工作8h的机器	利用率不高的齿轮传动、电机等	12 000～20 000
	利用率较高的通信设备、机床等	20 000～30 000
连续工作24h的机器	一般可靠性的空气压缩机、电机、水泵等	50 000～60 000
	高可靠性的电站设备、给排水装置等	>100 000

三、滑动轴承

1. 滑动轴承的结构

(1) 径向滑动轴承的结构形式。如图7-22所示为整体式径向滑动轴承，用于承受径向载荷。常用滑动轴承的结构形式及其尺寸已经标准化，应尽量选用标准形式。还可在机架或箱体上直接制出轴承孔，如图7-22(a)所示，再装上轴套成为无轴承座的整体式滑动轴承。整体式滑动轴承结构简单，制造方便，但轴套磨损后轴承间隙无法调整，装拆时轴或轴承需轴向移动，故只适用于低速、轻载和间歇工作的场合，如小型齿轮油泵、减速箱等。

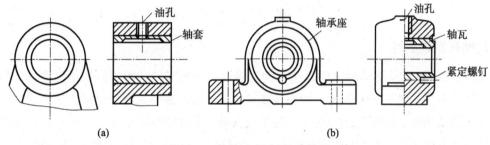

图7-22 整体式径向滑动轴承

如图7-23所示是剖分式径向滑动轴承，为了提高安装的对心精度，在剖分面上设置有阶梯形止口。考虑到径向载荷方向的不同，剖分面可以制成水平式和斜开式两种，但使用时应保证径向载荷的作用线不超出剖分面垂直中线左右各35°的范围。剖分式滑动轴承装拆方便，轴瓦磨损后方便更换及调整间隙，因而应用广泛。径向滑动轴承还有许多其他类型。

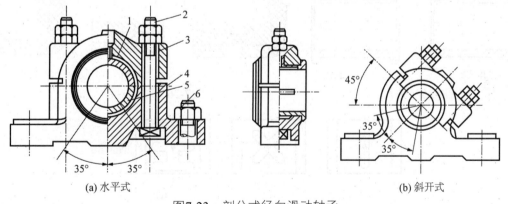

图7-23 剖分式径向滑动轴承

1—轴瓦　2—螺栓　3—轴承盖　4—轴承座　5—下轴瓦　6—双头螺杆

(2) 推力滑动轴承的结构形式。推力滑动轴承用于承受轴向载荷。止推滑动轴承用来承受轴向载荷，如图7-24所示。按轴颈支承面形式的不同，分为实心式、空心式、环形式三种。图7-24(a)为实心式止推轴颈，当轴旋转时，由于端面上不同半径处的线速度不相等，使端面中心部的磨损很小，而边缘的磨损却很大，结果造成轴颈端面中心处的应力集中。在实际结构中,多数采用空心式轴颈,如图7-24(b)所示,可使其端面上的压力分布得到明显的改善,并有利于储存润滑油。图7-24(c)为单环式推力轴颈。图7-24(d)为多环式推力轴颈,由于支承面积大,可承受较大的载荷。

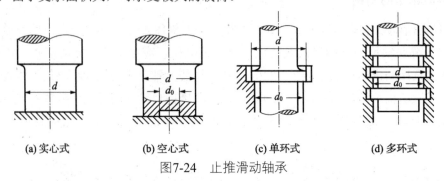

图7-24 止推滑动轴承

2. 轴瓦和轴承衬

(1) 轴瓦。轴瓦是滑动轴承中直接与轴颈接触的重要零件。常用的轴瓦有整体式和剖分式两种。整体式轴瓦又称轴套,如图7-25(a)所示,用于整体式滑动轴承;剖分式轴瓦用于剖分式滑动轴承,如图7-25(b)所示。为了改善轴瓦表面的摩擦性能,可在轴瓦内表面浇铸一层轴承合金等减摩材料(称为轴承衬),厚度为0.5~6mm。为使轴承衬牢固地粘在轴瓦的内表面上,常在轴瓦上预制出各种形式的沟槽,如图7-26(a)、图7-26(b)所示的沟槽用于钢制轴瓦,图7-26(c)所示的沟槽用于青铜轴瓦。为使润滑油均布于轴瓦工作表面,在轴瓦的非承载区开设油孔和油槽,如图7-27所示。油槽不宜过短,以保证润滑油能流到整个轴瓦与轴颈的接触表面,但不得与轴瓦端面开通,以减少端部泄油。

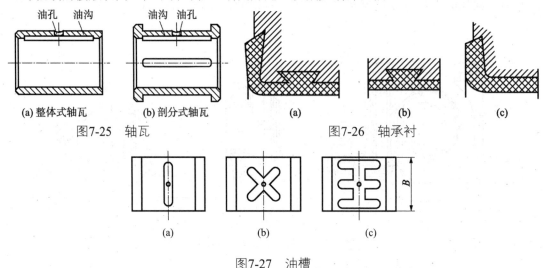

图7-25 轴瓦   图7-26 轴承衬

图7-27 油槽

(2) 材料。轴瓦和轴承衬材料直接影响轴承的性能,应根据使用要求、经济性要求进行合理选择。由于滑动轴承的主要失效形式是磨损、胶合,当强度不足时也可能出现疲劳破坏,轴瓦和轴承衬材料应具备下述性能:①耐磨、耐腐蚀、抗胶合能力强;②摩擦系数小;③导热性好;④足够的强度和一定的塑性;⑤良好的跑合性。

常用轴瓦和轴承衬材料的牌号和性能如表7-10所示,此外还可采用粉末合金(如铁-石墨、青铜-石墨)、非金属材料(如塑料、橡胶和木材等)作为轴承材料。

表7-10 常用轴瓦和轴承衬材料的牌号和性能

轴瓦材料	牌号(名称)	最大许用值 [P]/MPa	最大许用值 [v]/m·s^{-1}	最大许用值 [Pv]/MPa·m·s^{-1}	最高工作温度/℃	性能比较	备注
铸造锡锑轴承合金	ZSnSb$_{11}$Cu$_6$	平稳载荷			150	摩擦系数小,抗胶合性良好,耐腐蚀,易磨合,变载荷下易疲劳	用于高速、重载下工作的重要轴承,如石油钻机
		25	80	20			
	ZSnSb$_8$Cu$_4$	冲击载荷					
		20	60	15			
铸造铅锑轴承合金	ZPbSb$_{16}$Sn$_{16}$Cu$_2$	15	12	10	150	各方面性能与锡锑轴承合金相近,但材料较脆,可作为锡锑轴承合金的代用品	用于中速、中等载荷轴承,不宜受较大的冲击载荷,如机床、内燃机等
	ZPbSb$_{15}$Sn$_4$Cu$_3$Cd$_2$	5	6	5			
铸造锡青铜	ZCuSn$_{10}$P	15	10	15	280	熔点高,硬度高,承载能力、耐磨性、导热性均高于轴承合金,但可塑性差,不易磨合	用于中速、重载及受变载荷的轴承,如破碎机
	ZCuSn$_5$Pb$_5$Zn$_5$	8	3	15			用于中速、中等载荷的轴承
铸造铝青铜	ZCuAl$_{10}$Fe$_3$	15	4	12	280	硬度较高,抗胶合性能较差	用于润滑充分的低速、重载轴承,如重型机床

3. 滑动轴承的润滑

滑动轴承工作时需要良好的润滑,具有减小摩擦系数、提高机械效率、减轻磨损、延长机械的使用寿命、冷却、防尘以及吸振等作用,能保证轴承正常工作。

1) 润滑油及其选择

润滑油的内摩擦系数小,流动性好,是滑动轴承中应用最广的一种润滑剂。工业用润滑油有合成油和矿物油两类,其中矿物油资源丰富,价格便宜,适用范围广。

润滑油的主要性能指标是黏度,它表示润滑油流动时内部摩擦阻力的大小,是选用润滑油的主要依据,分为以下两个性能指标。

(1) 动力黏度。定义为长、宽、高各为1m的油立方体,上下平面产生1m/s的相对速度所需的切向力,用η表示,单位Pa·s(即N·s/m^2),主要用于流体动力计算。

(2) 运动黏度。定义为液体动力黏度与其同温度下密度的比值,用ν表示,即$\nu=\eta/p$,单位为m^2/s,常用mm^2/s。工业上常用运动黏度作为润滑油的性能指标。

润滑油的牌号是以40℃时油的运动黏度中心值来划分的。例如,某一牌号L-HL32液压油是指温度在40℃时运动黏度为28.8~35.2mm^2/s(中心值为32mm^2/s)的液压油。牌号越大的润滑油,其黏度值也越大,油越稠。

工业领域常用的润滑油的性能和用途如表7-11所示。

表7-11 工业领域常用的润滑油的性能和用途

名称	牌号	主要质量指标					主要性能和用途
		运动黏度 (mm^2/s) (40℃)	凝点 /℃ ($\leq$)	倾点 /℃ ($\leq$)	闪点 /℃ ($\geq$)	黏度指数	
L-AN 全损耗系统用油 (GB 443-1989)	15	13.5~16.5	-15		150		适用于对润滑油无特殊要求的轴承、齿轮和其他低负荷机械等部件的润滑,不适用于循环系统
	22	19.8~24.2	-15		170		
	32	28.8~35.2	-15		170		
	46	41.4~50.6	-10		180		
	68	61.2~74.8	-10		190		
L-HL 液压油 (GB 11118.1-1994)	32	28.8~35.2		-6	180	90	抗氧化、防锈、抗浮化等性能优于普通机油,适用于一般机床主轴箱、齿轮箱和液压系统及类似的机械设备的润滑
	46	41.4~50.6		-6	180	90	
	68	61.2~74.8		-6	200	90	
	100	90.0~100		-6	200	90	
L-CKB 工业闭式齿轮油 (GB 5903-1995)	100	90~110		-8	180	90	具有抗氧防锈性能,适用于正常油温下运转的轻载荷工业闭式齿轮润滑
	150	135~165		-8	200	90	
	220	198~242		-8	20	90	

2) 润滑脂及其选择

润滑脂又称干油,俗称黄油,是由润滑油、稠化剂等制成的膏状润滑材料。润滑脂流动性差,不易流失,因此轴承的密封简单。润滑脂需经常补充,其内摩擦系数较大,效率较低,不宜用于高速轴承。润滑脂的主要性能指标是针入度和滴点。

(1) 针入度,即润滑脂的稠度。将重力为1.5N的标准圆锥体放入25℃的润滑脂试样中,经5s后所沉入的深度称为该润滑脂的针入度,以0.1mm为单位。润滑脂按针入度从大到小分为0~9号共10种,号数越大,针入度越小,润滑脂越稠,常用0~4号。

(2) 滴点。在规定条件下加热,当开始滴下第一滴油时的温度为滴点,滴点决定润滑脂的最高使用温度。常用润滑脂的性能及用途见表7-12。

表7-12 常用润滑脂的性能及用途

名称	代号	滴点 (℃$\geq$)	针入度 (10~1mm)	性能和主要用途
钙基润滑脂 (GB 491-1987)	1	80	310~340	耐水性好,但耐热性差,用于各种工农业、交通运输设备的中速、中低载荷轴承润滑,特别是有水、潮湿处
	2	85	265~295	
	3	90	220~250	
钠基润滑脂 (GB 492-1989)	2	160	265~295	耐热性很好但不耐水,用于工作温度在-10℃~110℃的一般中等载荷机械设备轴承的润滑
	3	160	220~250	
通用锂基润滑脂 (GB 7324-1994)	1	170	310~340	多效通用润滑脂,适用于各种机械设备的滚动轴承和滑动轴承及其他摩擦部位的润滑,使用温度为-20℃~120℃
	2	175	265~295	
	3	180	220~250	
7407号齿轮润滑脂 (SY 4036-1984)		160	75~90	用于各种低速,中、高载荷齿轮、链和联轴器的润滑,使用温度小于120℃
滚珠轴承润滑脂 (SH 0386-1992)	2	120	250~290	具有良好的润滑性能,用于汽车、电动机、机车及其他机械中滚动轴承的润滑

(3) 固体润滑剂。轴承在高温、低速、重载的情况下工作，不宜采用润滑油或润滑脂时可采用固体润滑剂。常用的固体润滑剂有石墨、聚四氟乙烯、二硫化钼、二硫化钨等。

使用方法：调配到油或脂中使用，涂敷或烧结到摩擦表面，渗入轴瓦或使其成形，镶嵌在轴承中使用。

3) 油的润滑方式和润滑装置

除正确选择润滑剂外，还应选择适当的方法和装置，才能获得良好的润滑效果。下面分别介绍油、脂的润滑方法和装置。

(1) 手工加油润滑。用油壶或油枪注入设备的油孔、油嘴或油杯中，使油流至需要润滑的部位。供油方法简单，属于间歇式，适用于轻载、低速和不重要的场合。

(2) 滴油润滑。滴油润滑用油杯供油，利用油的自重滴流至摩擦表面，属于连续润滑方式。常用的油杯有以下几种。

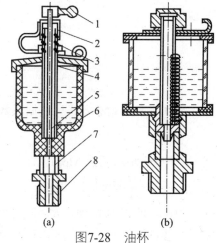

图7-28 油杯

1—手柄 2—调节螺母 3—弹簧 4—油位计
5—针阀 6—阀芯 7—观油镜 8—杯体

① 针阀式油杯，如图7-28(a)所示。当手柄1卧倒时，针阀5因弹簧3的推压而堵住底部的油孔，当手柄直立时，针阀被提起使油孔打开，润滑油经油孔自动滴进轴承中。供油量用螺母2调节针阀的开启高度来控制，用于要求供油可靠的轴承。

② 油绳式油杯，如图7-28(b)所示。油绳用棉线或毛线做成，一端浸在油中，利用毛细管作用吸油滴入轴承，油绳滴油自动连续，但供油量少，不易调节，适用于低速轻载轴承。

(3) 油环润滑。如图7-29所示，在轴颈上套一个油环，油环下部浸在油中，当轴颈旋转时，靠摩擦力带动油环旋转，把油带到轴颈上润滑，适用于转速为50～3000 r/min水平放置的轴。

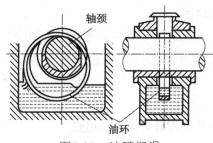

图7-29 油环润滑

(4) 飞溅润滑。利用齿轮、曲轴等转动件，将润滑油由油池溅到轴承中进行润滑。该方法简单可靠，连续均匀，但有搅油损失，易使油发热和氧化变质，适用于转速不高的齿轮传动、蜗杆传动等。

(5) 压力循环润滑。利用油泵将润滑油经油管输送到各轴承中润滑，它的润滑效果好，油可循环使用，但装置复杂、成本高，适用于高速、重载或变载的重要轴承。

4) 脂润滑

用脂润滑时，一般是在机械装配时就将它填入轴承内，或用黄油杯(见图7-30)，旋转杯盖可将装在杯体中的润滑脂定期挤入轴承内，也可用黄油枪向轴承油孔内注射润滑脂。

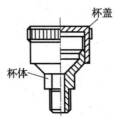

图7-30　黄油杯

滑动轴承的润滑方式可根据系数K来选择，公式为

$$K=\sqrt{PV^2}$$

式中：P——轴承压强(Mpa)；

V——轴颈圆周速度(m/s)。

当$K\leq 2$时用脂润滑，$K>2$时用油润滑，$2<K<16$时用针阀油杯润滑，$16<K<32$时采用油环、飞溅或压力润滑，$K\geq 32$时采用压力循环润滑。

❋ 任务实施

轴承的维护和拆卸

轴承是汽车上一个比较重要的零件，如果维护保养不好导致故障，拆装一次相当麻烦，需耗费很多工时，从而造成经济损失。所以，弄清轴承发生故障的原因，并在使用中合理维护和保养，对延长分离轴承的寿命，提高劳动生产率，取得较好的经济效益具有重要的意义。

1. 滑动轴承故障

1) 滑动轴承故障产生的原因

(1) 滑动轴承间隙过小以及碾瓦时，通常的表现就是温度升高。

(2) 滑动轴承间隙过大以及合金剥落时，通常的表现就是振幅加大。

(3) 如果滑动轴承润滑不良或启动、停车过程中油膜被破坏，滑动轴承的磨损程度加大。

2) 轴承合金与轴承瓦壳结合质量常用方法检查

(1) 敲击法。用小锤轻击轴瓦，声音清脆、无杂音则表明结合良好，声音沙哑或手感有余震则说明结合面有剥离现象。

(2) 浸油法。将轴瓦浸入煤油半小时左右，取出擦干，在轴承合金与瓦壳结合处涂以白垩粉，停置一段时间，若白垩粉有煤油湿润露出迹线，则说明结合质量不良。

2. 滚动轴承故障

滚动轴承故障一般表现为两种：一是轴承安装部位温度过高；二是轴承运转中有噪声。

1) 轴承安装部位温度过高

在机构运转时，安装轴承的部位允许有一定的温度，当用手抚摸机构外壳时，应以感觉不烫手为正常，反之则表明轴承温度过高。

轴承温度过高的原因有：润滑油质量不符合要求或变质，润滑油黏度过高；机构装配过紧(间隙不足)；轴承装配过紧；轴承座圈在轴上或壳内转动；负荷过大；轴承保持架或滚动体碎裂等。

2) 轴承运转中有噪声

滚动轴承在工作中允许有轻微的运转响声，如果响声过大或有不正常的噪声或撞击声，则表明轴承有故障。

滚动轴承产生噪声的原因比较复杂，主要包括：轴承内外圈配合表面磨损，由于这种磨损破坏了轴承与壳体、轴承与轴的配合关系，导致轴线偏离了正确的位置，轴在高速运动时会产生异响；当轴承疲劳时，其表面金属剥落，会使轴承径向间隙增大而产生异响；轴承润滑不足，形成干摩擦，以及轴承破碎等都会产生异常的声响；轴承磨损松旷后，保持架松动损坏，也会产生异响。

3. 轴承的拆卸

轴承的拆卸可采取以下两种方法。

(1) 用拉具拆卸。拆卸时拉具钩爪一定要抓牢轴承内圈，以免损坏轴承，如图7-31所示。

(2) 用铜棒敲打拆卸。将铜棒对准轴承内圈，用锤子敲打铜棒，如图7-32所示。用此方法时要注意轮流敲打轴承内圈的相对两侧，不可敲打一边，用力也不要过猛，直到把轴承敲出为止。

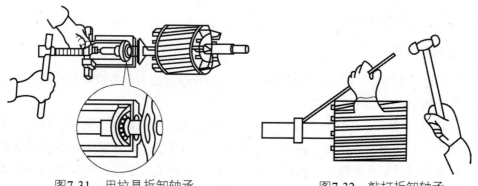

图7-31 用拉具拆卸轴承　　图7-32 敲打拆卸轴承

学生到实训场所查看汽车减速器中滚动轴承的位置及工作情况。

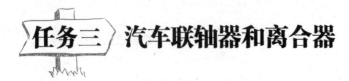

任务三 汽车联轴器和离合器

任务导入

联轴器和离合器是机械传动中常用的重要部件。它们主要用来连接轴与轴(有时也连接轴与其他回转零件)，使之一起转动并传递运动和转矩。

联轴器和离合器的类型很多，大都已标准化，因此设计时可根据工作要求，查阅有关手册、样本，选择合适的类型及型号，在必要时对其中的主要零件进行校核计算。

相关知识

一、联轴器

联轴器用于将两轴连接在一起，机器运转时两轴不能分离，只有在机器停车时才可以将两轴分离。联轴器所连接的两轴，由于制造及安装误差、承载后的变形以及温度变化的影响等，往往不能保证严格对中，而是存在某种程度的相对位移。这就要求在设计联轴器时，要从结构上采取各种不同的措施，使之具有适应一定范围的相对位移的性能。联轴器的位移如图7-33所示。

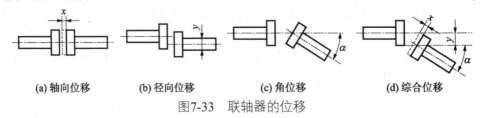

(a) 轴向位移　　(b) 径向位移　　(c) 角位移　　(d) 综合位移

图7-33　联轴器的位移

常见的联轴器有以下几种。

1. 刚性联轴器

刚性联轴器不能补偿两轴间的相对位移，无减振缓冲能力，要求两轴的对中性好。常用的有凸缘联轴器和套筒联轴器。

(1) 凸缘联轴器。凸缘联轴器是应用广泛的固定式刚性联轴器。如图7-34所示，它用螺栓将两个半联轴器的凸缘连接起来，以实现两轴的连接。联轴器中的螺栓可以用普通螺栓，也可以用铰制孔螺栓。这种联轴器有两种主要的结构形式：图7-34(a)是有对中的I型凸缘联轴器，靠凸肩和凹槽来实现两轴同心。图7-34(b)是II型凸缘联轴器，靠铰制孔用螺栓来实现两轴同心。为安全起见，凸缘联轴器的外圈还应加上防护罩或将凸缘制成轮缘形式。制造凸缘联轴器时，应准确保持半联轴器的凸缘端面与孔的轴线垂直，安装时应使两轴精确同心。

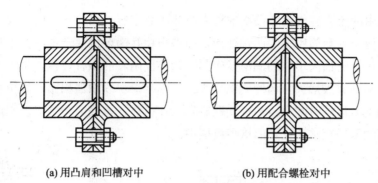

(a) 用凸肩和凹槽对中　　　　(b) 用配合螺栓对中

图7-34　凸缘联轴器

(2) 套筒联轴器。套筒联轴器是结构最简单的固定式联轴器。如图7-35所示，这种联轴器是一个圆柱形套筒，用两个圆锥销来传递转矩，当然也可以用两个平键代替圆锥销。它的优点是径向尺寸小，结构简单；缺点是对两轴的轴线偏移无补偿作用。套筒联轴器多用于两轴严格对中、工作平稳、无冲击的场合。

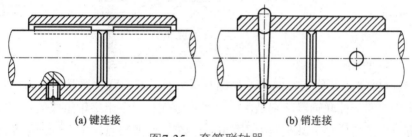

(a) 键连接　　　　(b) 销连接

图7-35　套筒联轴器

2. 可移式刚性联轴器

常见的可移式刚性联轴器有以下几种。

(1) 滑块联轴器，也称十字滑块联轴器，如图7-36所示。十字滑块联轴器在工作时，十字滑块随两轴转动，同时滑块上的两榫可在两半联轴器的凹槽中滑动，以补偿两轴的径向位移。它允许有较大的径向位移及不大的角位移和轴向位移。优点是结构简单，制造方便，可适应两轴间的综合偏移等优点；缺点是由于十字滑块做偏心转动，工作时会产生较大的离心力，故适用于低速、无冲击的场合，且需定期进行润滑。

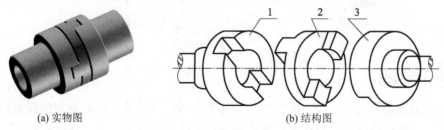

(a) 实物图　　　　(b) 结构图

图7-36　十字滑块联轴器

1、3-半联轴器　　2-中间圆盘

(2) 齿轮联轴器，如图7-37所示。齿轮联轴器是允许综合位移联轴器中具有代表性的一种联轴器，由两个带有内齿及凸缘的外套筒和两个带有外齿的内套筒组成。两个外套筒用螺栓连接，两个内套筒用键与两轴连接，内外齿相互啮合传递转矩。工作时靠齿的啮合传递扭矩并要保证轮齿间可靠的润滑及密封。为补偿两轴的综合位移，常将外齿轮的外圆制成球面，齿侧制成鼓形齿且齿侧间隙较大。与十字滑块联轴器相比，齿轮联轴器的转速较快，且因为是多齿同时啮合，故齿轮联轴器工作可靠，承载能力强，但制造成本高，一般多用于起动频繁、经常正反转的重型机械中。

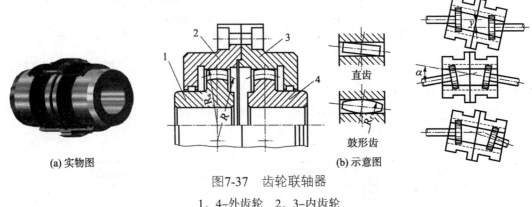

(a) 实物图　　　　　　　　　　　(b) 示意图

图7-37　齿轮联轴器

1、4-外齿轮　2、3-内齿轮

(3) 万向联轴器，又称为万向节，如图7-38所示。万向联轴器是汽车万向传动装置中实现变角度传动的一种联轴器，它是由两个叉形零件和一个十字轴组成的。万向联轴器允许两轴间有较大的角位移，其夹角α可达40°～45°。主要缺点：主动轴做等角速转动时，从动轴做变角速转动，其变化范围为$\omega_1 \cos\alpha \leq \omega_2 \leq \omega_1/\cos\alpha$，在传动时将引起附加动载荷。为了克服这一缺点，可采用双万向联轴器，当$\omega_1 = \omega_2$时，双万向联轴器须满足以下条件：主动轴、从动轴与中间轴之间的夹角相同，即$\alpha_1 = \alpha_2$；中间轴两端叉面必须位于同一平面内。万向联轴器结构紧凑，维护方便，在汽车、多头钻床等机器中得到了广泛的应用。

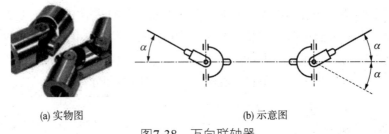

(a) 实物图　　　　　　　　　　　(b) 示意图

图7-38　万向联轴器

3. 弹性联轴器

弹性联轴器装有弹性元件，不但可以靠弹性元件的变形来补偿两轴间的相对位移，而且具有缓冲、吸振的能力。弹性联轴器广泛应用于经常正反转、起动频繁的场合。

(1) 弹性套柱销联轴器。弹性套柱销联轴器的结构与凸缘联轴器相似，只是用带有弹性套的柱销代替了连接螺栓。弹性套的材料采用橡胶，如图7-39所示。弹性套柱销联轴器结构简单，装拆方便，成本较低，常用来连接载荷较平稳，需正反转或频繁起动，传递中小转矩的高、中速轴。

(a) 实物图

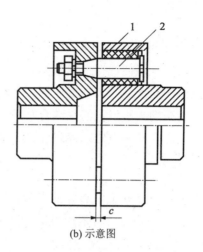
(b) 示意图

图7-39　弹性套柱销联轴器
1—橡胶　2—柱销

(2) 弹性柱销联轴器。弹性柱销联轴器的弹性元件为尼龙材料的柱销，柱销的形状能增大角度位移的补偿能力，如图7-40所示。与弹性套柱销联轴器相比，其传递转矩的能力更强，结构更为简单，制造容易，更换方便，且柱销的耐磨性好，适用于速度适中、有正反转或起动频繁、对缓冲要求不高的场合。

(a) 实物图

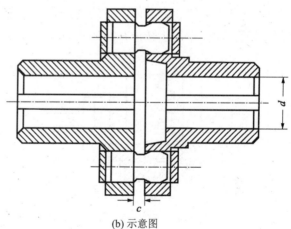
(b) 示意图

图7-40　弹性柱销联轴器

(3) 轮胎联轴器。轮胎联轴器用橡胶或橡胶织物制成轮胎状的弹性元件，两端用压板及螺钉分别压在两个半联轴器上，如图7-41所示。这种联轴器的优点是富有弹性，具有良好的消振能力，能有效地降低动载荷和补偿较大的轴向位移，而且绝缘性能好，运转时无噪声；缺点是径向尺寸较大，当转矩较大时，会因过大扭转变形而产生附加轴向载荷。为了便于装配，有时将轮胎开出径向切口，但这时承载能力会显著降低。

图7-41　轮胎联轴器

二、离合器

离合器是指在机器运转过程中，可使两轴随时接合或分离的一种装置。它可用来操纵机器传动的断续，以便进行变速或换向。在汽车传动系中，离合器直接与发动机相连。它可以实现汽车的启动、停止、变速器的平顺换挡；传动系的过载保护；防止从动件的逆转；控制传递转矩的大小以及满足结合时间等要求。常见的离合器有牙嵌离合器、圆盘摩擦离合器、定向离合器和电磁摩擦离合器等。

1. 牙嵌离合器

牙嵌离合器由两个端面上有牙的半离合器组成，如图7-42所示，其中一个半离合器固定在主动轴上；另一个半离合器用导键(或花键)与从动轴连接，并可由操纵机构使其做轴向移动，以实现离合器的分离与接合。牙嵌离合器是借牙的相互嵌合来传递运动和转矩的。为使两个半离合器能够对中，在主动轴端的半离合器上固定一个对中环，从动轴可在对中环内自由转动。

2. 圆盘摩擦离合器

圆盘摩擦离合器分单片式和多片式两种。

(1) 单片式摩擦离合器。如图7-43所示，单片式摩擦离合器工作时，轴向力使两个半离合器相互压紧，靠接合面间产生的摩擦力来传递转矩。单片式摩擦离合器结构简单，但传递的转矩较小，多用于转矩在2000N·m以下的轻型机械。

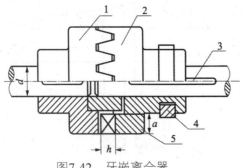

图7-42 牙嵌离合器

1、2-半离合器 3-导向平键 4-移动滑环 5-对中环

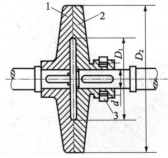

图7-43 单片式摩擦离合器

1-固定圆盘 2-活动圆盘 3-滑环

(2) 多片式摩擦离合器。如图7-44所示，多片式摩擦离合器由外摩擦片、内摩擦片和外鼓轮、套筒组成。外鼓轮中装有一组外摩擦片，可与主动轴一起回转；套筒上装有另一组摩擦片，可带动从动轴一起回转。当滑环向左移动时，杠杆经压板将内外摩擦片压紧，离合器进入接合状态，靠摩擦片产生的摩擦力使主从动轴一起回转，传递转矩；若滑环不向右移动，则使两组摩擦片放松，离合器即分离。

3. 定向离合器

定向离合器由星轮、套筒、滚柱及弹簧顶杆等组成，如图7-45所示，当星轮主动做顺时针转动时，套筒随星轮一起回转，离合器处于接合状态；而当星轮反向回转时，离合器处于分离状态。所以,此离合器只能单向传递转矩,称为定向离合器。定向离合器的特点是滚柱式定向离合器具有定向及超越作用,尺寸小,工作时无噪音,可实现高速中接合,常用于车辆、机床等机械中。

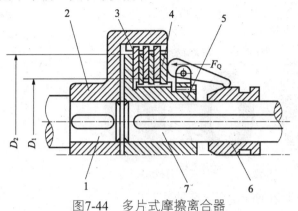

图7-44 多片式摩擦离合器

1-主动轴 2-主动轴套筒 3-外摩擦盘 4-内摩擦盘
5-从动套筒 6-滑环套 7-从动轴

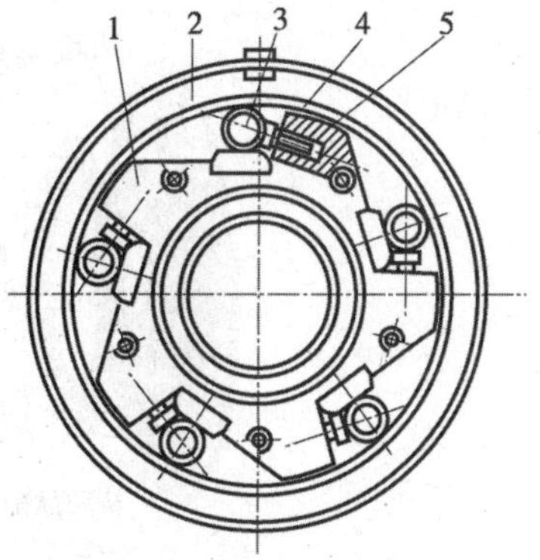

图7-45 滚柱式定向离合器

1-星轮 2-外环 3-滚柱
4-弹簧顶杆 5-内环

4. 电磁摩擦离合器

利用电磁力操作的摩擦离合器称为电磁摩擦离合器,其中较为常用的是多片式电磁摩擦离合器,如图7-46所示。摩擦片部分的工作原理与前述相同。电磁操作部分原理如下:当直流电接通后,电流经接触环1导入励磁线圈2,线圈产生的电磁力吸引衔铁5,压紧两组摩擦片3、4,使离合器处于接合状态。断开电流后,依靠复位弹簧6将衔铁5推开,两组摩擦片随之松开,使离合器处于分离状态。

电磁摩擦式离合器的优点是在任何转速下都可接合,过载时摩擦面打滑,能保护其他零件不致损坏,接合平稳,冲击和振动小;缺点是相对滑动时会引起发热与磨损,损耗能量。

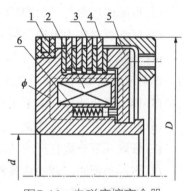

图7-46 电磁摩擦离合器

1-接触环 2-励磁线圈 3、4-摩擦片
5-衔铁 6-弹簧

任务实施

离合器拆装

1. 实训目的

(1) 掌握东风EQ1090E型汽车单盘离合器的构造及组成;

(2) 掌握满足使用要求所采取的结构措施;

(3) 明确其工作原理及其动力传递路线;

(4) 知道调整部位及其结构特点。

2. 实训工具

拆装东风EQ1090E型汽车单盘离合器，如图7-47所示，需要离合器拆装夹、开口或梅花扳手、内六角扳手、鲤鱼钳、起子等。

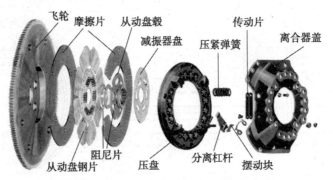

图7-47　东风EQ1090E型汽车单盘离合器

3. 东风EQ1090E型汽车单盘离合器的拆装

1) 分解顺序及观察重点

(1) 盖总成与飞轮有记号应记住，无记号应作出记号；

(2) 拆除连接盖与飞轮的8个螺钉，拿下传力机构；

(3) 仔细观察传力机构的组成及连接关系；

(4) 用离合器拆装夹将盖压紧，使压紧弹簧压缩，拆除连接螺栓的锁紧螺母及调整螺母，然后慢慢松开离合器拆装夹；

(5) 拆下离合器盖，取下压紧弹簧；

(6) 从盖上取下支撑弹簧，注意在取下支撑弹簧之前，仔细观察支撑弹簧的装法；

(7) 仔细观察分离杠杆的运动；

(8) 取浮动销时，转动连接螺栓(90°)，然后取出浮动销。

2) 装复及注意事项

(1) 装复时与分解顺序相反(注意记号)；

(2) 活动部位应涂以少量润滑脂，摩擦片及压盘表面不得沾有油污；

(3) 从动盘总成具有扭转减振器的减振盘的一侧朝向变速器；

(4) 压紧弹簧应按自由长度的高低、压紧力的大小均匀对称地排列；

(5) 离合器盖与压盘、盖与飞轮之间应按原来的记号安装；

(6) 在离合器盖固定螺钉处有平衡片的均应装回原位，以保证离合器的平衡；

(7) 装复后应检查压紧弹簧、传动片、固定螺钉孔以及杠杆支撑弹簧的位置，若有错位或歪斜应予以校正或重新组装；

(8) 分离杠杆支撑弹簧两端应牢固地卡在盖的弹簧孔内，如有脱落应将其夹牢。

项目八

液压传动与气压传动

学习目标

1. 知识目标

(1) 掌握液压及气压传动系统的组成及工作原理；

(2) 掌握液压元件的结构组成；

(3) 掌握主要液压元件的工作原理及图形符号；

(4) 了解常用液压基本回路的组成及工作原理；

(5) 了解液压及气压传动在汽车中的应用。

2. 能力目标

(1) 具有合理选择及正确使用液压元件的能力；

(2) 具有识读液压基本回路和系统的能力；

(3) 具有简单维护液压及气压系统的能力。

任务一 认识液压传动

任务导入

液压传动的发展已有200多年的历史，进入现代后，液压传动技术发展迅速，成为现代化技术的标志之一。如今，液压传动系统已广泛地应用到汽车及维修设备上。在本任务中，我们将通过学习了解和掌握液压传动的相关知识。

相关知识

一、液压传动概述

1. 液压传动的工作原理

如图8-1所示是液压千斤顶工作原理图，液压千斤顶工作时，放油阀9关闭。当提起杠杆1，活塞2上移，油腔3密封容积增大形成局部真空。于是油箱10中的油液在大气压力的作用下，推动单向阀5的钢球并沿着吸油管进入油腔3，完成吸油工作过程。

当压下杠杆，活塞2下移，油腔3的密封容积缩小，油液受到外力挤压产生压力，单向阀4自动关闭，同时单向阀5的钢球受到一个向上的作用力。当该作用力大于油腔6中油液对钢球的作用力时，钢球被推开，油液通过单向阀5流入油腔6内，迫使它的密封容积变大，即完成压油工作过程，其结果推动活塞7上升并将重物G顶起。

2. 液压传动的组成

从液压千斤顶的工作过程可以看出，液压传动系统由以下5个部分组成。

(1) 动力部分：液压泵。它的功用是把原动机所提供的机械能转变成油液的压力能，输出高压油液。

(2) 执行部分：液压缸或液压马达。它的功用是把油液的压力能转变成机械能去驱动负载做功，实现往复直线运动、连续转动或摆动。

(3) 控制部分：液压控制阀。它的功用是控制从液压泵到执行部分的油压的压力、流量和流动方向，从而控制执行部分的力、速度和方向。

(4) 辅助部分：油箱、滤清器、蓄能器、油管、压力表等。它的功用是存储、输送、净化和密封工作液体，并有散热作用。

(5) 工作介质：液压油。液压油不仅能起到传递能量和运动的作用，而且对元件及装置也会起到润滑的作用。

3. 液压传动系统的图形符号

液压传动系统的图形符号简单明了，便于绘制，因此，在工程实际中，一般都采用液压元件的图形符号来绘制液压系统原理图。如图8-2所示，是液压千斤顶工作原理简图，它是按《流体传动系统及元件图形符号和回路图》(GB/T 786.1－2009)规定的液压图形符号绘制的液压系统。液压图形符号只表示元件功能及连接系统的通路，不表示元件结构、参数和元件在机器中的实际安装位置，符号均以元件的静止位置或中间零位置表示。

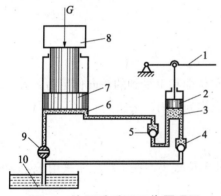

图8-1　液压千斤顶工作原理图
1-杠杆　2-小活塞　3、6-油腔　4、5-单向阀
7-大活塞　8-重物　9-放油阀　10-油箱

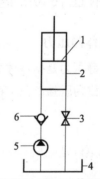

图8-2　液压千斤顶工作原理简图
1-大活塞　2-油腔　3-放油阀
4-油箱　5-液压泵　6-单向阀

二、液压传动的特点

液压传动与机械传动、电气传动相比有以下主要优点和缺点。

1. 优点

(1) 在同等功率情况下，液压执行元件体积小，结构紧凑。

(2) 液压传动的各种元件，可根据需要方便、灵活地来布置。

(3) 液压装置工作比较平稳，由于重量轻、惯性小、反应快，液压装置易于实现快速启动、制动和频繁的换向。

(4) 操纵控制方便,可实现大范围的无级调速,最高可超过1∶1000,它还可以在运行的过程中进行调速。

(5) 一般采用矿物油为工作介质,相对运动面可自行润滑,使用寿命长。

(6) 容易实现直线运动。

(7) 既易实现机器的自动化,又易于实现过载保护,当采用电液联合控制甚至计算机控制后,可实现大负载高精度、远程自动控制。

(8) 液压元件实现了标准化、系列化、通用化,便于设计、制造和使用。

2. 缺点

(1) 液压传动不能保证严格的传动比,这是由液压油的可压缩性和泄漏造成的。

(2) 工作性能易受温度变化的影响,因此不宜在很高或很低的温度条件下工作。

(3) 由于流体流动的阻力损失和泄漏较大,效率较低,如果处理不当,泄漏不仅会污染场地,而且还可能引起火灾和爆炸事故。

(4) 为了减少泄漏,液压元件在制造精度上要求较高,因此它的造价高,且对油液的污染比较敏感。

三、液压传动的基本参数

1. 液体静压力

液体静压力是指液体处于静止状态时,单位面积上受到的法向作用力。液体静压力在物理学上称为压强,在工程实际应用中习惯上称为压力,公式为

$$p = \frac{F}{A} \tag{8-1}$$

压力单位是帕斯卡(Pa),简称帕。由于此单位太小,在工程上常采用千帕(kPa)和兆帕(MPa)。

2. 压力的传递(帕斯卡原理)

在密闭的容器内施加于静止液体上的压力,将等值传递到液体内的各点,这就是静压传递的基本原理,即帕斯卡原理。在一个较小的面积上作用较小的力可以在较大的面积上得到较大的作用力,如图8-3所示,外界负载为G,由帕斯卡原理得

$$\frac{F}{A_1} = \frac{G}{A_2}$$

$$F = \frac{A_1}{A_2} G \tag{8-2}$$

液压系统中的压力F取决于外界负载G,这是液压传动中的重要概念。

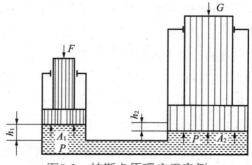

图8-3 帕斯卡原理应用实例

3. 流量和流速

流量和流速是描述液流的两个主要参数。通常将垂直于液体流动方向的截面称为过流截面(或通流截面)。

流量 Q 是单位时间内流过通流截面的液体体积,单位为 m^3/s 或 L/min。

流速 v 是液体流过某通流截面的平均速度。因为黏性的作用,流体流经某通流面积时在每一点上的速度不相等,平均速度只是一个假想的均流速度。

4. 液体流动连续性原理

如图8-4所示,液体在密封管道内恒定流动时,设液体不可压缩,则单位时间内流过任意截面的质量相等,即

$$\rho_1 v_1 A_1 = \rho_2 v_2 A_2$$

当忽略液体的可压缩性时,可得

$$v_1 A_1 = v_2 A_2 \tag{8-3}$$

式(8-3)是液体流动的连续性方程。它说明液体在管道中流动时,流过各个断面的流量是相等的,流速和过流截面面积成反比。

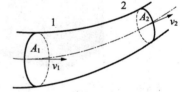

图8-4 液体流动连续性原理图

⁞⁞⁞ 任务拓展

液压传动技术的发展

液压传动和气压传动称为流体传动,是根据17世纪帕斯卡提出的液体静压力传动原理而发展起来的一门新兴技术,是在工农业生产中广为应用的一门技术。如今,流体传动技术水平的高低已成为衡量一个国家工业发展水平高低的重要标志。

1795年,英国的约瑟夫·布拉曼在伦敦用水作为工作介质,以水压机的形式将其应用于工业上,诞生了世界上第一台水压机。1905年,他将工作介质水改为油,进一步改善了水压机的性能。液压元件在19世纪末20世纪初才开始进入正规的工业生产阶段。1925年,维克斯发明了压力平衡式叶片泵,为近代液压元件工业的逐步建立奠定了基础。20世纪初,康斯坦丁·尼斯克对能量波动传递所进行的理论及实际研究,以及1910年对液力传动(液力联轴节、液力变矩器等)方面的贡献,促进了液压传动技术的发展。

第二次世界大战期间,在美国机床中有30%应用了液压传动。日本液压传动技术的发

展较欧美国家晚了20多年。在1955年前后，日本迅速发展液压技术，1956年成立了"液压工业会"。近30年来，由于原子能技术、航空航天技术、控制技术、材料科学、微电子技术等学科的发展，再次将液压传动技术向前推进，使它发展成为包括传动、控制、检测在内的一门完整的自动化技术，在国民经济的各个部门都得到了应用，如工程机械、数控加工中心、冶金自动线等，如图8-5、图8-6、图8-7所示。

在尖端技术领域如核工业和宇航中，液压传动技术也占据着重要的地位。

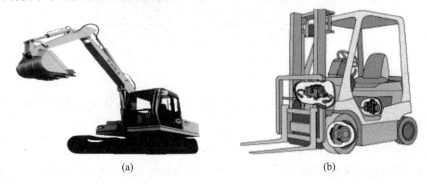

图8-5 液压传动技术在工程机械中的应用

图8-6 液压传动技术在数控加工中心的应用　图8-7 液压传动技术在冶金自动线上的应用

▓▓▓ 任务实施

如图8-8所示为汽车举升机构的液压系统原理图，请回答如下问题：

(1) 图中的1(Ⅰ、Ⅱ)、2、3、4、5指示的液压图形符号代表什么意思？

(2) 指出图中液压系统的动力部分、执行部分、控制部分和辅助部分。

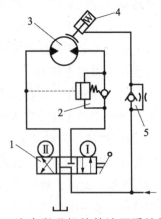

图8-8 汽车举升机构的液压系统原理图

任务二　汽车常用液压泵及液压缸

任务导入

现代汽车制动系统是按驾驶员意图减速或停车的装置。制动传动装置常采用液压式，现在人们常说的ABS系统(防抱死制动系统)装置中就有液压制动装置。液压制动装置中有液压泵或液压缸，它们是如何工作的呢？

相关知识

一、液压泵

1. 液压泵的概念

液压泵是液压系统的动力元件，将原动机输入的机械能转换为压力能输出，为执行元件提供压力油。如图8-9所示，液压泵的输入参量为转矩T和角速度ω，输出参量为流量Q和压力p。

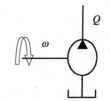

图8-9　液压泵简图

2. 液压泵的工作原理

图8-10是液压泵的工作原理图。偏心轮6旋转时，柱塞5在偏心轮6和弹簧2的作用下在缸体4中上下移动。柱塞下移时，缸体中的油液便通过吸油阀1吸入；柱塞上移时，缸体中的油腔容积变小，吸油阀关闭，已吸入的油液便通过压油阀3输入到系统中。由此可见，液压泵正常工作的必备条件包括如下三个。

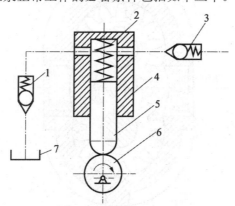

图8-10　液压泵工作原理图

1—吸油阀　2—弹簧　3—压油阀　4—缸体　5—柱塞　6—偏心轮　7—油箱

(1) 必须具有一个由运动件和非运动件所构成的密闭容积。

(2) 密闭容积的大小随运动件的运动做周期性变化，容积由小变大——吸油，由大变小——压油；

(3) 密闭容积增大到极限时,先要与吸油腔隔开,然后才转为排油;密闭容积缩小到极限时,先要与排油腔隔开,然后才转为吸油。

3. 液压泵的分类

液压泵按其在单位时间内所能输出的油液体积能否调节,可分为定量泵和变量泵两类;按结构形式可以分为齿轮式、叶片式和柱塞式三类。

1) 齿轮泵

齿轮泵是一种常用的液压泵,它的主要优点是结构简单,制造方便,价格低廉,体积小,重量轻,自吸性好,对油液污染不敏感,工作可靠;主要缺点是流量和压力脉动大,噪声大,排量不可调。

齿轮泵被广泛地应用于采矿设备、冶金设备、建筑机械、工程机械和农林机械等。齿轮泵按照其啮合形式的不同,分外啮合和内啮合两种,如图8-11所示。外啮合齿轮泵应用较广,内啮合齿轮泵则多为辅助泵。

(a) 外啮合齿轮泵　　(b) 内啮合齿轮泵

图8-11　齿轮泵

外啮合齿轮泵和内啮合齿轮泵的工作原理和主要特点基本相同,如图8-12所示。

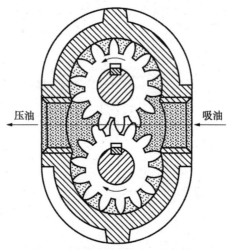

图8-12　外啮合齿轮泵的工作原理

泵主要由主动齿轮、从动齿轮、驱动轴、泵体及侧板等主要零件构成。泵体内相互啮合的主动齿轮、从动齿轮与两端盖及泵体一起构成密封的工作容积,齿轮的啮合点将左右两腔隔开,形成了吸油腔、压油腔。当齿轮按图示方向旋转时,右侧吸油腔内的轮齿脱离啮合,密封腔容积不断增大,构成吸油并被旋转的轮齿带入左侧的压油腔。左侧压油腔内的轮齿不断进入啮合，使密封腔容积缩小，油液受到挤压被排往系统，这就是齿轮泵的吸油和压油过程。

2) 叶片泵

(1) 叶片泵的分类。叶片泵有单作用式和双作用式两大类，前者又称为非卸荷式叶片泵或变量叶片泵，后者又称为卸荷式叶片泵或定量叶片泵。两者的主要区别是定子内曲线的形状不同。曲线形状不同，泵轴转一转时吸压油的次数也不同，每转吸压油一次的称单作用叶片泵，吸压油两次的称双作用叶片泵。

(2) 叶片泵的工作原理。如图8-13所示为汽车动力转向系统单作用叶片泵工作原理图。定子3的内表面是圆柱面，转子2和定子3中心之间存在偏心，叶片4在转子的槽内可灵活滑动，在转子转动时的离心力以及叶片根部油压力的作用下，叶片顶部贴紧在定子内表面上，于是两相邻叶片、配油盘、定子和转子便形成了一个密封的工作腔。泵在转子转一转的过程中，吸油、压油各一次，故称单作用叶片泵。转子单方向受力，轴承负载较大。改变偏心距，可改变泵排量，形成变量叶片泵。

如图8-14所示为汽车动力转向系统双作用叶片泵工作原理图。定子内表面是由两段长半径圆弧、两段短半径圆弧和四段过渡曲线组成的，且定子2和转子1是同心的。转子顺时针旋转时，密封工作腔的容积在左下角和右上角处逐渐缩小而压油，为压油区；在左上角和右下角处逐渐增大，为吸油区；吸油区和压油区之间有一段封油区把它们隔开。这种泵的转子每转一周，每个密封工作腔完成吸油和压油动作各两次，称为双作用叶片泵。

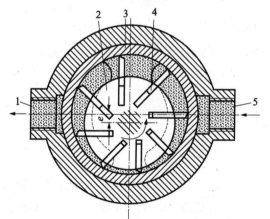 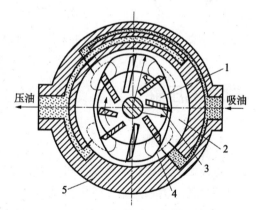

图8-13 单作用叶片泵工作原理图　　　图8-14 双作用叶片泵工作原理图
1-压油口　2-转子　3-定子　4-叶片　5-吸油口　　　1-转子　2-定子　3-叶片　4-配油箱　5-泵体

双作用叶片泵的原理和单作用叶片泵相似，不同之处在于定子内表面是由两段长半径圆弧、两段短半径圆弧和四段过渡曲线组成的，且定子和转子是同心的。

3) 柱塞泵

柱塞泵是通过柱塞在柱塞孔内往复运动时密封工作容积的变化来实现吸油和排油的。柱塞泵的特点是泄漏少、容积效率高，可以在高压下工作。轴向柱塞泵可分为斜盘式和斜轴式两大类。

轴向柱塞泵的柱塞平行于缸体轴心线，沿缸体圆周均匀分布，其工作原理如图8-15所示，缸体7上均布若干个轴向柱塞孔，孔内装有柱塞5，缸体由轴9带动旋转。套筒4在弹簧6的作用下，通过压板3而使柱塞头部的滑履2紧压在斜盘1上。同时，套筒8则使缸体7和配油盘10紧密接触，起密封作用。当缸体按图示方向转动时，由于斜盘和压板的作用，迫使柱塞在缸体内做往复运动，使各柱塞与缸体间的密封容积发生变化，通过配油盘进行吸油和压油。当缸孔自最低位置向前上方转动(前面半周)时，柱塞在转角$0\sim\pi$范围内逐渐向左伸出，柱塞端部的缸孔内密封容积增大，经配油盘吸油窗口吸油；柱塞在转角$\pi\sim2\pi$(里面半周)范围内，柱塞被斜盘逐步压入缸体，柱塞端部密封容积减小，经配油盘排油窗口而压油。缸体每转一转，柱塞吸油、压油各一次。

改变斜盘的倾角γ，就可以改变密封工作容积的有效变化量，实现泵的变量。

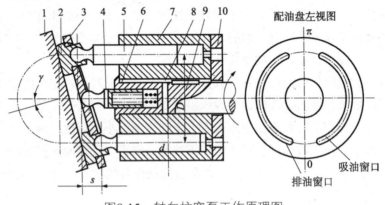

图8-15　轴向柱塞泵工作原理图

1-斜盘　2-滑履　3-压板　4-套筒　5-柱塞　6-弹簧　7-缸体　8-套筒　9-轴　10-配油盘

二、液压缸

1. 液压缸的概念

液压缸是将液压能转变为机械能、做直线往复运动或摆动运动的液压执行元件。输入量是流体的压力和流量，输出量是驱动力和速度。它结构简单，工作可靠。用它来实现往复运动时，可免去减速装置，并且没有传动间隙，运动平稳，因此在各种机械的液压系统中得到了广泛应用。

2. 液压缸的分类

液压缸按结构形式分为活塞式、柱塞式和伸缩式三类。

1) 活塞式液压缸

汽车动力转向系统中使用的液压缸分单杆活塞式液压缸和双杆活塞式液压缸两种。

如图8-16所示为单杆活塞式液压缸。活塞式液压缸主要由缸体、活塞和活塞杆组成。由于活塞一端有杆，而另一端无杆，所以活塞两端的有效作用面积不相等。当无杆腔进油时，因活塞有效面积大，所以速度小、推力大；当有杆腔进油时，因活塞有效面积小，所以速度大、推力小。

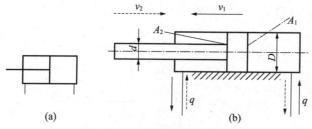

图8-16 单杆活塞式液压缸

如图8-17所示为双杆活塞式液压缸。活塞的两侧都有伸出杆。缸体两端设有进出油口，当压力油从进出油口交替输入液压缸左右工作腔时，压力油作用于活塞端面，驱动活塞(或缸体)运动，并通过活塞杆(或缸体)带动工作台做直线往复运动。采用不同固定方式的工作台的移动范围不同，缸体固定时工作台的活动范围近似为活塞有效行程的3倍，而活塞杆固定时工作台的活动范围近似为活塞有效行程的2倍。

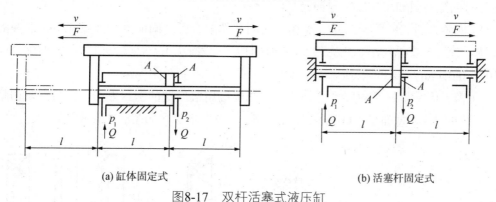

(a) 缸体固定式　　　　　　　　　(b) 活塞杆固定式

图8-17 双杆活塞式液压缸

2) 柱塞式液压缸

柱塞式液压缸由缸体、柱塞、导向套、密封圈、缸盖组成，如图8-18所示，它具有以下几个特点。

(1) 它是一种单作用式液压缸，靠液压力只能实现一个方向的运动，柱塞回程要靠其他外力或柱塞的自重。

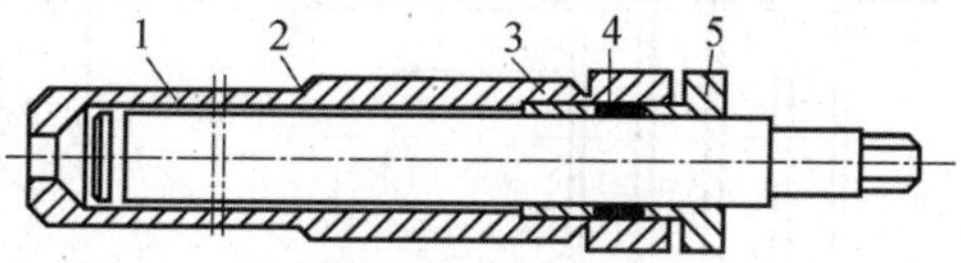

图8-18 柱塞式液压缸

1—缸体　2—柱塞　3—导向套
4—密封圈　5—缸盖

(2) 柱塞只靠缸套支承而不与缸套接触，这样缸套极易加工，故适用于长行程液压缸。

(3) 工作时柱塞总受压，因而它必须有足够的刚度。

(4) 柱塞重量往往较大，水平放置时容易因自重而下垂，造成密封件和导向套单边磨损，故其垂直使用更有利。

3) 伸缩式液压缸

伸缩式液压缸具有二级或多级活塞，如图8-19所示。伸缩式液压缸中活塞伸出的顺序是从大到小,而空载缩回的顺序则一般是从小到大。伸缩缸可实现较长的行程,而缩回时长度较短,结构较为紧凑。此种液压缸常用于工程机械和农业机械上,例如自卸载重汽车、汽车起重机的伸缩臂就采用了伸缩式液压缸。

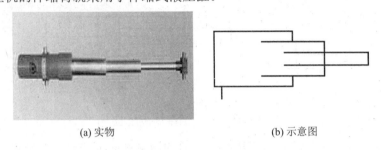

(a) 实物　　　　　　　　　(b) 示意图

图8-19　伸缩式液压缸

3. 液压缸的密封

液压缸的密封是指活塞、活塞杆、端盖等处的密封,用以防止油液的泄漏。常见的密封方法有间隙密封和用橡胶密封圈密封。

(1) 间隙密封。间隙密封是依靠相对运动零件配合面之间的微小间隙来防止泄漏的密封方法,适用于直径较小、压力较小的液压缸。一般情况下,活塞与缸体之间的配合间隙取0.02~0.05mm,如图8-20所示。

(2) 密封圈密封。密封圈密封是液压系统中应用最广泛的密封方法,密封圈常由耐油橡胶、尼龙制成,截面呈"O"形、"Y"形、"V"形等,如图8-21所示。

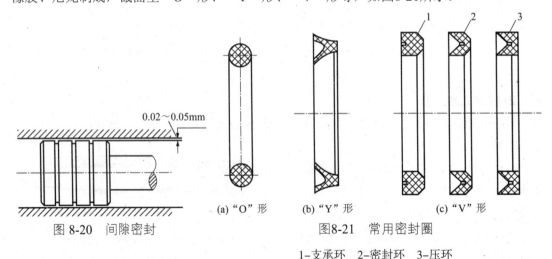

图 8-20　间隙密封　　　　(a) "O"形　　(b) "Y"形　　(c) "V"形

图8-21　常用密封圈

1—支承环　2—密封环　3—压环

知识拓展

液压缸常见故障及排除方法如表8-1所示。

表8-1 液压缸常见故障及排除方法

故障现象	产生原因	排除方法
爬行	1. 外界空气进入缸内 2. 密封压得太紧 3. 活塞与活塞杆不同轴 4. 活塞杆弯曲变形 5. 缸筒内壁拉毛，局部磨损严重或腐蚀 6. 安装位置有误差 7. 双活塞杆两端螺母拧得太紧 8. 导轨润滑不良	1. 开动系统，打开排气塞(阀)强迫排气 2. 调整密封，保证活塞杆能用手拉动而试车时无泄漏即可 3. 校正或更换，使同轴度小于$\phi 0.04mm$ 4. 校正活塞杆，保证直线小于0.1/1000 5. 适当修理，严重者重磨缸孔，按要求重配活塞 6. 校正 7. 调整 8. 适当增加导轨润滑油量
推力不足，速度不够或逐渐下降	1. 缸与活塞配合间隙过大或O形密封圈破坏 2. 工作时经常用某一段，造成局部几何形状误差增大，产生泄漏 3. 缸端活塞杆密封压得过紧，摩擦力太大 4. 活塞杆弯曲，使运动阻力增加	1. 更换活塞或密封圈，调整到合适间隙 2. 镗磨修复缸孔内径，重配活塞 3. 放松、调整密封 4. 校正活塞杆
冲击	1. 活塞与缸筒间用间隙密封时，间隙过大，节流阀失去作用 2. 端部缓冲装置中的单向阀失灵，不起作用	1. 更换活塞，使间隙达到规定要求，检查缓冲节流阀 2. 修正、配研单向阀与阀座或更换
外泄漏	1. 密封圈损坏或装配不良使活塞杆处密封不严 2. 活塞杆表面损伤 3. 管接头密封不严 4. 缸盖处密封不良	1. 检查并更换或重装密封圈 2. 检查并修复活塞杆 3. 检查并修整 4. 检修密封圈及接触面

任务三 汽车液压控制阀

任务导入

在电路系统中，开关控制电流的通断。在液压系统中，液压控制阀用来控制油液的压力、流量和流动方向，从而控制液压执行元件的启动、停止、运动方向、速度、作用力等，满足液压设备对各工况的要求。那么，液压控制阀是如何工作的呢？

相关知识

一、液压阀概述

液压阀是一种用压力油操作的自动化元件，它受配压阀压力油的控制，通常与电磁阀配合使用,可以控制油、气、水管路系统的通断。

1. 液压阀分类

根据用途,液压阀可分为方向控制阀(如单向阀、换向阀等)、压力控制阀(如溢流阀、减压阀、顺序阀等)和流量控制阀(如节流阀、调速阀等)。

(1) 方向控制阀:用于控制液流的流动方向。

(2) 压力控制阀:用于控制液流的压力大小。

(3) 流量控制阀:用于控制液流的流量。

2. 对液压阀的要求

(1) 动作灵敏,工作可靠,工作时冲击和振动小。

(2) 油液通过时压力损失小。

(3) 密封性能好,内泄漏少,无外泄漏。

(4) 结构紧凑,安置、调试、维护方便,通用性好。

二、汽车方向控制阀

汽车方向控制阀用于控制液流通断或油液流动方向,其原理是利用阀芯和阀体间相对位置的改变,实现油路与油路间的接通或断开,以满足系统对液流方向的要求。

汽车方向控制阀分为单向阀和换向阀。

1. 单向阀

单向阀有普通单向阀和液控单向阀两种。

(1) 普通单向阀(简称单向阀),如图8-22所示。它的作用是仅允许液流沿一个方向通过,而反向液流则被截止,要求其正向液流通过时压力损失小,反向截止时密封性能好。单向阀常被安装在泵的出口。

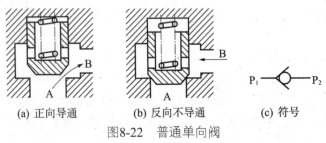

(a) 正向导通　　(b) 反向不导通　　(c) 符号

图8-22　普通单向阀

(2) 液控单向阀,如图8-23所示。液控单向阀与普通单向阀的区别是在一定的控制条件下可反向流通。它的工作原理是:控制口K无压力油流入时,它的工作原理与普通单向阀相同,压力油只能从P_1流向P_2,不能反向流通;当控制口K有控制压力油时,活塞受油压作用推动顶杆顶开阀芯,使油口P_1与P_2接通,油液可双向自由流通。

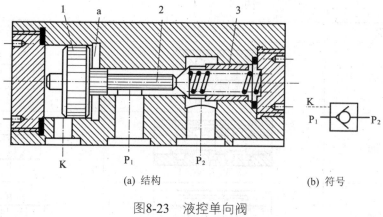

(a) 结构 (b) 符号

图8-23 液控单向阀

1-活塞 2-顶杆 3-阀芯

2. 换向阀

换向阀是利用改变阀芯与阀体的相对位置，控制相应油路接通、切断或变换油液的方向，从而实现对执行元件运动方向的控制，如图8-24所示。换向阀阀芯的结构形式有滑阀式、转阀式和锥阀式，以滑阀式应用得最多。

1) 换向原理

滑阀式换向阀是利用阀芯在阀体内做轴向滑动来实现换向作用的。阀芯有3个台肩，阀体孔内有5个沉割槽。每个槽都通过相应的孔道与外部相通，其中P口为进油口，T为回油口，A口和B口通执行元件的两腔。当阀芯处于左图位置时，如图8-24(a)所示，P与B、A与T相连，活塞向左运动；当阀芯向右移动处于右图位置时，如图8-24(b)所示，P与A、B与T相连，活塞向右运动。

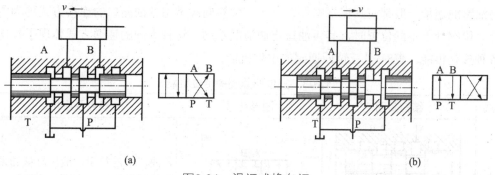

(a) (b)

图8-24 滑阀式换向阀

表8-2列出了几种常用换向阀的结构原理和图形符号。一个换向阀完整的图形符号应能表示操纵、复位和定位方式等内容。

表8-2 常用换向阀的结构原理和图形符号

名称	结构原理图	图形符号
二位二通		

(续表)

名称	结构原理图	图形符号
二位三通	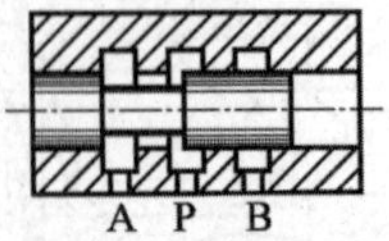	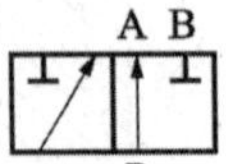
二位四通	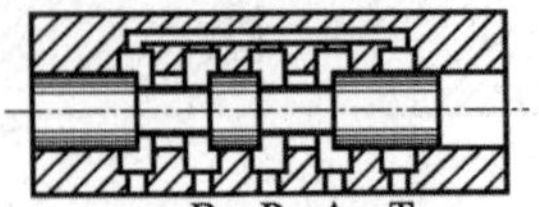	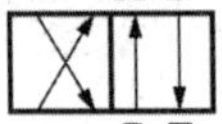
三位四通	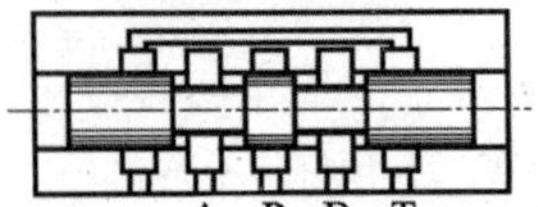	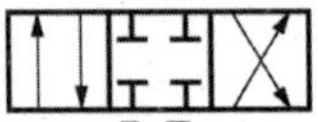

2) 换向阀图形符号的含义

(1) 用方框表示阀的工作位置，有几个方框就表示几"位"。

(2) 方框内的箭头表示在这一位置上油路处于接通状态，但并不一定表示油流的实际流向。

(3) 方框内符号⊥或┬表示此油路被阀芯封闭。

(4) 一个方框的上边和下边与外部连接的接口数表示几"通"。

(5) 一般情况下，阀与系统供油路连接的进油口用字母P表示，阀与系统回油路连接的回油口用字母T(或O)表示，而阀与执行元件连接的工作油口则用字母A、B等表示。有时在图形符号上还会标出泄漏油口，用字母L表示。

(6) 三位阀的中格、二位阀靠近弹簧的位置为常态位置。在液压系统中，换向阀的符号与油路的连接一般都应画在常态位置上，三位换向阀常态各油路口的连接方式称为中位机能。位阀处于不同位置时，其各油口连通情况不同，这种不同的连通方式体现了换向阀的各种控制机能。表8-3是三位四通阀的中位机能。

表8-3 三位四通阀的中位机能

形式	结构简图	图形符号	特点及应用
O	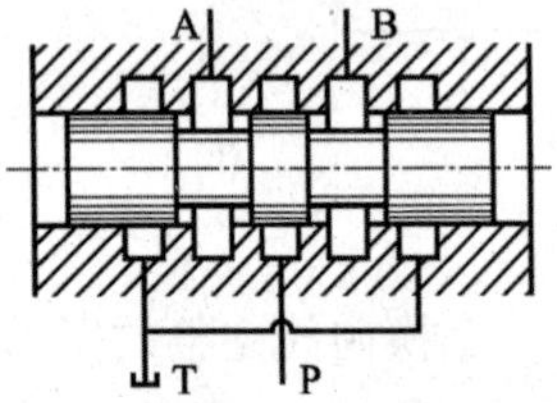	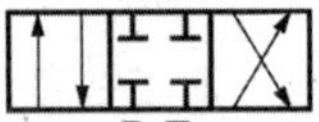	各油口全部封闭，液压缸被锁紧，液压泵不卸荷，并联缸可运动
H	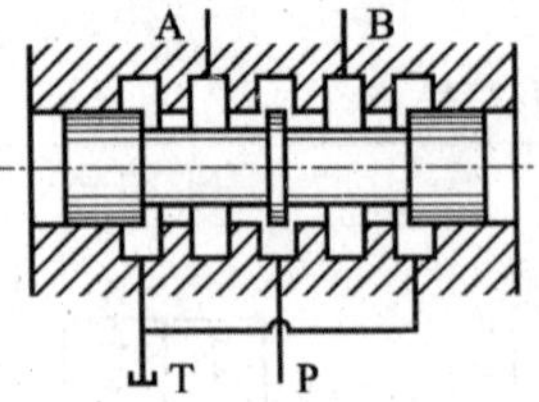	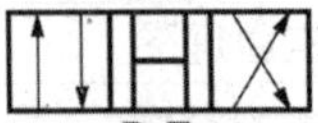	各油口全部连通，液压缸浮动，液压泵卸荷，其他缸不能并联使用

(续表)

形式	结构简图	图形符号	特点及应用
Y			液压缸两腔通油箱，液压缸浮动，液压泵不卸荷，并联缸可运动
P			压力油口与液压缸两腔连通，回油口封闭，液压泵不卸荷，并联缸可运动，单杆活塞缸实现差动连接
M			液压缸两腔封闭，液压缸被锁紧，液压泵卸荷，其他缸不能并联使用

三、汽车压力控制阀

压力控制阀是控制液体压力或利用压力作为信号来控制其他元件动作的阀。汽车上常用的压力控制阀有溢流阀、减压阀、顺序阀。

1. 溢流阀

溢流阀的主要功能是在溢流的同时使液压泵的供油压力得到调控并保持基本恒定。它主要利用作用在阀芯上的液压力和弹簧力平衡的原理进行工作。汽车上常在机油泵出口处并联溢流阀来控制机油泵的输出油压。

溢流阀按其工作原理分为直动式和先导式两种。一般前者用于低压系统，后者用于中、高压系统。

（1）直动式溢流阀工作原理。系统中的压力油直接作用在阀芯上，利用产生的液压力与阀芯的弹簧力相互作用，控制阀芯的启闭。如图8-25所示，P是进油口，T是回油口，进口压力油经阀芯3中间的阻尼孔，作

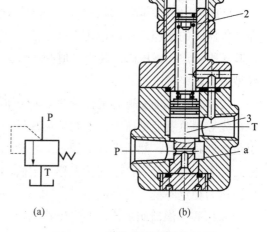

图8-25 直动式溢流阀和符号
1—阀体 2—弹簧 3—阀芯 a—阀口

用在阀芯的底部端面上。当进油压力较小时,阀芯在弹簧2的作用下处于下端位置,将P和T两油口隔开。当进油压力升高,在阀芯下端所产生的作用力超过弹簧的压紧力时,阀芯上升,阀口被打开,将多余的油液排回油箱。

(2) 先导式溢流阀工作原理。如图8-26所示,系统压力小于先导阀的调定压力,油液无流动,上下腔压力相等,弹簧力作用,主阀芯处于最下端,溢流口与压力口断开;系统压力大于先导阀的调定压力,先导阀被打开,油液流动,由于阻尼孔产生压差,当主阀芯两端液压作用力之合力大于弹簧力时,主阀芯向上移动,溢流口与压力口接通。先导阀起调压控制作用,主阀起主流量溢流作用。

先导型溢流阀的特点是:在溢流量发生大幅度变化时,被控压力只有很小的变化(因主阀芯弹簧刚度小),即定压精度高。由于先导阀的溢流量仅为主阀额定流量的1%左右,先导阀阀座孔的面积和开口量、调压弹簧刚度都不必很大。所以,先导型溢流阀广泛用于高压、大流量场合。

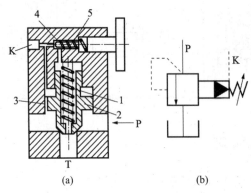

图8-26 先导式溢流阀和符号
1-主阀弹簧 2-阀芯 3-阻尼孔 4-导阀 5-弹簧

2. 减压阀

(1) 减压阀的功能。减压阀的功能是降低系统某部分支路的压力。它利用液流流过缝隙产生压降的原理,使出口压力低于进口压力。它分为定值减压阀(又称定压减压阀)、定差减压阀和定比减压阀,其中定值减压阀的应用最广泛。汽车的润滑油路上一般都串联先导型减压阀来减压和稳压。

(2) 先导型减压阀的工作原理。如图8-27所示为先导型减压阀,由主阀和先导阀组成,先导阀负责调定压力,主阀负责减压。进口压力油经主阀阀口流至出口,出口压力油引至主阀芯下腔,然后进入主阀芯上腔和先导阀前腔。当出口压力大于减压阀的调定压力时,先导阀阀口开启,主阀芯上移,主阀阀口缝隙关小,减压阀才能起到减压作用且保证出口压力稳定不变。

减压阀与溢流阀对比,两者结构相似,调压原理也相似,其主要差别在于:减压阀出口压力为定值,溢流阀进口压力恒定。常态时减压阀阀口常开,溢流阀阀口常闭。减压阀串联在系统中,其出口油液通执行元件,因此泄漏油需单独引回油箱(外泄)。溢流阀的出口直接接油箱,它是并联在系统中的,因此其泄漏油被引至出口(内泄)。

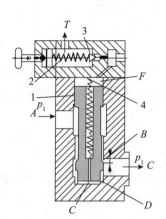

图8-27 先导型减压阀
1-主阀　2-先导弹簧　3-先导阀　4-主阀弹簧

3. 顺序阀

(1) 顺序阀的功能。顺序阀的功能是以压力为控制信号来实现油路的自动接通或断开。它的结构和工作原理与溢流阀相似。顺序阀可以控制执行元件按设计顺序动作。

顺序阀按其调压方式的不同，可分为直控式顺序阀和液控式顺序阀。前者直接利用阀的进口压力控制阀的启闭，也简称为顺序阀；后者利用外来的压力控制阀的启闭，也称为外控顺序阀。

(2) 顺序阀的分类。按结构的不同，顺序阀又可分为直动式顺序阀和先导式顺序阀，这里重点介绍先导式顺序阀。

如图8-28所示为先导式顺序阀的结构原理及图形符号。该阀由主阀与先导阀组成。压力油从进油口P_1进入，经通道进入先导阀下端，经阻尼孔和先导阀后由外泄漏口L流回油箱。当进口压力低于调定压力时，先导阀关闭，主阀芯两端压力相等，复位弹簧将阀芯推向下端，顺序阀关闭；当压力达到调定值时，先导阀打开，压力油经过阻尼孔时产生压力损失，在主阀芯两端形成压差，此压力差大于弹簧力，使主阀芯抬起，顺序阀打开。

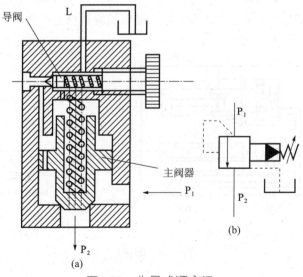

图8-28 先导式顺序阀

四、汽车流量控制阀

汽车流量控制阀通过改变节流口通流面积或通流通道的长短,来改变局部阻力的大小,以实现对流量的控制,从而控制执行元件的速度。汽车上常用的汽车流量控制阀有节流阀和调速阀等。

1. 节流阀

如图8-29所示为典型的节流阀示意图。油液从进油口P_1进入,经阀芯上的三角槽节流口,从出油口P_2流出。若转动手柄使阀芯做轴向移动,则节流口的通流面积缩小,流量减小;反之增大。

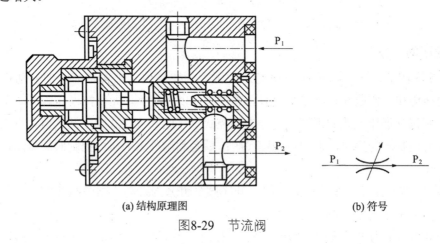

(a) 结构原理图　　　　　　　　(b) 符号

图8-29　节流阀

2. 调速阀

调速阀是由定差减压阀与节流阀串联而成的。

如图8-30所示为典型的调速阀示意图。当负载压力P_3增大时,作用在定差加压阀阀芯左端的压力增大,阀芯右移,减压口增大,使P_2增大,从而使(P_2-P_3)保持不变;反之亦然。这样就使调速阀的流量不受负载的影响,输出的流量稳定不变。

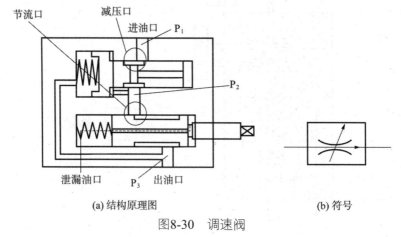

(a) 结构原理图　　　　　　　　(b) 符号

图8-30　调速阀

任务实施

通过学习，对液压控制阀进行总结，然后到实训中心了解汽车的液压控制阀的结构和作用。

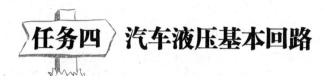

任务四 汽车液压基本回路

任务导入

液压传动的机器设备，无论它的液压系统多么复杂，都是由一些基本回路所组成的。这些基本回路具有各种功能，如调整系统的工作压力，调节执行机构的运动速度，使油泵卸荷，以及改变运动方向等。掌握这些回路的组成及功能对于分析各种机器的液压系统包括汽车液压系统将大有帮助。

相关知识

一、汽车液压基本回路概述

任何液压系统都是由一些基本回路组成的。所谓液压基本回路是指能实现某种特定功能的液压元件的组合。一些液压设备的液压系统虽然很复杂，但它通常都由一些基本回路组成，所以掌握一些基本回路的组成、原理和特点将有助于认识和分析一个完整的液压系统。

常用的液压基本回路按在液压系统中的功能可分为压力控制回路、速度控制回路和方向控制回路三种。其中，压力控制回路是利用压力控制阀来控制整个系统或局部油路的工作压力，以满足液压执行元件对力或转矩要求的回路；速度控制回路是控制和调节执行元件的速度的回路；方向控制回路是利用控制进入执行元件液流的通断及改变流动方向来实现工作机构启动、停止或变换运动方向的回路。

二、汽车压力控制回路

汽车上常用的压力控制回路有调压、卸荷、减压、增压、保压等多种回路。

1. 调压回路

调压回路的功能是使液压系统整体或部分的压力保持恒定或不超过某个数值。在定量泵系统中，液压泵的供油压力可以通过溢流阀来调节。在变量泵系统中，用安全阀来限定系统的最高压力，防止系统过载。若系统中需要两种以上的压力，则可采用多级调压回路。

(1) 单级调压回路。如图8-31所示为单级调压回路。液压泵输出的油液由溢流阀调节,并确定其最大供油量压力,以适应系统的负载并保护系统安全工作。为防止泵停止工作时产生油液和空气入侵系统等现象,在液压泵的出口处串联安装一个单向阀。

(2) 多级调压回路。如图8-32所示为多级调压回路,由溢流阀1、2、3分别控制系统的压力,从而组成了三级调压回路。换向阀左位工作时,系统的压力由换向阀左阀调定;换向阀右位工作时,系统的压力由换向阀右阀调定;换向阀中位工作时,系统的压力由溢流阀3阀调定。在这种调压回路中,阀1和阀2的调整压力必须小于阀3的调定压力,否则阀3将不起作用,阀1和阀2的调定压力之间没有一定的关系。

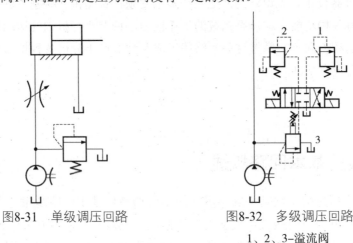

图8-31 单级调压回路　　图8-32 多级调压回路
1、2、3-溢流阀

2. 卸荷回路

卸荷回路的功能是在液压泵不停止转动时,让其输出的流量在很低的压力下直接流回油箱,或者以最小的流量(仅维持泄漏)排出液压油,以减少功率损耗,降低系统发热,延长泵和电机的使用寿命。

(1) 利用换向阀的卸荷回路。利用二位二通换向阀的卸荷回路如图8-33所示,当二位二通阀左位工作时,泵排出的液压油以接近零压状态流回油箱,以节省动力并避免油温上升。图中二位二通阀系以手动操作,亦可使用电磁操作。注意二位二通阀的额定流量必须和泵的流量相适应。

(2) 利用先导式溢流阀的卸荷回路。如图8-34所示,将溢流阀的远程控制口和二位二通电磁阀相接。当二位二通电磁阀通电时,溢流阀的远程控制口通油箱,这时溢流阀的平衡活塞上移,主阀阀口打开,泵排出的液压油全部流回油箱,泵出口处的压力几乎是零,故泵呈卸荷运转状态。注意图中二位二通电磁阀只通过很少流量,因此可用小流量规格(尺寸为1/8或1/4)。在实际使用中,此二位二通电磁阀和溢流阀组合在一起,称为电磁控制溢流阀。

3. 减压回路

减压回路的功能是使系统中某一部分具有较低的稳定压力。在液压系统中，夹紧油路、润滑油路或控制压力常需要低于主回路的压力。如图8-35所示为减压回路，通过定值减压阀与主回路相连，回路中的单向阀供主油路压力降低(低于减压阀调整压力)时防止油液倒流，起短时保压之用。

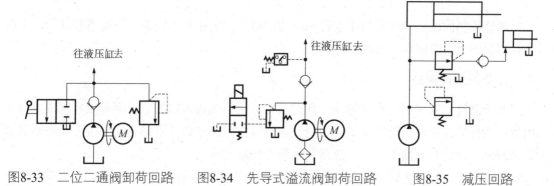

图8-33　二位二通阀卸荷回路　　图8-34　先导式溢流阀卸荷回路　　图8-35　减压回路

4. 增压回路

增压回路的功能是使系统中某一部分具有较高的稳定压力，也能使系统中的局部压力远高于液压泵的输出压力。当回路内有3个以上液压缸，其中之一需要较高的工作压力，同时其他的液压缸仍用较低的压力，此时即可用增压提供高压给特定的液压缸；或是在液压缸进到底时，不用泵而增压时使用，如此可使用低压泵产生高压，以降低成本。如图8-36所示，$p_a A_a = p_b A_b$，且 $A_a > A_b$，则 $p_b > p_a$，可起到增压作用。

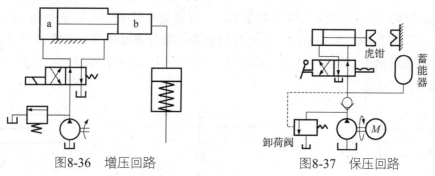

图8-36　增压回路　　　　　　图8-37　保压回路

5. 保压回路

有的机械设备在工作过程中，常常要求液压执行机构在其行程终止时，保持压力一段时间，这时需采用保压回路。保压回路的功能是使系统在液压缸不动或仅有工件变形所产生的微小位移下稳定地维持压力。最简单的保压回路是使用密封性能较好的液控单向阀的回路，但是阀类元件处的泄漏使得这种回路的保压时间不能维持太久。可利用蓄能器-卸荷阀的保压回路来保持系统压力，补偿系统泄漏。如图8-37所示为利用虎钳做工件夹紧的保压回路。将换向阀移到阀左位时，活塞前进将虎钳夹紧，这时泵继续输出的压力油将蓄能器充压,直到卸荷阀被打开卸载,此时作用在活塞上的压力由蓄能器来维持并补充液压缸的漏油作用在活塞上。当工作压力降低到比卸荷阀所调定的压力还低时,卸荷阀又关闭,泵的液压油再继续送往蓄能器。

三、汽车液压速度控制回路

速度控制回路是液压系统用来传递动力的回路,它在基本回路中占有重要地位,常用的有节流调速回路和容积调速回路两种方式。

1. 节流调速回路

节流调速回路采用定量泵供油,通过改变流量控制阀阀口的通流面积来控制流进或流出执行元件的流量,以调节其运动速度。按流量控制阀安装位置的不同,可分为进油节流调速回路、回油节流调速回路、旁路节流调速回路三种。

(1) 进油节流调速回路。如图8-38所示,将节流阀串联在进入液压缸的油路上,即串联在泵和缸之间,调节节流阀,即可改变流量,从而改变速度,但必须和溢流阀联合使用。

(2) 回油节流调速回路。如图8-39所示,将节流阀串联在液压缸的回油路上,即串联在缸和油箱之间,调节液压缸的回油量,即可改变流入液油缸的流量,从而改变活塞的移动速度。此回路应和溢流阀联合使用,液压缸进口压力取决于溢流阀的调定压力。回油路节流阀使缸有一定的背压,运动较平稳,能承受负值负载,但能量损失较大且会使系统油温升高,故高压和大流量系统较少采用。

(3) 旁路节流调速回路。如图8-40所示,此回路是将节流阀装在与液油缸并联的支路上,利用节流阀把液压泵供油的一部分排回油箱,实现速度调节。溢流阀作为安全阀使用,液压泵的供油压力取决于负载。此回路一般用于高速、重载和对速度平稳性要求很低的较大功率的场合。

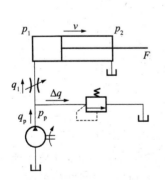
图8-38 进油节流调速回路

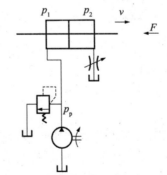
图8-39 回油节流调速回路

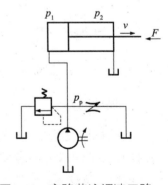
图8-40 旁路节流调速回路

2. 容积调速回路

节流调速回路效率低,发热量大,只适用于小功率场合;而容积调速回路因无节流损失或溢流损失，效率高，发热量小，一般用于大功率场合。容积调速回路就是通过改变泵的流量调节执行元件的速度。如图8-41所示为变量泵-定量执行元件容积调速回路，此回路采用改变变量泵的输出流量的方法来调速，溢流阀3在工作时起安全阀和过载保护作用，它限定液压泵的最高工作压力，溢流阀2用于调定泵1的供油压力，补充系统泄漏的油液。

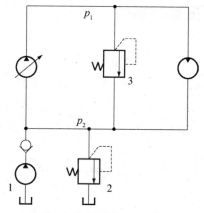

图8-41 变量泵-定量执行元件容积调速回路
1-液压泵 2-溢流阀 3-溢流阀

四、汽车液压方向控制回路

汽车上常用的方向控制回路有换向回路和锁紧回路。

1. 换向回路

换向回路用于控制液压系统中的液流方向，从而改变执行元件的运动方向，一般可由换向阀来实现。如图8-42所示，此换向阀组成的换向回路用行程开关控制三位四通电磁阀的动作。按下启动按钮后，液压缸左腔进油，活塞向右运动；当电磁阀切换到右位工作时，液压缸油腔进油，活塞向左运动；当触动行程开关换位连通时，阀又切换到左位工作，液压缸左腔进油，活塞又向右运动。这样往复变换换向阀的工作位置，就可以自动变换活塞的运动方向。当电磁阀断电时，阀处于中位，活塞停止运动。

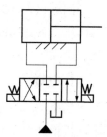

图8-42 换向回路

2. 锁紧回路

汽车起重机支脚就采用了锁紧回路。锁紧回路可以使液油缸在任意位置停留，且停留后不会在外力的作用下移动位置。如图8-43所示，当换向阀处于左位或右位工作时，液控单向阀控制口通入压力油，活塞就可向左或向右运动；当换向阀处于中位时，泵停止向液压缸供油，液压缸停止运动。此时，两个液控单向阀将液压缸里的油液封闭在两腔，液压缸便被锁住。因液控单向阀反向阀的反向密封性能很好，所以即使有外力的作用，活塞也不移动位置。

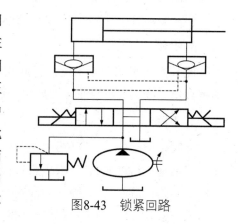

图8-43 锁紧回路

知识拓展

分析典型液压系统

分析液压系统的步骤：

(1) 了解设备对液压系统的要求；

(2) 以执行元件为中心，将系统分解为若干块子系统；

(3) 根据执行元件的动作要求对每个子系统进行分析，明确子系统由哪些基本回路组成；

(4) 根据设备对各执行元件间互锁、同步、顺序动作和防干扰等要求，分析各子系统的联系；

(5) 归纳总结整个系统的特点。

任务实施

分析自卸车液压系统

自卸车是一种高效率的运输工具，依靠液压缸驱动汽车的货箱倾翻来实现卸料。汽车翻斗倾斜方式有后倾式与侧倾式两种。

图8-44为QD351型自卸车液压系统原理图。该系统的动力性装置为液压泵1，额定工作压力为10MPa，最大工作压力为13Mpa。该系统由四位四通换向阀6来控制油路的变化，使液压系统完成空位、举升、中停、下降4个动作。系统压力由溢流阀5调定。

1. 空位

当手动换向阀6处于最右位，换向阀中位职能为"H"型，这样液压缸7处于浮动状态，货箱处于未举升的自由状态(一般为运输水平状态)。

2. 举升

此时换向阀处于最左位置。

进油路：粗过滤器2→液压泵1→换向阀6最左位→液压缸7下腔。

回油路：液压缸7上腔→换向阀6最左位→过滤器3→油箱4。活塞缸逐节伸出。

3. 中停

此时换向阀处于左二位，换向阀中位职能为"M"型，液压泵处于卸荷状态。A、B均被截止，液压缸两腔油液被封住，液压缸被锁紧在任意位置。

4. 下降

此时换向阀处于左三位。

进油路：粗过滤器2→液压泵1→换向阀6左三位→液压缸7上腔。

回油路：液压缸7下腔→换向阀6左三位→过滤器3→油箱。

液压缸7下降。当货箱降至原位时，将滑阀移至最右位。

由以上分析可知，该系统油路中包含以下几个基本回路：换向阀6控制的换向回路；滑阀右位和左二位控制的卸荷回路；溢流阀5控制的限压回路；两液压缸组成的同步工作回路。

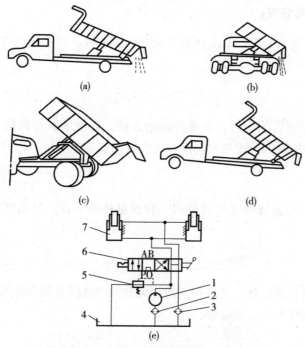

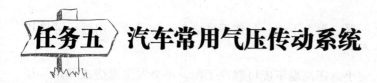

图8-44 QD351型自卸车液压系统原理图

1-液压泵 2-粗过滤器 3-过滤器 4-油箱 5-溢流阀 6-换向阀 7-液压缸

任务五 汽车常用气压传动系统

任务导入

汽车上除了液压传动系统装置外,还有以压缩空气作为工作介质的气压传动机构,如气压制动系统。如采用气压控制的公共汽车车门,在驾驶员的座位和售票员座位处都装有气压开关,驾驶员和售票员都可以开关车门。当车门在关闭过程中遇到障碍物时,此回路能使车门再自动开启,可起到保护作用。

相关知识

一、气压传动系统的组成

气压传动,是以压缩空气为工作介质进行能量传递和信号传递的一门技术。气压传动的工作原理是利用空压机把电动机或其他原动机输出的机械能转换为空气的压力能,然后在控制元件的作用下,通过执行元件把压力能转换为直线运动或回转运动形式的机械能,从而完成各种动作,并对外做功。

气压传动系统和液压传动系统类似,也是由4部分组成的,具体如下所述。

1. 动力元件(气源装置)

它是获得压缩空气的装置,其主体部分是空气压缩机,它将原动机供给的机械能转变为气体的压力能。

2. 控制元件

它用来控制压缩空气的压力、流量和流动方向,以便使执行机构完成预定的工作循环。它包括各种压力控制阀、流量控制阀和方向控制阀等。

3. 执行元件

它是将气体的压力能转换成机械能的一种能量转换装置,包括气缸、气马达、摆动马达。

4. 辅助元件

它是保证压缩空气的净化、元件的润滑、元件间的连接及消声等所必需的装置,包括过滤器、油雾气、管接头及消声器等。

二、气压传动的特点

1. 气压传动的优点

(1) 工作介质是空气,取之不尽、用之不竭。气体不易堵塞流动通道,用过后可将其随时排入大气中,不污染环境。

(2) 空气的特性受温度的影响小。在高温下能可靠地工作,不会发生燃烧或爆炸,且温度变化时,对空气的黏度影响极小,故不会影响传动性能。

(3) 空气的黏度很小(约为液压油的万分之一),所以流动阻力小,在管道中流动的压力损失较小,便于集中供应和远距离输送。

(4) 相对于液压传动,气压传动动作迅速,反应快,一般只需0.02~0.3s就可达到工作压力和速度。液压油在管路中的流动速度一般为1~5m/s,而气体的流动速度最慢也快于10m/s,有时甚至会达到音速,排气时还会达到超音速。

(5) 气体压力具有较强的自保持能力,即使压缩机停机,关闭气阀,装置中仍然可以维持一个稳定的压力。液压系统要保持压力,一般需要能源泵继续工作或另加蓄能器,而气体通过自身的膨胀性来维持承载缸的压力不变。

(6) 气压传动元件可靠性高,寿命长。电气元件可运行百万次,而气动元件可运行2000万~4000万次。

(7) 工作环境适应性好,特别在易燃、易爆、多尘埃、强磁、辐射、振动等恶劣环境中,比液压、电子、电气传动和控制优越。

(8) 气压传动装置结构简单,成本低,维护方便,过载能自动保护。

2. 气压传动的缺点

(1) 因空气的可压缩性较大,气压传动装置的动作稳定性较差。

(2) 气压传动装置工作压力小,输出力或力矩受到限制。在结构尺寸相同的情况下,气压传动装置比液压传动装置输出的力要小得多。

(3) 气压传动装置中的信号传动速度比光、电控制速度慢,所以不宜用于对信号传递速度要求十分高的复杂线路中。同时实现生产过程的遥控也比较困难,但对一般的机械设备,气动信号的传递速度是能够满足工作要求的。

(4) 噪声较大,尤其是在超音速排气时要加消声器。

三、气压传动工作过程

下面以气压传动在汽车上的应用来分析气压传动是如何工作的。如图8-45所示是东风EQ1090E型汽车气压制动系统回路图,分析如下所述。

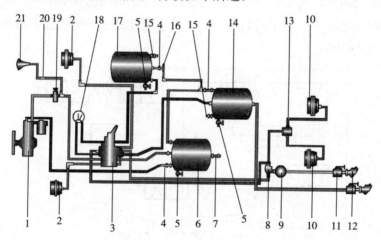

图8-45 东风EQ1090E型汽车气压制动系统回路

1-空气压缩机 2-前制动气室 3-双腔制动阀 4-储气罐单向阀 5-放水阀 6-储气罐 7-安全阀
8-梭阀 9-跨车制动阀 10-后制动气室 11-挂车分离开关 12-接头 13-快放阀 14-主储气罐(供前制动器)
15-低压报警器 16-取气阀 17-主储气罐(供后制动阀) 18-双针气压表 19-调压器
20-气喇叭开关 21-气喇叭

1. 气压制动系统的组成

此制动系统主要由空气压缩机、制动控制阀、储气罐、制动气室、制动器等组成。采用双管路气压传动装置,利用一个双腔制动控制阀、两个主储气罐组成两套彼此独立的管路,分别控制两桥的制动。

2. 气压制动工作原理

单缸压缩机产生的压缩空气首先经过单向阀输入湿储气罐进行油水分离,然后分成两个回路：一个回路经过储气罐、并列双腔控制阀的后腔通向前制动气室；另一个回路经过储气罐、并列双腔控制阀的前腔和快放阀通向后制动气室。当其中一个回路发生故障失效时，另一个回路仍能继续工作，这样，汽车就仍具有一定的制动能力。需要注意的是，不可利用一个制动回路长时间行车，以防发生意外。

在不制动的情况下，前制动储气罐还向挂车储气罐充气。制动时，双腔制动阀的前后腔输出气压可能不一致，但都通入梭阀。梭阀只允许压力较高一腔的压缩空气输入挂车制动阀，后者输出的气压又控制装在挂车上的制动阀，使挂车产生制动。

通过以上分析，可以总结出气压传动的工作过程是：将原动机输出的机械能转化为空气的压力能，利用管道、各种控制阀及辅助元件将压力能传送到执行元件，再转换成机械能，从而完成直线运动或回转运动，并对外做功。

任务实施

气压传动在公共汽车车门启闭机构中的应用

如图8-46所示为公共汽车车门安全操作系统。汽车车门的开关由气压传动系统来控制，在车门关闭的过程中，如果遇到障碍物，系统能使处于关闭过程中的车门再自动打开，可起到安全保护作用。

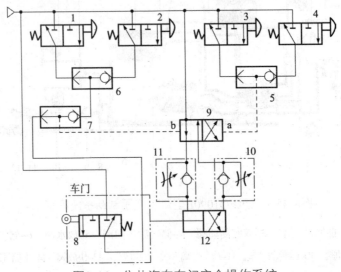

图8-46 公共汽车车门安全操作系统

1、2、3、4-按钮换向阀 5、6、7-梭阀 8-机动换向阀 9-气动换向阀
10、11-单向节流阀 12-汽缸

车门的开关由汽缸12中活塞的往返直线运动来实现，气动换向阀9控制汽缸，1、2、3、4四个按钮换向阀用于操纵气动换向阀9，单向节流阀10或11用来调节汽缸的运动速度。通过按钮换向阀1或2使车门打开，通过按钮换向阀3或4使车门关闭。将机动换向阀8安装在车门上，可起到保护作用。

如要开门时，操纵阀_____或_____，压缩空气就经阀_____或_____流到梭阀_____和_____，这样就把气压信号送到阀9的b侧，这时压缩空气便经阀_____位

(左、右)和单向节流阀11到汽缸的有杆腔，推动活塞运动，从而使车门开启。

如要关门时，操纵阀_____或_____，压缩空气就经阀_____或_____流到棱阀_____，这样就把气压信号送到气动换向阀9的a侧，这时压缩空气便经阀_____位(左、右)和单向节流阀10到汽缸的有杆腔，推动活塞运动，从而使车门关闭。

在关门时，如果遇到障碍物，便压缩空气推动机动换向阀8，这时压缩空气便经机动换向阀8把控制信号经阀_____送到气动换向阀9的b侧，车门便重新开启。但是如果按钮换向阀3或4仍然保持按下状态，则机动换向阀8起不到自动开车门的安全作用。

复习思考题

项目一　机械识图

一、填空题

1. 机械制图标注直径时，应在数字前加符号_____。
2. 在下图中的空格内写出立体图的名称。

 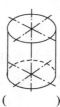

　　　（　　　）　　　（　　　）

3. 螺纹M10×1.5，其中，M表示普通螺纹，10表示_____。
4. 三视图的投影规律为：长对正、_____、宽相等。
5. 导程S和螺距P的关系是_____。

二、选择题

1. 根据图纸的宽度和长度组成的大小，图纸幅面可以分为(　　　)。
   A. A1、A2、A3、A4、A5　　　　B. A0、A1、A2、A3、A4
   C. A1、A2、A3、A4　　　　　　D. A0、A1、A2、A3
2. 图纸幅度大小中，A4的尺寸是(　　　)。
   A. 105×157　　B. 297×210　　C. 297×420　　D. 420×594
3. 如果物体实际长度为5mm，绘图长度为10mm，绘图比例为(　　　)。
   A. 1∶2　　　　B. 2∶1　　　　C. 1∶5　　　　D. 5∶1
4. 零件的轮廓线，应该采用(　　　)表示。
   A. 细实线　　　B. 粗实线　　　C. 点划线　　　D. 虚线
5. 零件的轴线，应该采用(　　　)表示。
   A. 细实线　　　B. 粗实线　　　C. 点划线　　　D. 虚线
6. 制造和检验零件的依据是(　　　)。
   A. 三视图　　　B. 轴测图　　　C. 零件图　　　D. 装配图

7. 下列视图中的尺寸,属于(　　)。

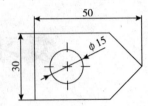

　　A. 角度尺寸　　　　B. 位置尺寸　　　　C. 形状尺寸　　　　D. 都不是

8. 一般用于受力不大且不经常拆卸的场合的连接方式为____。
　　A. 双头螺柱连接　　　　　　　　　B. 螺栓连接
　　C. 螺钉连接　　　　　　　　　　　D. 以上都不是

9. 普通螺纹的公称直径是指螺纹的____。
　　A. 小径　　　　B. 中径　　　　C. 大径　　　　D. 以上都不是

10. 普通螺纹的牙型为____。
　　A. 三角形　　　B. 梯形　　　C. 锯齿形　　　D. 矩形

三、判断题

1. 机械制图绘制过程中,尺寸标注得越多越好。　　　　　　　　　　　　(　　)
2. 角度尺寸可用下图标注法表示。　　　　　　　　　　　　　　　　　　(　　)

3. 孔的极限与配合尺寸中,A7比H7的基本偏差值要大。　　　　　　　　(　　)

四、问答题

在下方的左图(　　)中,将平面"H、V、W"标识出来;在下方的右图(　　)中,将视图名称"主视图、俯视图、左视图"标识出来,并将坐标轴"X、Y_H"标识出来。

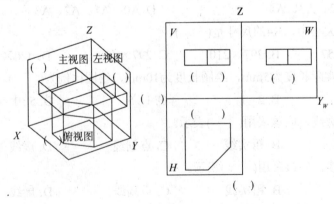

项目二 力学分析

一、填空题

1. 力使构件运动状态发生变化称为_____。力使构件的形状发生变化称为_____。在外力作用下不发生变形的构件称为_____。
2. 力的三要素是力对物体的效应，取决于力的_____、_____、_____。
3. 约束作用于被约束体上的力称为_____。
4. 以扭转变形为主的构件称为_____，以弯曲变形为主的构件称为_____。一根杆件同时发生两种或两种以上的基本变形，这种杆件的变形称为_____。

二、选择题

1. 刚体受三力作用而处于平衡状态，则此三力的作用线(   )。
   A. 必汇交于一点   B. 必互相平行
   C. 必都为零   D. 必位于同一平面内
2. 力偶对物体产生的运动效应为(   )。
   A. 只能使物体转动
   B. 只能使物体移动
   C. 既能使物体转动，又能使物体移动
   D. 它与力对物体产生的运动效应有时相同，有时不同
3. (   )是指物体在力的作用下，其内部任意两点间的距离始终保持不变。
   A. 物体   B. 运动体   C. 变形体   D. 刚体
4. 物体具有足够抵抗断裂的能力称为(   )。
   A. 硬度   B. 强度   C. 塑性   D. 稳定性
5. 表示材料抵抗破坏的最大能力的是(   )。
   A. 弹性极限 B. 比例极限   C. 屈服极限   D. 强度极限

三、判断题

1. 力偶不能合成为一个力，力偶不能用一个力来代替。   (   )
2. 各力作用线在平面内任意分布的平面力系，又叫平面一般力系。   (   )
3. 如果将固定铰链支座用几个辊轴支承在光滑面上，这种约束称为活动铰链支座。(   )
4. 抵抗破坏的能力称为强度。   (   )

四、问答题

1. 平面交汇力系平衡的必要和充分条件是什么？
2. 弯曲变形的特点是什么？
3. 提高梁的强度的措施有哪些？

五、画图题

1. 在图示的平面系统中，匀质球A重W_1，借本身重量和摩擦不计的理想滑轮C和柔绳维持在仰角是α的光滑斜面上，绳的一端挂着重W_2的物体B。试分析物体B、球A和滑轮C的受力情况，并分别画出平衡时各物体的受力图。

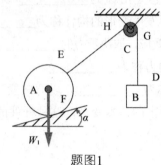

题图1

2. 梁A端为固定铰链支座，B点为活动铰链支座，梁中点C处受到主动力F_P的作用。梁重不计，试画出梁的受力图。

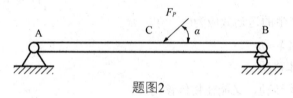

题图2

项目三　汽车常用工程材料

一、填空题

1. 金属材料的力学性能是_____，力学性能的指标有_____、_____、_____、_____、_____。

2. 屈服点是指_____；抗拉强度是指_____。

3. 断后伸长率是指_____。

二、选择题

1. 大小不变或变化过程缓慢的载荷是(　　)。
   A. 静载荷　　　B. 重载荷　　　C. 冲击载荷　　　D. 交变载荷

2. 表示布氏硬度值的符号是(　　)。
   A. HR　　　　B. HV　　　　C. HBS(HBW)　　　D. HA

3. 晶胞是一个立方体，原子位于立方体的中心的是(　　)。
   A. 面心立方晶格　　　　　　　　　　B. 线心立方晶格
   C. 密排六方晶格　　　　　　　　　　D. 体心立方晶格

4. 纯铁在1450℃时为(　　)，在600℃时为(　　)。
   A. 面心立方晶格　　　　　　　　　　　　B. 线心立方晶格
   C. 密排六方晶格　　　　　　　　　　　　D. 体心立方晶格
5. 钢在一定条件下淬火后获得淬硬深度的能力为(　　)。
   A. 淬透性　　　B. 淬硬性　　　C. 耐磨性　　　D. 抗氧化性

三、判断题

1. 调质处理是淬火加低温回火的复合热处理。　　　　　　　　　　　(　　)
2. 淬透性好的钢，其淬硬性一定高。　　　　　　　　　　　　　　　(　　)
3. 抗拉强度表示金属开始发生明显塑性变形的抗力。　　　　　　　　(　　)
4. 提高液体金属凝固时的冷却速度可以获得较细的晶粒组织。　　　　(　　)
5. 调质处理淬火后必须立即回火。　　　　　　　　　　　　　　　　(　　)
6. 钢的基本相中，属于化合物的是铁素体。　　　　　　　　　　　　(　　)

四、问答题

1. 对照拉伸试验应力-应变曲线图，简述对低碳钢进行拉伸试验的5个阶段。
2. 什么是淬火？淬火的目的是什么？
3. 材料为什么要进行表面热处理？
4. 汽车常用的有色金属有哪些？各有什么特性？
5. 汽车常用的非金属材料有哪些？各有什么特性？
6. 汽油的主要使用性能有哪些？
7. 什么是汽油的辛烷值？
8. 汽油的牌号是按什么来命名的？如何选用？
9. 车用柴油的主要使用性能有哪些？
10. 柴油牌号是根据什么来定的？
11. 柴油牌号的正确选用原则是什么？
12. 发动机机油牌号是如何确定的？
13. SAE与API分类级的选用原则是什么？
14. 机油的使用注意事项有哪些？
15. 齿轮油的主要使用特点有哪些？
16. 国产齿轮油是如何分类的？
17. 齿轮油的选用原则是什么？
18. 齿轮油的换油里程是多少？
19. 齿轮油的使用注意事项有哪些？
20. 液力传动油的用途及主要性能是什么？
21. 试述液力传动油的分类与牌号。
22. 试述液力传动油的选用原则及注意事项。

23. 制动液的主要性能要求是什么？
24. 国外液力传动油是如何分类的？
25. 我国液力传动油是如何分类的？
26. 如何正确选择和使用液力传动油？

项目四　汽车零部件加工基础

一、填空题

1. 常见压力加工方法有_____、_____、_____、_____、_____。
2. 焊接方法可分为_____、_____和_____三大类。
3. 焊条电弧焊焊条由_____和_____两部分组成，其作用分别是_____和_____。
4. 金属焊接性是指_____。金属的焊接性以_____估算评定。经验证明，_____越大，焊接性越差。
5. 焊条电弧焊是指_____。焊条电弧焊的电源种类有_____、_____和_____。
6. 电阻焊分为_____、_____和_____。
7. 自由锻的基本工序包括_____、_____、_____、_____、_____、_____、_____。

二、选择题

1. 电阻焊属于(　　)，电弧焊属于(　　)，铜焊属于(　　)。
   A. 钎焊　　　　　　B. 熔化焊　　　　　　C. 压力焊
2. CO_2气体保护焊主要可用于(　　)。
   A. 高合金钢　　　　　　　　　　B. 铸铁
   C. 有色金属　　　　　　　　　　D. 低碳钢和低合金钢
3. 大批量生产铝、镁、钛等有色金属焊接件时，可选用(　　)。
   A. 气焊　　　B. 氩弧焊　　　C. CO_2气体保护焊　　　D. 手工电弧焊
4. 下列焊接方法中，属于熔焊的有(　　)。
   A. 焊条电弧焊　　B. 电阻焊　　C. 激光焊　　　D. 高频电阻焊
5. 下列金属中，焊接性好的有(　　)，焊接性差的有(　　)。
   A. 低碳钢　　　B. 铸铁　　　C. 高合金钢　　　D. 紫铜

三、判断题

1. 在焊接的4种空间位置中，横焊是最容易操作的。　　　　　　　　(　　)

2. 所有的金属都能进行氧-乙炔火焰切割。				( )

四、问答题

1. 什么是胎模锻？胎模锻有什么特点？
2. 什么是金属焊接性？如何评价金属焊接性？
3. 简述 CO_2 气体保护焊的特点与应用。

项目五　汽车常用机构

一、填空题

1. 通常将机器和机构统称为_____。
2. 现代机器一般由_____、_____、_____和_____4个部分组成。
3. _____是直接完成机器预定功能的工作部分。
4. _____是指组成机构的所有构件均在同一平面或相互平行的平面内运动的机构。
5. 两构件通过面接触组成的运动副称为_____。
6. 除主动件以外的全部活动构件称为_____。

二、选择题

1. 组成运动副的两构件只能绕某一轴线在一个平面内做相对转动的运动副称为(　　)。
   A. 移动副　　　B. 转动副　　　C. 高副　　　D. 低副
2. 机构中的固定构件称为(　　)。
   A. 机架　　　B. 主动件　　　C. 从动件　　　D. 连架杆
3. 在铰链四杆机构中的两连架杆，如果一个为曲柄，另一个为摇杆，那么该机构就称为(　　)。
   A. 曲柄滑块机构				B. 双摇杆机构
   C. 双曲柄机构				D. 曲柄摇杆机构
4. 在曲柄滑块机构中，如果将滑块作为机构，则演化为(　　)。
   A. 摇块机构				B. 曲柄滑块机构
   C. 曲柄连杆机构				D. 定块机构
5. 凸轮相对机架做直线运动，这种凸轮称为(　　)。
   A. 球面凸轮				B. 圆柱凸轮
   C. 盘形凸轮				D. 移动凸轮
6. 当凸轮以等角速度转动时，从动件在推程和回程的速度为常数，这种运动规律叫做(　　)运动规律。
   A. 等速				B. 等加速等减速
   C. 余弦				D. 正弦

三、判断题

1. 以最短杆的相邻杆为机架,则最短杆为曲柄,而与机架相连的另一杆为摇杆,则该机构为曲柄摇杆机构。( )
2. 平面连杆机构中,从动件空回行程的速度比工作行程的速度大的特性称为连杆机构的急回特性。( )
3. 当盘形凸轮的回转中心趋于无穷远时,凸轮相对机架做直线运动,这种凸轮称为圆柱凸轮。( )
4. 凸轮轮廓的分析方法有图解法和解析法两种。( )

四、问答题

1. 铰链四杆机构有几种类型?如何判别?各类型的功能是什么?
2. 哪些机构是由铰链四杆机构演化而来的?
3. 什么是机构的急回特性?在生产中怎样利用这种特性?
4. 什么是机构的死点位置?用什么方法可以使机构通过死点位置?
5. 比较连杆机构和凸轮机构的优缺点。

项目六 汽车常用机械传动

一、填空题

1. 带传动的传动比是_____与_____的比值,用公式表示为_____。
2. V带的构造有_____、_____、_____和_____4层。
3. 链传动一般由_____、_____和_____组成。
4. 带传动的张紧方法有_____、_____、_____和_____。
5. 规定小带轮上的包角α的许用值是_____。
6. 螺纹连接的基本形式有_____、_____、_____和_____。

二、选择题

1. 当带弯曲时长度和宽度均不变的中性层称为( )。
   A. 节宽　　　B. 节面　　　C. 节距　　　D. 节长
2. 链传动若倾斜布置,倾斜角应小于( )。
   A. 45°　　　B. 50°　　　C. 60°　　　D. 75°
3. 我国标准齿轮分度圆上的压力角等于( )。
   A. 25°　　　B. 30°　　　C. 20°　　　D. 15°

三、判断题

1. 带传动能保证传动比恒定不变。( )

2. 带速v的范围不受限制，大小可以任意。　　　　　　　　　　　　　(　　)
3. 链传动能保证正确的平均传动比。　　　　　　　　　　　　　　　(　　)

四、问答题

1. 什么是带轮的包角？包角的大小对传动有何影响？
2. 带传动张紧的目的是什么？张紧轮安放在紧边还是松边上？
3. 螺纹的导程和螺距有何区别？它们之间的关系式是什么？
4. 为什么螺纹连接通常要采用防松措施？常用的防松方法和装置有哪些？

项目七　汽车轴系零部件

一、填空题

1. 根据轴所起的作用以及承受载荷性质的不同，轴可分为_____、_____和_____三大类。
2. 轴按结构形式的不同分为_____和曲轴，_____和阶梯轴，_____和空心轴等。
3. 根据滑动轴承所承受载荷的方向，将主要承受径向载荷的滑动轴承称为_____，主要承受轴向载荷的滑动轴承称为_____。
4. 滚动轴承一般由_____、_____、_____和_____组成。
5. 联轴器和离合器是用来连接两轴，并在其间传递_____和_____的。

二、选择题

1. 自行车前后轮的车轴属于(　　)。
   A. 光轴　　　　　B. 心轴　　　　　C. 传动轴　　　　　D. 支承轴
2. 阶梯轴轴上零件轴向固定的方法有(　　)。
   A. 轴肩和轴环　　B. 轴套　　　　　C. 轴端挡圈　　　　D. 弹性挡圈
3. 滑动轴承应用于(　　)情形下。
   A. 低速、重载、精度不高　　B. 高速、重载、高精度　　C. 轻载、中速
4. 滑动轴承的寿命取决于(　　)的寿命。
   A. 轴承座　　　　　　　　B. 轴承盖　　　　　　　　C. 轴瓦
5. 大多数制动器采用(　　)的制动方式。
   A. 摩擦式　　　　　　　　B. 非摩擦式

三、判断题

1. 在低速轻载的场所选择滑动轴承时可选择整体式向心滑动轴承。　　(　　)
2. 只受扭转作用的轴为转轴。　　　　　　　　　　　　　　　　　　(　　)

3. 同时受扭转和弯曲作用的轴为传动轴。（　　）
4. 只受弯曲作用的轴为心轴。（　　）

四、问答题

1. 轴上最常用的轴向定位结构是什么？轴环与轴肩有什么不同？
2. 滑动轴承适用于什么场合？
3. 轴瓦与轴承衬有何区别？

项目八　液压传动与气压传动

一、填空题

1. 液压传动系统可以分为＿＿＿＿、＿＿＿＿、＿＿＿＿、＿＿＿＿、＿＿＿＿5个部分。
2. 液压传动的工作原理是以＿＿＿＿作为工作介质，依靠＿＿＿＿来传递力和能量的传递方式。
3. ＿＿＿＿和＿＿＿＿是描述液体流动的两个主要参数。
4. 流量是＿＿＿＿，单位是＿＿＿＿。
5. 液压阀按照功能可分为＿＿＿＿、＿＿＿＿、＿＿＿＿三大类。
6. 在管道中流动的油液，其流量是＿＿＿＿与＿＿＿＿的乘积。
7. 帕斯卡原理是：在密封容器中的静止液体，当一处受到压力作用时，这个压力将传递到连通器的任意点上，而且其压力值＿＿＿＿。
8. 液压泵输出的流量取决于＿＿＿＿，泵的输出压力取决于＿＿＿＿。
9. 液压泵是将原动机(如电动机)输出的＿＿＿＿转换为＿＿＿＿的装置。
10. 液压缸是液压传动系统中的＿＿＿＿元件，是将＿＿＿＿转换为＿＿＿＿的能量转换装置。
11. 三位换向阀在中位时＿＿＿＿称为中位机能。
12. 流量控制阀是通过改变＿＿＿＿来调节＿＿＿＿，从而改变执行元件的＿＿＿＿。
13. 气压传动系统由＿＿＿＿、＿＿＿＿、＿＿＿＿和＿＿＿＿4部分元件组成。

二、选择题

1. 在稳定流动条件下，油液流过不同截面积的通道时，每一截面的流量(　　)。
   A. 不相等　　　　　　B. 相差不多　　　　　　C. 相等
2. 在液压系统中，液压泵的作用(　　)液压马达的作用。
   A. 等同于　　　　　　B. 不同于　　　　　　C. 不一定同于
3. 使被控制液压系统或回路的压力维持恒定，实现稳压、调压或限压时，应选择(　　)。
   A. 溢流阀　　　B. 节流阀　　　C. 单向阀　　　D. 换向阀

4. 液压传动系统中，压力的大小取决于(　　)。
   A. 负载　　　　　　　B. 流量　　　　　　　　C. 流速
5. 通过改变油液动力方向来改变工作机构的运动方向时应采用(　　)。
   A. 溢流阀　　　B. 节流阀　　　C. 单向阀　　　D. 换向阀
6. 当截面积一定时，油液流动的速度与(　　)成正比。
   A. 时间　　　　　　　B. 流量　　　　　　　　C. 排量
7. 液压传动是利用液体(　　)进行能力传递，实现运动与动力的传动。
   A. 压力　　　B. 运动　　　C. 体积变化　　　D. 动能
8. 当液压系统中某一分支油路压力需要低于主油路压力时，则需在分支油路上安装(　　)。
   A. 溢流阀　　　　　　B. 顺序阀　　　　　　　C. 减压阀

三、判断题

1. 液压系统的执行部分由液压缸或液压马达等组成。　　　　　　　　(　)
2. 液压传动容易实现过载保护。　　　　　　　　　　　　　　　　　(　)
3. 调节先导型溢流阀的调压弹簧便可以调整溢流压力。　　　　　　　(　)
4. 减压阀属于常闭阀，它以出油口的压力作为控制信号。　　　　　　(　)
5. 节流阀与调速阀都可以用于调整液压执行元件的运动速度。　　　　(　)
6. 液压传动装置实质上是一种能量转换装置。　　　　　　　　　　　(　)
7. 单作用式和双作用式叶片泵均可用作变量泵。　　　　　　　　　　(　)
8. 在液压传动中，压力的大小取决于油液流量的大小。　　　　　　　(　)
9. 容积式液压泵是依靠密封容积的变化来实现吸油和压油的。　　　　(　)

四、问答题

1. 液压传动系统由哪些部分组成？各部分的功用如何？
2. 溢流阀在液压系统中有何功用？用图形符号加以说明。
3. 液体压力是如何形成的？常用的压力单位是什么？
4. 什么是液压泵、液压马达？两者有何不同？
5. 简述齿轮泵的工作原理。
6. 换向阀阀芯的结构形式有哪几种？常用换向阀阀芯的图形符号如何表示？
7. 溢流阀、顺序阀、减压阀各有什么作用？它们在原理上和图形符号上有何异同？顺序阀能否当溢流阀用？
8. 若将减压阀的进出油口反接，会出现什么现象？
9. 气压传动系统由哪些部分组成？各部分的功用如何？

复习思考题答案

项目一　机械识图

一、填空题

1. d(或者D)
2. 六棱柱、圆柱体
3. 螺纹大径
4. 高平齐
5. $S=P\times n$

二、选择题

1. B　2. B　3. B　4. B　5. C　6. C　7. C　8. A　9. C　10. A

三、判断题

1. ×　2. ×　3. √

四、问答题

左图中，从左往右、从上往下：V、W、H

右图中，从左往右，从上往下：主视图、左视图、X、俯视图、YH

项目二　力学分析

一、填空题

1. 运动状态的变化、形状的变化、刚体
2. 大小、方向、作用点
3. 约束反力
4. 轴、梁、组合变形

二、选择题

1. A　2. A　3. D　4. B　5. D

三、判断题

1. √ 2. √ 3. √ 4. √

四、问答题

1. 平面交汇力系平衡的必要和充分条件是力系的合力等于零。
2. 变形的特点是：杆的轴线被弯曲为一条曲线。
3. 为增加梁的抗扭强度，将梁的横面做成管形或箱形。

五、画图题

略

项目三　汽车常用工程材料

一、填空题

1. 在外力作用下，金属材料所表现出的一系列特性和抵抗破坏的能力；强度、塑性、硬度、冲击韧性、疲劳强度
2. 材料产生屈服时的最小应力、试样在断裂前所能承受的最大应力
3. 指试样拉断后的标距伸长量 ΔL 与原始标距 L_0 之比

二、选择题

1. A 2. C 3. D 4. D 5. A

三、判断题

1. × 2. × 3. × 4. √ 5. × 6. ×

四、问答题

1. 略
2. 淬火是将钢加热到 A_1 或 A_3 以上30℃～50℃，保温后快速冷却的热处理。淬火的目的：提高钢的硬度和耐磨性；获得良好的综合机械性能；获得特殊物理、化学性能，如耐热性、磁性能。中、低碳钢淬火加马氏体回火的钢强度高，韧性好，常用于轴、齿轮、连接件、结构件。中、高碳钢淬火加马氏体回火的钢弹性高，常用于弹簧。
3. 对于某些齿轮类零件，如汽车变速箱齿轮、内燃机凸轮等，在工作中要承受强烈的摩擦和磨损，以及较大的交变载荷、冲击载荷，因此要求表面具有高硬度、高耐磨和高接触疲劳强度和一定的韧性，要求心部具有高韧性和足够高的强度，对这类材料需要进行表面热处理。

4～26. 略

项目四 汽车零部件加工基础

一、填空题

1. 锻造、冲压、挤压、轧制、拉拔
2. 熔焊、压焊、钎焊
3. 焊条芯、药皮；焊条芯起导电和填充焊缝金属的作用；药皮则用于保证焊接顺利进行，并使焊缝得到一定的化学成分和机械性能
4. 金属材料在一定的焊接工艺条件下，获得优质焊接接头的难易程度；碳当量；碳当量
5. 利用电弧产生的高温、高热量进行焊接；交流弧焊机；直流弧焊机；逆变弧焊机
6. 点焊、缝焊、对焊
7. 镦粗、拔长、冲孔、弯曲、扭转、错移、切割

二、选择题

1. C、B、A 2. D 3. B 4. A、C 5. A、D

三、判断题

1. ×   2. ×

四、问答题

1. 胎膜锻是指在自由锻设备上，采用不与上下砧相连接的活动模具成形锻件的方法。胎模锻的特点：①生产效率较自由锻高，但比模锻低；②锻件尺寸精确度较自由锻高，但比模锻低；③与模锻相比，设备简单，锻模易加工；④适用于批量锻造中小型零件。

2. 金属焊接性是金属材料在一定的焊接工艺条件下，获得优质焊接接头的难易程度。它包括：一是工艺焊接性，即焊接接头产生工艺缺陷的敏感性，尤其是出现各种裂缝的可能性；二是使用焊接性，即焊接接头在使用中的可靠性，包括焊接接头的力学性能及其他特殊性能(如耐热、耐蚀性能等)。金属焊接性以碳当量评定。

3. 二氧化碳气体保护焊的优点：①成本低。二氧化碳气体价格比较便宜，其焊接成本是埋弧自动焊和焊条电弧焊的40%。②生产率高。焊丝送进自动化，电流密度大，电弧热量集中，所以焊接速度快，焊后没有熔渣，比焊条电弧焊提高生产率1～3倍。③焊接变形小。④气体保护效果良好。⑤二氧化碳焊是明弧焊，操作性能好，便于观察。⑥抗锈能力强，焊前清理要求不高，节约能源。

二氧化碳气体保护焊存在的缺点：①焊缝成形不够美观，飞溅大，设备复杂。②抗风能力差，室外作业困难。③弧光强，焊接时必须注意劳动保护。

应用：二氧化碳气体在电弧的高温下能分解，有氧化性，会烧损合金元素，因此不能用来焊接有色金属和合金。焊接低碳钢、普通低碳钢时，通过含有合金元素的焊丝来进行脱氧和渗合金等冶金处理。

项目五　汽车常用机构

一、填空题

1. 机械
2. 动力装置、传动装置、执行装置、操作控制装置
3. 执行装置
4. 平面机构
5. 低副
6. 从动件

二、选择题

1. B　2. A　3. D　4. B　5. D　6. A

三、判断题

1. √　2. √　3. ×　4. √

四、问答题

1. 曲柄摇杆机构、双曲柄机构、双摇杆机构。铰链四杆机构中，最短杆与最长杆长度之和小于或等于其他两杆长度之和，取与最短杆相邻的杆为机架时，此机构为曲柄摇杆机构；取最短杆为机架时，此机构为双曲柄机构；取与最短杆相对的杆为机架时，此机构为双摇杆机构。

2. 曲柄滑块机构、导杆机构、曲柄摇块机构和移动滑杆机构是由铰链四杆机构演化而来的。

3. 平面连杆机构中，从动件空回行程的速度比工作行程的速度快的特性称为连杆机构的急回特性。例如，搅拌机和破碎机利用从动件空回行程的速度比工作行程的速度快，可以节省空回时间，提高效率。

4. 在曲柄摇杆机构中，当摇杆处于两个极限位置时，连杆和曲柄共线，连杆传给曲柄的作用力通过曲柄的转动中心点。此时，机构的传动角为零，不能推动曲柄转动，机构的这种位置称为死点位置。依靠惯性可以使机构通过死点位置。

5. 略

项目六　汽车常用机械传动

一、填空题

1. 主动轮的转速 n_1、从动轮的转速 n_2、$i_{12}=\dfrac{n_1}{n_2}$

2. 包布、顶胶、抗拉体、底胶

3. 主动链轮、从动链轮、链条

4. 定期张紧装置、自动张紧装置、采用张紧轮的装置、改变带长

5. 大于或等于120°

6. 螺栓连接、双头螺柱连接、螺钉连接、紧定螺钉连接

二、选择题

1. B　2. A　3. C

三、判断题

1. ×　2. ×　3. √

四、问答题

1. 包角α_1是指带与带轮接触面的弧长所对的中心角，一般应使$\alpha_1 \geqslant 120°$。为增大包角，要求带的松边在上、紧边在下。当$\alpha_1 < 120°$时，可加大中心距或增加张紧轮。

2. V带由于安装制造误差或工作后的塑性变形而松弛，影响正常工作，因此必须重新张紧，一般将张紧轮放在靠近大带轮松边的内侧。

3. 螺距P是指相邻两牙在中径圆柱面的母线上对应两点间的轴向距离。导程(s)是指同一螺旋线上相邻两牙在中径圆柱面母线上的对应两点间的轴向距离。螺距、导程、线数之间的关系为$s = nP$。其中，n为线数。

4. 在实际工作中，外载荷有振动、变化、材料高温蠕变等会造成摩擦力减小，螺纹副中正压力在某一瞬间消失，摩擦力为零，从而使螺纹连接松动，如反复作用，螺纹连接就会松弛而失效。因此，必须进行防松，否则会影响正常工作，造成事故。消除(或限制)螺纹副之间的相对运动，或增大相对运动的难度，就能防止螺纹松动。螺纹防松的方法有摩擦防松和机械防松。

项目七　汽车轴系零部件

一、填空题

1. 心轴、传动轴、转轴

2. 直轴、光轴、实心轴

3. 径向滑动轴承、推力滑动轴承

4. 外圈、内圈、滚动体、保持架

5. 转矩、运动

二、选择题

1. B　2. A、C、D　3. B　4. C　5. A

三、判断题

1. √   2. ×   3. ×   4. √

四、问答题

1. 轴上零件的轴向定位主要靠轴肩和轴环或套筒来完成。轴上零件的轴向固定就是不允许轴上零件沿轴向窜动。为了保证轴上零件靠紧定位面，轴肩处的圆角半径必须小于零件内孔的圆角或倒角。为了拆装方便，轴肩和轴环高度必须低于轴承内端面的高度。

2. 滑动轴承广泛应用于高速、大功率和低速重载、冲击载荷较大的机器中。

3. 轴瓦是轴承中直接与轴颈接触的重要零件。为了使轴瓦既有一定的强度，又有良好的减摩性和承载能力，同时节省贵重材料，降低成本，可在轴瓦表面浇铸或轧制一层减摩性好的材料，如轴承合金，称为轴承衬。

项目八　液压传动与气压传动

一、填空题

1. 动力部分、执行部分、控制部分、辅助部分、工作介质
2. 油液、密封容积的变化
3. 流量、平均流速
4. 单位时间内流过通流截面的液体体积、m^3/s 或 L/min
5. 方向控制阀、压力控制阀、流量控制阀
6. 流速、管道断面面积
7. 保持不变
8. 容积变化大小、油液从工作腔排出时所遇到的阻力
9. 机械能、液压能
10. 执行、液压能、机械能
11. 各油口的连通方式
12. 控制口的大小、通过阀口的流量、运动速度
13. 气源装置、执行元件、控制元件、辅助元件

二、选择题

1. C   2. C   3. A   4. A   5. C   6. B   7. A   8. C

三、判断题

1. √   2. √   3. √   4. √   5. √   6. √   7. √   8. ×   9. √

四、问答题

1. 液压传动系统由以下5个部分组成：①动力部分：液压泵。它的功用是把原动机所提供的机械能转变成油液的压力能，输出高压油液。②执行部分：液压缸或液压马达。它的功用是把油液的压力能转变成机械能去驱动负载做功，实现往复直线运动、连续转动或摆动。③控制部分：液压控制阀。它的功用是控制从液压泵到执行部分的油压的压力、流量和流动方向，从而控制执行部分的力、速度和方向。④辅助部分：油箱、滤清器、蓄能器、油管、压力表等，其功用是存储、输送、净化和密封工作液体，并有散热作用。⑤工作介质：液压油。液压油不仅会起到传递能量和运动的作用，而且会对元件及装置起到润滑作用。

2. 溢流阀的主要功能是在溢流的同时使液压泵的供油压力得到调控并保持基本恒定。它是利用作用在阀芯上的液压力和弹簧力平衡的原理进行工作的。

3. 在密闭的容器内施加于静止液体上的压力，将等值传递到液体内的各点。压力单位是帕斯卡(Pa)，简称帕。由于此单位太小，在工程领域常采用千帕(kPa)和兆帕(MPa)。

4. 略

5. 齿轮泵泵体内相互啮合的主、从动齿轮与两端盖及泵体一起构成密封工作容积，齿轮的啮合点将左右两腔隔开，形成了吸油腔、压油腔。当齿轮旋转时，右侧吸油腔内的轮齿脱离啮合，密封腔容积不断增大，构成吸油并被旋转的轮齿带入左侧的压油腔。左侧压油腔内的轮齿不断进入啮合，使密封腔容积缩小，油液受到挤压被排往系统。这就是齿轮泵的吸油和压油过程。

6. 换向阀阀芯的结构形式有滑阀式、转阀式和锥阀式。

7~9. 略

参考文献

[1] 陈曦.工程材料[M].武汉：武汉理工大学出版社，2010.

[2] 李明惠.汽车应用材料[M].北京：机械工业出版社，2010.

[3] 王芳.汽车机械基础[M].北京：机械工业出版社，2011.

[4] 林承全.汽车机械基础[M].武汉：华中科技大学出版社，2011.

[5] 凤勇.汽车机械基础[M].北京：人民交通出版社，2010.

[6] 曾德江，黄均平.机械基础：机械原理与零件分册[M].北京：机械工业出版社，2010.

[7] 姜大源.工作过程导向的高职课程开发探索与实践——国家示范性高等职业院校课程开发案例汇编[M].北京：高等教育出版社，2008.

[8] 陈文华.汽车机械基础[M].北京：机械工业出版社，2011.

附录

附录A 压痕直径与布氏硬度及相应洛氏硬度对照表

d_{10} / $2d_5$ / $4d_{2.5}$	HB $30D^2$	HB $10D^2$	HB $2.5D^2$	HR HR_B	HR HR_C	HR HR_A	d_{10} / $2d_5$ / $4d_{2.5}$	HB $30D^2$	HB $10D^2$	HB $2.5D^2$	HR HR_B	HR HR_C	HR HR_A
2.30	712				67	85	3.80	255	84.9	21.2		26	64
2.35	682				65	84	3.85	248	82.6	20.7		25	63
2.40	635				63	83	3.90	241	80.4	20.1	100	24	63
2.45	627				61	82	3.95	235	78.3	19.6	99	23	62
2.50	601				59	81	4.00	229	76.3	19.1	98	22	62
2.55	578				58	80	4.05	223	74.3	18.6	97	21	61
2.60	555				56	79	4.10	217	72.4	18.1	97	20	61
2.65	534				54	78	4.15	221	70.6	17.6	96		
2.70	514				52	77	4.20	207	68.8	17.2	95		
2.75	495				51	76	4.25	201	67.1	16.8	94		
2.80	477				49	76	4.30	197	65.5	16.4	93		
2.85	461				48	75	4.35	192	63.9	16.0	92		
2.90	444				47	74	4.40	187	62.4	15.6	91		
2.95	429				45	73	4.45	183	60.9	15.2	89		
3.00	415		34.6		44	73	4.50	179	59.5	14.9	88		
3.05	401		33.4		43	72	4.55	174	58.1	14.5	87		
3.10	388	129	32.3		41	71	4.60	170	56.8	14.2	86		
3.15	375	125	31.3		40	71	4.65	167	55.5	13.9	85		
3.20	363	121	30.3		39	70	4.70	163	54.3	13.6	84		
3.25	352	117	29.3		38	69	4.75	159	53.0	13.3	83		
3.30	341	114	28.4		37	69	4.80	156	51.9	13.0	82		
3.35	331	110	27.6		36	68	4.85	152	50.7	12.7	81		
3.40	321	107	26.7		35	68	4.90	149	49.6	12.4	80		
3.45	311	104	25.9		34	67	4.95	146	48.6	12.2	78		
3.50	302	101	25.2		33	67	5.00	143	47.5	11.9	77		
3.55	293	97.7	24.5		31	66	5.05	140	46.5	11.6	76		
3.60	285	95.0	23.7		30	66	5.10	137	45.5	11.4	75		
3.65	277	92.3	23.1		29	95	5.15	134	44.6	11.2	74		
3.70	269	89.7	22.4		28	65	5.20	131	43.7	10.9	72		
3.75	262	87.2	21.8		27	64	5.25	128	42.8	10.7	71		

(续表)

d_{10} $2d_5$ $4d_{2.5}$	HB			HR			d_{10} $2d_5$ $4d_{2.5}$	HB			HR		
	$30D^2$	$10D^2$	$2.5D^2$	HR_B	HR_C	HR_A		$30D^2$	$10D^2$	$2.5D^2$	HR_B	HR_C	HR_A
5.30	126	41.9	10.5	69			5.55	114	37.9	9.46	64		
5.35	123	41.0	10.3	69			5.60	111	37.1	9.27	62		
5.40	121	40.2	13.1	67			5.65	109	36.4	9.10	61		
5.45	118	39.4	9.80	66			5.70	107	35.7	8.93	59		
5.50	116	38.6	9.66	65			5.75	105	35.0	8.76	58		

附录B 黑色金属硬度和强度换算表

表B1

洛氏硬度		布氏硬度 $HB30D^2$	维氏硬度 HV	近似强度值 /MPa
HRC	HRA			
70	(86.6)		(1037)	
69	(86.1)		997	
68	(85.5)		959	
67	85.0		923	
66	84.4		889	
65	83.9		856	
64	83.3		825	
63	82.8		795	
62	82.2		766	
61	81.7		739	
60	81.2		713	2607
59	80.6		688	2496
58	80.1		664	2391
57	79.5		642	2293
56	79.0		620	2201
55	78.5		599	2115
54	77.9		579	2034
53	77.4		561	1957
52	76.9		543	1885
51	76.3	(501)	525	1817
50	75.8	(488)	509	1753

(续表)

洛氏硬度		布氏硬度 HB30D2	维氏硬度 HV	近似强度值 /MPa
HRC	HRA			
49	75.3	(474)	493	1692
48	74.7	(461)	478	1635
47	74.2	449	463	1581
46	73.7	436	449	1529
45	73.2	424	436	1480
44	72.6	413	423	1434
43	72.1	401	411	1389
42	71.6	391	399	1347
41	71.1	380	388	1307
40	70.5	370	377	1268
39	70.0	360	367	1232
38		350	357	1197
37		341	347	1163
36		332	338	1131
35		323	329	1100
34		314	320	1070
33		306	312	1042
32		298	304	1015
31		291	296	989
30		283	289	964
29		276	281	940
28		269	274	917
27		263	268	895
26		257	261	874
25		251	255	854
24		245	249	835
23		240	243	816
22		234	237	799
21		229	231	782
20		225	226	767
19		220	221	752
18		216	216	737
17		211	211	724

表B2

洛氏硬度 HRB	布氏硬度 HB30D2	维氏硬度 HV	近似强度值 /MPa
100		233	803
99		227	783
98		222	763
97		216	744
96		211	726
95		206	708
94		201	691
93		196	675
92		191	659
91		187	644
90		183	629
89		178	614
88		174	601
87		170	587
86		166	575
85		163	562
84		159	550
83		156	539
82	138	152	528
81	136	149	518
80	133	146	508
79	130	143	498
78	128	140	489
77	126	138	480
76	124	135	472
75	122	132	464
74	120	130	456
73	118	128	449
72	116	125	442
71	115	123	435
70	113	121	429
69	112	119	423
68	110	117	418
67	109	115	412
66	108	114	407
65	107	112	403
64	106	110	398
63	105	109	394
62	104	108	390
61	103	106	386
60	102	105	383